SIEGFRIED BROCKERT

Der einfache Weg ins Glück

Buch

Neurosen, Psychosen und Krisen – viel zu lange hat sich die Psychologie allein auf die Schattenseiten der menschlichen Psyche konzentriert. Der Mensch galt als Müllsack voller Leiden, Fehler und Schwächen. Das bestimmende Thema der Psychologie im 20. Jahrhundert war die Frage: Was läuft falsch beim Menschen? Die Psychologie des 21. Jahrhunderts will hingegen wissen: Was läuft richtig? Sie will wissen, wie ein wirklich gutes, zufriedenes, glückliches Leben aussieht. Und sie will anstiften zum Glücklichsein. Denn längst hat man erkannt, dass positive Gefühle die körperliche, geistige und seelische Gesundheit steigern. Der Leitgedanke auf dem Weg zu mehr Begeisterung und Lebensfreude ist dabei denkbar einfach. Er lautet: »Du sollst dich lieben.« Doch Glück darf nicht allein das Traumziel des Einzelnen bleiben: Freude am Dasein ist die wesentliche Voraussetzung für eine erfolgreiche Gesellschaft, denn glückliche Menschen sind leistungsfähiger, kreativer und kooperativer.

Autor

Siegfried Brockert, Jahrgang 1943, ist Diplompsychologe mit langjähriger journalistischer Erfahrung, u.a. beim »Münchner Merkur« und der Zeitschrift »Eltern«. Er gründete die Zeitschrift »Psychologie heute« und war viele Jahre lang ihr erster Chefredakeur. Der erfolgreiche Autor zahlreicher Bücher zum Thema »Psychologie« arbeitet als Psychologe mit eigener Praxis. Siegfried Brockert lebt mit seiner Familie in München. Das Projekt Positive Psychologie begleitet er mit der gleichnamigen Internet-Zeitschrift (www.positivepsychologie.de).

Siegfried Brockert

Der einfache Weg ins Glück

Du sollst dich lieben

GOLDMANN

Umwelthinweis:
Alle bedruckten Materialien dieses Taschenbuches
sind chlorfrei und umweltschonend.

Der Goldmann Verlag ist ein Unternehmen
der Verlagsgruppe Random House GmbH

1. Auflage
Vollständige Taschenbuchausgabe Juni 2004
Wilhelm Goldmann Verlag, München,
in der Verlagsgruppe Random House GmbH

Umschlaggestaltung: Design Team München
Umschlagabbildung: CORBIS / Stuart Westmorland / sIH211879
Druck: GGP Media, Pößneck
Verlagsnummer: 15278
KF · Herstellung: Sebastian Strohmaier
Made in Germany
ISBN 3-442-15278-X
www.goldmann-verlag.de

Für Charlotte und Philipp

Desiderata

Bei allem Lärm & aller Hast in der Welt – gehe ruhig & gelassen & gedenke des Friedens, der in der Ruhe liegt.

So weit wie möglich und ohne dich selbst aufzugeben lebe mit allen Menschen im Guten. Sprich deine Wahrheit ruhig & klar; höre den anderen zu – sogar den Geistlosen und Unwissenden – auch sie haben ihre Geschichte zu erzählen.

Meide laute und aggressive Menschen, sie sind eine Tortur für den Geist.

Wenn du dich mit anderen vergleichst, kannst du eitel oder verbittert werden, denn immer wird es bedeutendere & unbedeutendere Menschen als dich geben. Freue dich über deine eigenen Leistungen und deine eigenen Pläne.

Behalte das Interesse an deiner eigenen Entwicklung und deinem eigenen Fortkommen – wie bescheiden beides manchmal auch sein möge.

Übe Vorsicht in deinen geschäftlichen Dingen, denn die Welt ist voller Täuschungen. Aber lass dich das nicht blind machen für die existierenden Zeichen und Werke der Tugend. Viele Menschen streben nach hohen Idealen, und überall ist das Leben voll Heldentum.

Sei du selbst. Insbesondere – täusche keine Zuneigung vor. Denke auch nicht zynisch über die Liebe, denn im Angesicht aller Dürre und Enttäuschung ist die Liebe das immer da seiende Gras.

Die Dinge der Jugend mit Würde aufgebend, nimm den Rat der Jahre mit gutem Sinn an.

Pflege die Stärke des Geistes, um dich so gegen plötzliches Unglück zu wappnen. Aber bereite dir kein Unglück durch deine Einbildungen.

Viele Ängste werden geboren aus dem Erschöpftsein & Einsam-

sein. Jenseits einer gesunden Disziplin sei sanft und umsichtig mit dir selbst.

Du bist ein Kind des Universums – nicht weniger als es die Bäume & Sterne sind. Du hast ein Recht, hier zu sein. Und ob es dir nun klar ist oder nicht: Das Universum entfaltet sich ohne Zweifel, wie es sollte.

Sei deshalb in Frieden mit Gott, was immer du dir für ein Verständnis von ihm gemacht hast. Und was immer deine Aufgaben und Aspirationen sind, bewahre dir in dieser lärmenden Konfusion des Lebens den Frieden mit deiner Seele.

Mit all seinem Betrug, seiner Plackerei & seinen zerbrochenen Träumen ist dies immer noch eine wunderschöne Welt. Sei guten Mutes. Strebe danach, glücklich zu sein.

(Inschrift an der alten St. Paul's Kathedrale in Baltimore. Geschrieben im Jahr 1692 von einem unbekannten Verfasser, den Geist einer Positiven Psychologie vorwegnehmend)

Inhalt

Vorwort	Das elfte Gebot: Du sollst dich lieben	15
TEIL 1	*POSITIV FÜHLEN*	19
Kapitel I	Anfang gut, alles gut	21
Abschnitt 1	*Persönlicher Zugang*	21
Abschnitt 2	*Vom Leiden zum Sich-leiden-Können*	27
Kapitel II	Richtige und falsche Menschenbilder der Psychologie	35
Abschnitt 3	*Flüchten? Kämpfen? Psychopillen? Oder was?*	35
Abschnitt 4	*Eine »Checklist« für Selbst-Liebe und Well-Being*	40
Kapitel III	Geht es abwärts oder aufwärts?	48
Abschnitt 5	*Das Gute sehen, bevor es sich zeigt*	48
Abschnitt 6	*Der Rückzug von der Teilnahme am Leben*	51
Abschnitt 7	*Die Spirale nach oben: Einsatz ist wichtiger als Erfolge*	58
Kapitel IV	Wissen als Gier	62
Abschnitt 8	*Wir informieren uns noch mal zu Tode*	62

Abschnitt 9	*Meist leben wir in Trance – und das sehr gut*	66
Kapitel V	Die Natur des Menschen	78
Abschnitt 10	*Architektur der Seele*	78
Abschnitt 11	*Motivation und die Optimale Erfahrung*	88
Zwischenbilanz von Teil I		96
Ausblick auf Teil 2		100
TEIL 2	*POSITIVE PSYCHOLOGIE PRAKTISCH*	103
Kapitel VI	Geborgenheit	105
Abschnitt 12	*Geborgen sein – der Ausgangspunkt des guten Lebens*	105
Abschnitt 13	*Den Unterschied zwischen Bedrohung und Herausforderung sehen*	108
Abschnitt 14	*Abhärtung – die nachhaltige Stress-Vorbeugung*	114
Abschnitt 15	*Haben Sie den Mut, sich eine heile Welt zu wünschen?*	119
Kapitel VII	Liebe	
Abschnitt 16	*Über den anderen Menschen zu sich selbst finden*	123
Abschnitt 17	*Die Abhängigkeits-Erklärung: Warum wir Bindung brauchen*	128
Abschnitt 18	*Positive Erziehung von Anfang an – auch für Eltern ist das gut*	130

Kapitel VIII Unabhängigkeit 136
Abschnitt 19 *Die persönliche Unabhängigkeits-Erklärung* 136
Abschnitt 20 *Selbstverwirklichung – das 50-Jahre-Missverständnis* 139

Kapitel IX Emotionen 144
Abschnitt 21 *Was sind Emotionen?* 144
Abschnitt 22 *Warum können wir uns eigentlich freuen?* 144
Abschnitt 23 *Den Anteil positiver Gefühle steigern* 146

Kapitel X Creativität 159
Abschnitt 24 *Der kreative Moment* 159
Abschnitt 25 *Das Leben als Spiel* 160
Abschnitt 26 *Der kreative Mensch und die Kunst, ganz bei sich selbst zu sein* 166

Kapitel XI Kompetenz 170
Abschnitt 27 *Sich-selbst-Vertrauen und aktiv am Leben teilnehmen* 170
Abschnitt 28 *Wie Kompetenz unterdrückt wird* 173
Abschnitt 29 *Abschied vom Lustprinzip* 176

Kapitel XII Lebens-Sinn 183
Abschnitt 30 *Sehen, wie die Sonne aufgeht* 183
Abschnitt 31 *Tödliche Krankheit und Lebens-Sinn* 184
Abschnitt 32 *Lebensfreude als gespürter Lebens-Sinn* 186

Kapitel XIII	Intelligenz	190
Abschnitt 33	*Geistes-Anwesenheit*	190
Abschnitt 34	*Das Yin und Yang des Geisteslebens*	198
Kapitel XIV	Charakter	205
Abschnitt 35	*Die zukunftsfähige Persönlichkeit*	205
Abschnitt 36	*Charakter zeigen*	213
Kapitel XV	Hoffnung	218
Abschnitt 37	*Hoffnung ist lernbar*	218
Abschnitt 38	*Optimismus: Erlöse uns vom Grübeln*	222
Abschnitt 39	*Gelernte Hilflosigkeit. Oder gelernte Lebens-Kompetenz*	226
Kapitel XVI	Schauen	232
Abschnitt 40	*Leben in Geistes-Anwesenheit*	232
Abschnitt 41	*Das seelische Alarmsystem*	235
Kapitel XVII	Einfühlen	244
Abschnitt 42	*Leben mit Neugier auf den anderen Menschen*	244
Kapitel XVIII	Interesse aufbringen	248
Abschnitt 43	*Erst die Neugier, dann die Gier*	248
Kapitel XIX	Nutzen bringen	253
Abschnitt 44	*Leben ist ein Mannschaftssport*	253
Abschnitt 45	*Werte und Stärken für ein einfach besseres Leben*	255

TEIL 3 *PERSPEKTIVEN DER POSITIVEN PSYCHOLOGIE* 261

Kapitel XX Populärpsychologie 263
Abschnitt 46 *Der Wille zu glauben* 263
Abschnitt 47 *EQ – war da mal was?* 268
Abschnitt 48 *Ethik am Psychomarkt: Halbe Wahrheiten sind ganze Lügen* 271

Kapitel XXI »Wirkstoffe« der Psychotherapie 275
Abschnitt 49 *Warum und wie »funktioniert« Psychologie?* 275

Kapitel XXII Der sorgsame Umgang mit dem Leben 282
Abschnitt 50 *Visionen und Bilder sind stärker als Worte und Denken* 282
Abschnitt 51 *»Sie müssen lernen, mehr an sich selbst zu denken«* 289
Abschnitt 52 *Eine neue Zeitschrift für Psychologie* 300

Anmerkungen 303

Personenregister 312

Sachregister 314

Vorwort

Das elfte Gebot: Du sollst dich lieben

»Lieben Sie sich selbst?« »Liebst du dich selbst?«

Seit einiger Zeit stelle ich Menschen, die ich mag, diese Frage. Die Antworten sind meist humorvoll, oft selbstironisch, manchmal folgt ein langes Schweigen, aber ein einfaches »Ja« hat bisher nicht dazugehört – auch nicht, wenn mir die Gegenfrage gestellt wurde: »Liebst du dich denn selbst?« Oder: »Lieben Sie sich selbst?«

Eine eigenartige Frage, immer aber waren die Gespräche über sie die Zeit von zwei Menschen wert. Manche Gespräche dauern an, alle werden spannender, und alle sind rasch über allgemeine Psycho-Gespräche hinausgegangen. Allgemeine Psycho-Gespräche – das sind die, in denen man über die vier »P« redet und über die vier »K«: über Pleiten, Pech, Pannen oder Probleme und über Krisen, Krankheit, Konflikte oder Katastrophen.

Eigenartig!

Wenn wir uns öffnen, wenn Worte von Herzen kommen, fällt es uns leichter, über die negativen Facetten der Menschen und des Lebens zu sprechen als über die positiven. Vor allem, wenn es um uns selbst geht.

Warum?

Vermutlich weil wir alle Sigmund Freuds Kinder sind, Psychologie-geschult. Wir kennen uns aus bei Wut, Angst und Trauer, bei Aggression, dem zu harten Zupacken im »Kampf ums Dasein« und auch bei Regression oder Depression, dem »Rückzug von der Teilnahme am Leben« – außer wir helfen ein bisschen nach mit Nikotin, Ecstacy, Alkohol, Adrenalin, Dopamin oder anderen Schmiermitteln des neuen Psycho-Marktes.

Wer aber weiß, was Liebe ist, und wie sie auf Dauer gelingt? Oder gar Selbstliebe? Gott bewahre! Gott sei bei uns! Haben nicht 2000 Jahre sich christlich nennender Kultur uns gelehrt, dass wir uns selbst bekämpfen, selbst verachten müssen. »Sich selbst bekriegen, ist der schwerste Krieg, sich selbst besiegen, ist der schönste Sieg!« Und so weiter.

Auf Seite eins des christlichen Buches der Bücher aber gibt es den merkwürdigen Satz: »Gott schuf den Menschen ihm zum Bilde, zum Bilde Gottes schuf er ihn«.[1] (Dürfen wir das Abbild Gottes gering achten – auch wenn wir es morgens im Spiegel nach einer zu kurzen Nacht und abends nach einem zu langen Tag kaum betrachten?)

»Du sollst dich lieben«, die vier Worte auf dem Umschlag dieses Buches werden manchen Menschen nach Claudia Schiffer klingen (»das bin ich mir wert«), anderen nach Max Stirners »Mir geht nichts über Mich!«[2] – aber es handelt sich bei ihnen um ein göttliches Gebot, das sich im Alten Testament findet (»Du sollst deinen Nächsten lieben, wie dich selbst«)[3] und im Neuen Testament, wo es beinahe in den Rang des höchsten Gebotes gehoben wird: »Du sollst den Herrn, deinen Gott, lieben von ganzem Herzen, von ganzer Seele und ganzem Gemüte... Und ein Zweites kommt dem gleich: Du sollst deinen Nächsten lieben, wie dich selbst.«[4]

Am Ende des Buches werden Sie lesen, dass ähnliche Worte im Talmud, in Schriften des Islam, des Buddhismus und vieler anderer Kulturen zu finden sind. Und immer werden die letzten drei Worte zum Maßstab erhoben: »wie dich selbst«! Wenn so viele Kulturen zu allen Zeiten hier übereinstimmen, ist das Grund genug zu fragen:

- Kann seinen Nächsten lieben, wer sich selbst nicht liebt?
- Kann das eigene Kind lieben, wer sich selbst nicht leiden kann?
- Den Partner, wer sich selbst nicht treu ist?
- Den Freund, wer sich selbst ein Feind ist?
- Den Armen, wer innerlich selbst verarmt ist?
- Den Fremden, wer von sich selbst entfremdet ist?
- Den Feind, wer sich selbst bekämpft?
- Den Mitarbeiter, wer gegen sich selbst arbeitet?

Wem aber ist als Kind beigebracht worden, sich selbst zu lieben? Wenigen. Vielen hingegen ist von Kindesbeinen an eines ausgetrieben worden: jede Form von »Eitelkeit«. Aber, so fragt ein guter Menschenkenner, Johann Wolfgang Goethe: »Wenn du es recht betrachtest, was ist denn das, was man oft als Eitelkeit verrufen möchte?«, um daran anschließend zu umreißen, wie ein gutes, ein geglücktes Leben aussehen könnte: »Jeder Mensch soll Freude an sich selbst haben. Und glücklich, wer sie hat. Hat er sie aber, wie kann er sich verwehren, dieses angenehme Gefühl merken zu lassen? Wie soll er mitten im Dasein verbergen, dass er eine Freude am Dasein habe?«

Damit ist das Ziel dieses Buches benannt: Freude an sich selbst haben, Freude am Dasein haben, zur Selbstliebe fähig sein. Das erfordert mehr als guten Willen, sondern erfordert Wissen, ja Bildung. Herzensbildung. Die wahre Bildungskatastrophe unserer Zeit und unseres Landes liegt nicht in der Frage: Gesamtschule oder Privatschule? Zu fragen ist vielmehr: Wie soll ein Kind, das nicht gelernt hat, sich zu lieben und zu achten und Freude an sich selbst zu haben, Freude daran haben, Algebra oder einen Satz wie »non scholae sed vitae discimus« zu lernen?

In diesem Buch geht es also um Wissen und Bildung über den Menschen und das Leben. Es stützt sich auf die Forschung einer neuen Richtung der Psychologie, die sich »Positive Psychologie« nennt. Positiv, weil sie nicht über die negativen Facetten des Menschen und des Lebens forscht, nicht über die Dauerbrenner der Psychologie des vergangenen Jahrhunderts,

- Wut, Angst und Trauer,
- Aggression oder Depression,
- Kampf ums Dasein oder Resignation am Leben,

weil sie nicht über die vier »P« redet und die vier »K«: Pleiten, Pech, Pannen, Probleme, Krisen, Krankheit, Konflikte, Katastrophen, sondern über Freude am Dasein und Liebe zum Leben – auch zum eigenen Leben, auch zur ersten Person Einzahl, denn sogar der Mensch, der die schönen Worte »Ich liebe dich« sagt, beginnt mit dem Wort »Ich«.

Was heißt es, einen Menschen zu lieben – und sei man selbst dieser Mensch? Zum Beispiel drei Dinge:

1. diesen Menschen so erkennen und so annehmen, wie ER oder SIE ist – und nicht, wie ER oder SIE sein könnte, sollte oder müsste, wenn …;

2. die Fehler, Schwächen und Probleme des geliebten Menschen nicht zum Zentrum des Lebens machen, sondern die starken und die guten Seiten; und
3. dafür sorgen, dass der geliebte Mensch diese starken und guten Seiten ins Leben einbringt.

In diesem Sinne, diesen drei Punkten entsprechend, ist dies Buch aufgebaut:

- Teil 1 hat Selbst-Erkenntnis zum Thema und gibt eine Einführung in die Positive Psychologie. Ziel ist, das Leichteste – und doch wiederum das Schwerste – nahe zu bringen, nämlich den Blick nicht allein auf die vier »P« und die vier »K« zu richten, sondern immer auch das Positive zu sehen – die Lebensgebiete, die frei sind von Krisen und Problemen. Wie schwer das ist, zeigt, dass die wissenschaftliche Psychologie – und speziell die beratende, helfende und heilende – dazu einhundert Jahre gebraucht hat.
- Teil 2 stellt 14 Gebiete heraus, die zu einem geglückten Leben in Selbstachtung, Selbsterkenntnis und Selbstliebe gezählt werden können.
- Teil 3 grenzt die Positive Psychologie von populär-psychologischen Modethemen wie »Positivdenken«, »EQ« oder »Esoterik« und einigen anderen ab.

Ziel ist es, Grundlagenwissen darüber zu vermitteln, wie Freude am Dasein den angeblich von der Evolution mit Hilfe »egoistischer Gene« gewollten Kampf ums Dasein ersetzen kann – im Kleinen und auch… aber der Mensch versuche die Götter nicht.

Freude am Lesen wünsche ich Ihnen.
Siegfried Brockert
Stumm i.Z. im Sommer 2002

TEIL 1

POSITIV FÜHLEN

Kapitel I

Anfang gut, alles gut

Abschnitt 1
Persönlicher Zugang

Begonnen hat es mit einer etwas überraschenden Frage. Im Januar 1974 – wenige Tage nach Gründung der Redaktion der neuen Zeitschrift »Psychologie heute« – hatte ich Studienfreunde in die Redaktionsräume im schönen Weinheim an der Bergstraße eingeladen. Wir sprachen ... worüber wohl? Über Psychologie, über die geplante Zeitschrift, welche Themen auch für die breitere Öffentlichkeit interessant wären (an ein paar tausend Abonnenten war damals gedacht), und einer in der Runde stellte eine uns alle überraschende Frage:

»Was an der Psychologie hat euch eigentlich ganz persönlich interessiert? Was hat uns das Psychologiestudium eigentlich ganz persönlich genutzt? Sind wir glücklicher als andere Menschen? Oder wenigstens fröhlicher? Sind wir durch unser Fachwissen vielleicht sogar lebensklüger geworden?«

Schweigen.

Psychologie handelt von Neurosen, Psychosen, Problemen und Krisen, das war uns klar, das hatten wir mit der Muttermilch der »Alma mater« eingesogen. Fröhlichkeit hingegen, Lebensklugheit oder gar Lebensfreude – das waren keine ernst genommenen Themen in der Psychologie jener Tage, in der es bereits als Kunstfehler galt, das Wort »Mensch« in den Mund zu nehmen oder etwa zu sagen, dass man Psychologie studieren wolle, um Menschen zu helfen.[5]

Ob wir im Psychologiestudium nicht nur etwas für den Lebensunterhalt, sondern auch fürs Leben gelernt hatten – keiner von uns wusste eine gute Antwort auf diese Frage, und das war auch kein Wunder. Um Fragen nach so etwas Profanem wie dem Lebensglück hat sich die Psychologie nämlich lange herumgedrückt. Etwa so: »Sie haben Lebensfragen? Bitte die nächste Tür, das Zimmer mit der Couch.«

Hinter der Couch stand ein Sessel. Und der Mensch, der da saß, spielte das Lied vom Tod der Lebensfreude. Text und Melodie stammen von Sigmund Freud mit seiner lange tradierten Formulierung, »Die Absicht, dass der Mensch glücklich sei, ist im Plan der Schöpfung nicht enthalten«, und als Ziel seiner psychotherapeutischen Bemühungen nennt Freud nicht etwa menschliches Glück, sondern Psychoanalyse solle »neurotisches Elend in gemeines Unglück verwandeln«. [6]

Fast das gesamte vergangene Jahrhundert lang sind Psychologie, Psychotherapie und Psychiatrie in diesem unfröhlichen Geist geprägt worden. Noch im Januar 2002 resümiert Erica Goode, die Expertin der »New York Times« für die Lebenswissenschaften, »die Life Sciences«: »In der Psychologie stand das Unglücklichsein immer *center stage* (also: inmitten der Bühne). Die Textbücher sind überfüllt mit Berichten über Melancholie, über die Ängstlichen, die Neurotischen, die Desillusionierten. Die nicht Funktionierenden sind sorgsamst in ihre Einzelteile zerlegt, die Verzweifelnden großzügig-kritischen Blicken unterworfen worden. Aber wer hat sich für die Fröhlichen, die Starken interessiert? Wer hat das Mysterium der außergewöhnlich Zufriedenen erforscht?«

Statt Kampf *ums* Dasein Freude *am* Dasein

Hier hat sich etwas geändert. Inzwischen erforschen Psychologen, was Erica Goode anmahnt und was Goethe zur »Freude am Dasein« empfiehlt. Die Positive Psychologie kann heute mit einiger Präzision sagen, was die Fröhlichen froh macht, die Starken widerstandsfähig gegen Krisen und Leiden, und was die Zufriedenen mit sich selbst und ihrem persönlichen Schicksal versöhnt. Es ist eine Lebensführung, die in ihren großen Linien geprägt ist von

- Geborgenheit
- Liebe (und, wie im Vorwort beschrieben, deshalb auch Selbstliebe)
- Unabhängigkeit
- (positiven) Emotionen
- Creativität
- Kompetenz
- Lebens-Sinn
- Intelligenz
- Charakter
- Hoffnung (und jenem Optimismus, der keine Angst vor halb leeren Flaschen hat).

Die Begriffe sind die Überschriften der ersten zehn Kapitel von Teil 2 dieses Buches. Die Anfangsbuchstaben ergeben (da »Kreativität« hier ausnahmsweise mit »C« geschrieben wird) ein Merkwort: *GLUECKLICH.* Die zehn hier genannten Gebiete dienen der seelischen Gesundheit, dem Well-Being, wie wir zu sagen lernen. Well-Being hängt im tagtäglichen Leben mit einer Geisteshaltung zusammen, die mit griffigen Worten als Achtsamkeit oder Geistes-*Anwesenheit* bezeichnet und durch vier Orientierungen charakterisiert werden, die helfen, den sprichwörtlichen Kampf ums Dasein im Großen und im Kleinen zu umgehen:

- Schauen
- Einfühlen
- Interesse zeigen
- Nutzen bringen

Auch dies sind Kapitelüberschriften in Teil 2, auch diese Anfangsbuchstaben addieren sich zu einem Merkwort: *SEIN.* Aus beiden Merkwörtern ergibt sich »*Gluecklichsein*« – ein Wortspiel, aber ein sehr praktisches, denn eins der großen Probleme des Lebens ist, dass wir oft gerade dann von allen guten Geistern verlassen sind, wenn wir sie am nötigsten brauchen.[7] Ein Merkwort – und wer meditiert, sagt dazu: Mantra – kann da helfen und für Geistes-*Anwesenheit* sorgen.

Dreißig Millionen Psychotherapie-Bedürftige im deutschen Sprachraum?

Die neue Forschung über positive Emotionen zeigt zum Beispiel, dass hier bisher nicht erkannte Ansätze zur Vorbeugung gegen Schulprobleme (siehe Kapitel XIII) und seelischen Problemen generell (siehe Kapitel V) liegen. Zur geistig-seelischen Situation unserer Zeit gehört inzwischen ja leider, dass Krisen und Probleme wie eine Epidemie anwachsen. Von vielen Menschen wird das noch nicht bemerkt, weil es sich zumeist um ein lautloses Leiden handelt – ein »Auf-Distanz-zum-Leben-Gehen«, ein Rückzug von der Teilnahme am Leben, eine oft hinter fit und Fun versteckte Melancholie.

Die WHO, die Weltgesundheitsorganisation, hat im September 2001[8] zum Beispiel eine zur Sorge – und zur besseren »Seel-Sorge« (!) – Anlass gebende Zahl veröffentlicht. Sie wird von Experten wie der Psychologin Gertraud Richardt, Präsidentin des BDP (Berufsverband Deutscher Psychologinnen und Psychologen) bestätigt: Etwa jeder dritte Mensch in den westlichen Industrienationen ist – oder wird im Laufe des Lebens – seelisch so leidend, dass Psychotherapie nötig wäre. Im deutschen Sprachraum wären dies etwa 30 Millionen Psychotherapie-Bedürftige. Das wäre ein gigantisches ABM-Programm für Psychotherapeuten und leider auch für Menschen, die sich für Therapeuten halten. Aber keine Gesellschaft, kein Gesundheitssystem kann solche – durch seelisches Leiden ja gerechtfertigten – Therapie-Ansprüche verkraften.

Lange hat die Psychologie ihre Aufgabe darin gesehen, zu erforschen, warum der Mensch in Familie, Partnerschaft, Schule oder Beruf, bei Tisch und im Bett Krisen und Probleme bekommt. Und die Psychologie hat dann Beratung und Therapie angeboten. In den rund einhundert Jahren, seit der Wiener Nervenarzt Sigmund Freud (1856–1939) und der Petersburger Physiologe Iwan Pawlow (1849–1936) ihre ersten großen Arbeiten veröffentlicht haben, hat das Fach weitestgehend an der Entwicklung von Gesprächs- oder Verhaltens-Psychotherapien gearbeitet. Mit großem Erfolg – aber manchmal gilt jener englische Satz »nothing fails like success« (nichts scheitert, wie der Erfolg).

Salopp gesagt, hat die Psychologie vor allem darüber geforscht, wie das Kind, das in den Brunnen gefallen ist, wieder herausgezogen werden kann, kaum aber darüber, wie verhindert wird, dass das Kind in den Brunnen fällt. Aber das reicht nicht mehr, wie die Zahl der Menschen, die Therapie-Ansprüche aufgrund eigenen seelischen Leidens geltend machen könnten – sogar: sollten – beweist. Prävention von vermeidbarem seelischem und psychosomatischem Leiden wird deshalb immer wichtiger. Wir müssen alle Kraft darauf konzentrieren zu verhindern, dass »das Kind seelisch in den Brunnen fällt« und dass so mancher »Karren«, so manche Ehe zum Beispiel, erst gar nicht im »Dreck« stecken bleibt oder immer mehr Ausbildungs- und Berufs-Karrieren »an die Wand gefahren werden«.

Seelische Gesundheit durch Prävention als Selbsthilfe

Wesentliche Aufgabe der Psychologie muss es deshalb sein, Grundlagenwissen zur Vorbeugung gegen seelisches Leid bereitzustellen. Und ein neuer Zweig der wissenschaftlichen Psychologie wendet heute die seit langem bewährte psychologische Forschungsmethodik nicht mehr zum Verständnis seelischer Leiden und Krisen an, sondern zum Verständnis seelischer Gesundheit. Diese Abkehr von der wissenschaftlichen Arbeit über negative Themen hat zu der etwas unglücklichen Namensgebung »Positive Psychologie« geführt – mit dem aus den USA kommenden religiös-fundamentalistischen Positivdenken (siehe Kapitel XX, Abschnitt 46) hat die Positive Psychologie nichts zu tun.

Über Ergebnisse der Positiven Psychologie berichtet dieses Buch. Es möchte helfen, den Gedanken zu verbreiten, dass es Prävention gegen seelisches Leiden – gegen Depression, gegen die heutige Scheidungs-Epidemie oder gegen die Lernschwierigkeiten viele Schüler zum Beispiel – nicht nur geben könnte, sondern tatsächlich gibt. Und dass Prävention zwar nicht immer einfach ist, vermutlich aber nicht schwerer als sich das Rauchen abzugewöhnen.

Am Ende des vergangenen 20. Jahrhunderts hat die wissenschaftliche Psychologie die Beantwortung der Frage, »Was ist ein gutes Leben?«, auf Platz eins ihrer Agenda gesetzt. Endlich! Wesentlichen

Anteil daran haben zwei Wissenschaftler gehabt, die früher nebenher für die US-Zeitschrift »Psychology today« und so auch für »Psychologie heute« geschrieben haben, und deren Namen Sie in diesem Buch wieder finden:

- Prof. Paul W. Baltes, Dircktor am Max-Planck-Institut für Bildungsforschung in Berlin, der inzwischen weltweit hohes Ansehen durch seine Forschung über Lebensweisheit erreicht hat (siehe Kapitel XIV, Abschnitt 35), und
- Prof. Martin E. P. Seligman von der University of Pennsylvania, ursprünglich Depressions-Forscher und Optimismus-Forscher, der als Student bereits eine wissenschaftliche Arbeit vorgelegt hat (siehe Kapitel XV, Abschnitt 39), die die Psychologie verändert hat.

Von Martin Seligman stammt das Wort »Positive Psychologie«. Sein Gedanke war:

Die Psychologie bisher hat vor allem das Negative erforscht, das, was verkehrt läuft und zu Krisen und Problemen und dann zu Beratung oder Therapie führt. Aber wer etwas über das blühende Leben wissen will, muss sich auch in den blühenden Landschaften auskennen, statt immer nur in der Wüste »das ganz normale Unglück« zu erforschen.

Um ein Missverständnis zu vermeiden: Nicht Psychotherapie wird als negativ bezeichnet. Wenn es sich bei der Psychologie nicht um Wissenschaft, sondern um Kunst, um Malerei, handeln würde, würde die Positive Psychologie als Sezession bezeichnet: Eine Gruppe spaltet sich von der bisherigen Tradition ab und zeichnet ein anderes Bild des Menschen.

Die Positive Psychologie interessiert nicht mehr in erster Linie, was im Leben falsch, sondern was richtig läuft. Nicht mehr Therapie, sondern Prävention von seelischem Leid ist ihr übergeordnetes Ziel. Und deshalb steht auch nicht mehr jene Forschung im Mittelpunkt, die letztendlich auf die Therapeuten-Couch oder gar zu Elektroschock-Behandlungen in psychiatrischen Kliniken führt.

Prävention von vermeidbarem seelischen Leid wird in der Positiven Psychologie auch nicht als exklusive Dienstleistung von Experten angesehen. Solche Experten-Dienstleistungen gibt es im Grenzbereich zwischen Psychoprävention und Psychotherapie, Beispiele sind Meditation oder Entspannungsverfahren, und hier gibt es einen langen Katalog sinnvoller Angebote aus dem Bereich der Gesundheitspsychologie. [9]

Bei der großen Zahl von Lebenskrisen kennt sicher jeder Mensch einen seelisch Leidenden, und deshalb sind wir alle gefordert – als Mensch, als Freundin oder Freund, als Partner, als Eltern. Kaum ein Beruf heute ist denkbar ohne psychologisches Wissen – Lehrer, Arzt, Pfarrer, Manager, die sozialen Berufe insgesamt, ebenso die Kommunikations-Berufe – alle beratenden, helfenden und heilenden Berufe brauchen Wissen über das seelisch gesündere, bessere Leben, das für jeden Menschen erreichbar ist – gleich was das Leben bietet oder fordert. Auf den hier folgenden Seiten finden Sie Grundlagen-Wissen. Es dient auch dazu, mit den kleineren Unebenheiten fertig zu werden, wenn das Leben immer wieder einmal zur schlechten Wegstrecke wird oder wenn es auf dem Weg durchs Leben zu Staus oder Unfällen kommt. Es dient zur Selbsthilfe oder zu Hilfe von Mensch zu Mensch, einfach und lebenspraktisch.

Abschnitt 2

Vom Leiden zum Sich-leiden-Können

Das Leben ist manchmal kompliziert. Die Menschen sind manchmal kompliziert. Und wir selbst sind auch nicht immer einfach. Weil das so ist, gibt es Psychologie – und die Zahl der Menschen, die psychologisches Wissen beruflich nutzen, geht in die Millionen.

Genau betrachtet gilt sogar: Jeder Mensch ist Psychologe, denn jeder Mensch wendet psychologisches Wissen an. Fachpsychologen schätzen, dass etwa 99 Prozent aller seelischen Hilfen nicht von Psychotherapeuten gegeben werden, sondern von Mensch zu Mensch.[10] Diese Hilfen sind wichtiger als alle Psychotherapie. Denn auch in der Psychologie gilt: Vorbeugen ist besser als heilen. Und Probleme können »in ihren Anfängen verhältnismäßig leicht behoben werden« – genau dann also, wenn niemand darauf kommt, fachliche Hilfe in Anspruch zu nehmen. So steht es in der Erstausgabe von *Psychologie heute*, in diesem Geist habe ich die Zeitschrift von 1974 bis 1981 auf den Weg gebracht, mit der Frage: »Was kann die wissenschaftliche Psychologie zu unserer Lebensfreude beitragen?«

Tiefenpsychologie oder »Höhenpsychologie«

Dieser Frage nach einem glücklichen, einem geglückten Leben aber haben sich die Lebens-Wissenschaften – Medizin, Soziologie oder Psychologie – im 20. Jahrhundert kaum gestellt. Was sie interessiert und fasziniert hat, waren vier »P« und vier »K«, die Probleme und Krisen.

Und die Psychologie hat sich diesen negativen Seiten des Lebens so intensiv gewidmet, dass daraus ihr Bild in der Öffentlichkeit entstanden ist. Psychologie gilt vielen als gleichbedeutend mit Psychotherapie, und viele Menschen wollen mit der Psychologie nichts zu tun haben. »Ich? Zum Psychologen? Ich bin doch nicht verrückt!« Das ist nur zu verständlich, denn auch viele Psychologen haben im 20. Jahrhundert bereits das von Psychiatrie und Psychotherapie geprägte und wirklich »verrückte« Bild der Psychologie kritisiert. Innerhalb des Faches hat es immer wieder die Forderung gegeben, die Dinge zurechtzurücken – etwa von Viktor Frankl (1905–1997). Der österreichischer Psychoanalytiker und Psychiater hat einmal angeregt, dass es neben Sigmund Freuds »Tiefenpsychologie« so etwas wie eine »Höhenpsychologie« geben sollte.

Frankls Stimme hat besonderes Gewicht, wenn er eine »Höhenpsychologie« fordert, denn er hat in Theresienstadt und Auschwitz die tiefsten Tiefen und negativsten Seiten des Menschen und des Lebens erfahren. In seinen Erinnerungen aber weist er auf die menschliche Größe und Stärke hin, die er bei Opfern des Holocaust gesehen hat.

Vor dem Abtransport nach Auschwitz haben junge Menschen in Theresienstadt ein Letztes auf ihren langen, letzten Weg mitgenommen – nicht Brot, sondern Bücher, die es im Lager noch gab, Romane, Lyrik, wissenschaftliche Werke. Sie haben selbst in dieser Situation noch Sinn im Leben gesucht, sagt Frankl, und mit Verachtung spricht er deshalb von dem bekannten Wort Bertold Brechts: »Erst kommt das Fressen, dann kommt die Moral.« Viktor Frankl war auch legitimiert, vor dem Internationalen PEN-Club Dichter und Schriftsteller zu beschwören, »... doch endlich damit aufzuhören, den Menschen herunterzumachen und sich über die heile Welt lustig zu machen. Wenn der Schriftsteller nicht fähig ist, den Leser gegen Verzweiflung zu immunisieren, dann sollte er es doch wenigstens unterlassen, ihn mit Verzweiflung noch zu infizieren«.[11]

Diese Worte galten posthum auch einem der bedeutendsten deutschsprachigen Schriftsteller des 20. Jahrhunderts, 1930 Goethepreisträger der Stadt Frankfurt, belesen, gebildet, wortgewaltig, fantasiebegabt, Egomane, von Beruf – wie Arthur Schnitzler oder Gottfried Benn – Mediziner. Die Rede ist von Dr. med. Sigmund Freud, Begründer einer »Tiefenpsychologie«, der ein positives Bild des Menschen fremd ist.

Was den Menschen letztlich ausmacht, hat Freud auf zwei »Triebe« zurückgeführt: Sex und Aggression. Dass ein Chirurg seine Patientin operiert und nicht vergewaltigt und sein Messer zur Öffnung einer Wunde einsetzt und nicht dazu, die Patientin zu erstechen, geschieht nach Freudschem Denken einzig, weil hier die Triebkontrolle gelungen ist, weil also die Sex- und Aggressions-»Triebe« in ihrer Wirkung gezügelt worden sind. Wie das geschieht? Der Mensch beugt sich in der »ödipalen Phase« letztendlich dem Zwang von Erziehung und Kultur und verdrängt seine »polymorph-perverse« – seine vielgestaltig und in alle Richtungen ausstrahlende – Triebhaftigkeit. Zurück bleibt, so der Titel eines der brillant geschriebenen Science-Fiction-Bücher Sigmund Freuds, ein grundlegendes »Unbehagen in der Kultur«.[12]

Wer Freud nicht gelesen hat, mag solch tollkühne Theorien kaum glauben. Interessanter zu lesen als Tolkiens »Herr der Ringe« sind sie, verfilmt werden sollten sie, über Fragen nach mehr Lebensfreude allerdings sagen sie wenig. Überraschend ist das nicht.

Das Bild des Menschen ist in der Psychologie bisher ein Krankheits-Bild

Freud war Arzt. Und das ärztliche Berufsbild ist krankheits-orientiert. Gesundheit war und ist in der normalen medizinischen Praxis weitgehend immer noch eine Art »Null-Größe« – etwa in dem Sinne, dass ein Arzt einen Menschen, der in die Praxis kommt, untersucht und nach der Diagnose sagt: »Ich kann nichts finden. Ich kann nichts für Sie tun. Sie sind gesund.« Konkret heißt das: »Was immer mit Ihnen ist: in der GOÄ (Gebührenordnung für Ärzte), ist nichts aufgelistet, was mein ärztliches Handeln rechtfertigen (also auch: bezahlen) würde.« Gesundheit heißt eben aus ärztlicher Sicht und für praktisches ärztliches Handeln: Abwesenheit von Krankheit.

Leider aber gilt dies ärztliche Denken auch im Bereich der seelischen Leiden: Behandelt wird, was »Krankheitswert« hat. Und wer Anrecht auf professionelle Hilfe auf Kosten der Kassen hat, dessen seelisches Leiden muss einer psychiatrischen Diagnose-Kategorie entsprechen, die in dem unbekanntesten, aber einflussreichsten Psychologie- und Psychiatriebuch der vergangenen Jahrzehnte festgehalten ist. Es heißt »DSM« (»Diagnostisch-Statistisches Manual«). Das DSM wurde Anfang der 1950er-Jahre in den USA zum ersten Mal in Kladde geschrieben. Ziel war, zu einheitlichen psychiatrischen Diagnosen zu kommen. So weit, so gut.

Heftige und berechtigte Kontroversen aber gab und gibt es darüber, welche Diagnosen in das DSM aufgenommen werden und welche nicht. Bis vor wenigen Jahren war hier zum Beispiel »Homosexualität« als psychische Krankheit aufgeführt. Psychiatrische oder psychotherapeutische Behandlung brachte hier also Geld. Immer noch im DSM-Krankheitskatalog steht das »Hypoactive Sexual Desire Disorder«.[13] Die Vorsilbe »hypo« deutet auf ein »Zuwenig« hin, »HSD« ist also, was früher »Frigidität« genannt wurde – eine psychische Krankheit, die Frauen mit dem damals wie heute weit verbreitete »Not-tonight-Feeling« angedichtet wurde. (Inzwischen besteht unter Psychologen Konsens, dass es unsinnig ist, von frigiden Frauen zu sprechen – sehr sinnvoll hingegen von »frigiden Partnerschaften«, denn Sex ist ja ein Gemeinschaftsprojekt. Die Medizin, die Psychiatrie und der hinter beiden stehende Medizinisch-Industrielle-Komplex aber hat ein großes wirtschaftliches Interesse an Diagnosen wie »HSD«, denn nach dem Milliarden-Erfolg von Viagra wartet die Börsenwelt natürlich auf ein Viagra für Frauen.)

Nicht im DSM-Krankheitskatalog hingegen ist eine der weltweit häufigsten Todesursachen junger Menschen zu finden, Selbstmord. Wer hier als Therapeut vorbeugend helfen will, muss die klare Diagnose vermeiden, sonst zahlen die Kassen nicht. Von den gesetzlichen Kassen wiederum erstattet werden jedes Jahr in Deutschland allein mehr als 4 000 000 Euro für Anti-Depressiva.[14] Psychopharmaka sind ein Wachstumsmarkt im Milliardenbereich – obwohl und vielleicht sogar, weil hier noch kaum zwischen Wirkung und Placebo-Effekt unterschieden werden kann.[15]

Das Menschenbild der Positiven Psychologie ist ein ein Gesundheitsbild

Hinzu kommt, dass Psychopharmaka Symptome dämpfen – also psychische Leiden nicht etwa heilen. Das spricht bei schweren psychiatrischen Problemen nicht gegen den Einsatz von Psychopharmaka, es spricht sehr wohl aber gegen die heutige weit um sich greifende Streuung jener Pillen, die die Rolling Stones in den 1960er-Jahren noch als »Mother's Little Helpers« besungen haben. Das Marketing für Psychopharmaka hat aber so gut funktioniert, dass – so Martin Seligman – inzwischen die US-Amerikaner glauben, 49 Prozent der Menschen würden zumindest ein Mal im Leben an einer Depression leiden (es sind aber »nur« zwischen acht und 18 Prozent). Allerdings ist die Verbreitung der Depression seit 1960 um den Faktor 10 angestiegen, und das Ersterkrankungs-Alter liegt heute im Durchschnitt nicht mehr wie 1960 bei etwa 30, sondern bei etwa 15 Jahren. Aus einer Erwachsenen-Krankheit ist so ein Leiden von Kindern und Jugendlichen geworden – und dies, obwohl alle statistischen Indikatoren der Lebensqualität wie Kaufkraft oder Zugänglichkeit von Bildung nach oben zeigen.[16]

Well-Being, ein gutes und seelisch gesundes Leben, entsteht aber nicht bereits aufgrund der Abwesenheit oder der Dämpfung von Symptomen seelischer Krankheit. Gebraucht wird ein ausgestaltetes Bild von Gesundheit. Nicht die Dämpfung von Leiden bringt Freude am Dasein, sondern ein Sich-leiden-Können. Was darunter oder unter Glück zu verstehen ist – danach hat man die Psychologie oder Psychotherapie oder Psychiatrie aber bisher nicht Fragen dürfen.

Im körperlich-medizinischen Bereich ist solch ein Gesundheitsbild beginnend in den 1950er-Jahren und weitgehend auf Initiative der WHO, der Weltgesundheits-Organisation der Vereinten Nationen, skizziert worden ist. Die Rede war zunehmend von »Wellness« – ein Wort, das der amerikanische Sozialmediziner Halbert J. Dunn in den 1950er-Jahren aus den beiden Worten »Well-Being« (gesund sein, gesund leben) und »Fitness« gebildet hat. Für den Bereich des Seelischen arbeitet die Positive Psychologie an einem solchen Gesundheitsbild.[17] Positive Psychologie ist somit jener großen gesellschaftlichen Strömung zuzurechnen, die im Gesundheitsbereich für Vorbeugung und Selbsthilfe steht – und für »Empowerment« im weitesten Sinne, also für das Gegenteil von Bevormundung. In allen Bereichen des Lebens.

Well-Being statt Wellness

Die Psychologie hat allerdings guten Grund, am alten Begriff des Well-Being festzuhalten. Der Psychoanalytiker Erich Fromm (1900–1980) hat es getan – etwa in seinem wichtigen Buch »Haben oder Sein«[18], denn »Being« heißt »Sein«, und »Well-Being« heißt »Wohl-Sein« – eigentlich ein schönes Wort, ein schöner Wunsch, wenn wir ihn in der deutschen Sprache nicht auf die Zuführung von Promille beschränkt hätten, in anderem Zusammenhang wird das Wort »Wohl-Sein« leider ja nicht mehr gebraucht. Ein Prosit also der Positiven Psychologie, »sie möge nützen«, denn das heißt »pro sit« auf Latein.

Der Begriff »Wellness« ist zudem durch Angebote in Fitness-Centern und Wellness-Oasen und im Sinne von »den einzelnen Menschen fit machen« festgelegt. Der psychologische Ansatz des

Well-Being ist aber nicht nur auf den Einzelnen bezogen. Leben ist nun einmal ein Mannschaftssport – in Familie, Partnerschaft, Beruf und (fast) allen anderen Lebenslagen. Ob das Leben gelingt, hängt nicht vom einzelnen Menschen ab, geteilte Freude ist doppelte Freude, geteiltes Leid ist halbes Leid, und allein leben, allein erziehen, isoliert von anderen Menschen arbeiten und ohne Kontakt sein wird von kaum jemand als Sich-selbst-Verwirklichung empfunden. Selbst ein Eremit lebt »auf Gott bezogen«.

Die Positive Psychologie sieht das Leben ähnlich, wie der Philosoph Martin Buber (1878–1965) es in zwei sehr kurzen Sätzen bündig ausgedrückt hat: *Fang bei dir an, aber hör da nicht auf.* Oder noch kürzer: Vom ICH zum DU.[19] Eine Positive Psychologie würde solch einen Satz um ein weiteres Glied ergänzen, denn das »Du« deckt so wenig wie das »Ich« die Schönheit und den Reichtum des Lebens ab. Positive Psychologie würde »Vom ICH zum DU zum WIR« sagen. Drei Seins- oder Bewusst-Seins-Zustände sind damit umrissen:

1. der Zustand der Unabhängigkeit, der Autonomie, des Individualismus, des Sich-selbst-Vertrauens;
2. der Zustand der engen und sicheren Bindung an einen anderen Menschen – die Erweiterung des Selbst; und
3. der Zustand, in dem wir uns mit allen Menschen in einer Werte-Gemeinschaft sehen – das Transzendieren des Selbst.

Ebenso wird eine Positive Psychologie die drei Seins- oder Bewusst-Seins-Zustände nicht als gerade Linie mit einem Anfangs- und einem End-Zustand sehen, sondern als ein Dreieck, in dem man mit einem einzigen Schritt jeden anderen Seins-Zustand erreichen kann. Oder mit beiden Beinen in zwei dieser Zustände geerdet sein kann.

Auch Selbst-Liebe – kein wissenschaftlicher, sondern ein lebensphilosophischer Begriff – ist in diesem Dreieck zu denken. Sich um sich selbst drehen oder gar sich selbst und auf Dauer, konkret oder im übertragenen Sinne zwischen den großen Zehen zu streicheln, ist nicht gemeint.

Die Lebens-Wissenschaften des 20. Jahrhundert haben, wie gesagt, die »vier K« und die »vier P« im Blick gehabt. Die Menschen und das Leben unter dem positiven Blickwinkel »Gesundheit, Glück und Lebensqualität« zu sehen und intensiver zu erforschen, bedeutet ein Umdenken, das die Positive Psychologie Ende der 1990er-Jahre für dieses Fach geleistet hat, einen Paradigmawechsel hin zu einer ganzheitlichen Sicht des Menschen und des Lebens. Es gibt Positives wie Negatives. Allein das Negative zu sehen, ist ebenso beschränkt, kurzsichtig und borniert wie allein das Positive zu sehen.

Positive Psychologie empfiehlt diesen erweiterten Blick auf das Leben, auf die Menschen und auf das eigenen Leben.

Kapitel II

Richtige und falsche Menschenbilder der Psychologie

Abschnitt 3

Flüchten? Kämpfen? Psychopillen? Oder was?

Psychologie ist eine relativ humorlose Angelegenheit – und das ist auch gut so, denn die meisten Medizinerwitze, speziell: die Psychiaterwitze, sind Humor auf Kosten anderer Menschen und im Zweifelsfalle auf Kosten der ihnen anvertrauten Menschen. Zum Beispiel: Zwei Idioten betrachten einen Sonnenuntergang, und einer sagt: »Dafür haben sie Geld, aber studieren lassen können sie uns nicht.« Guter Humor lädt nicht zum Lachen über andere, sondern zum Mitlachen ein, und hier gibt es eine schönen und vielleicht noch nicht zu bekannten Psychologenwitz.

Sie wissen, was der Rorschachtest ist. Gezeigt werden Bildtafeln mit Tintenklecksbildern – erdacht von dem Schweizer Psychiater Herrmann Rorschach (1884–1922), der einmal im Sommer auf einer Wiese lag, in die Wolken schaute und wie ein Kind allerlei Bilder und Figuren in die Wolkengebilde hinein sah. Roschachs Theorie: Die Bilder, die wir sehen, sagen nicht immer etwas Richtiges über die Welt aus, weil jeder Betrachter immer auch etwas von sich selbst in die Welt hinein projiziert – und deshalb der Test, der etwas über die Persönlichkeit eines Menschen aussagen soll:

Ein Mann geht zu einem Psychologen. Der macht mit ihm den Rorschachtest. Er zeigt Bildtafel 1 und fragt den Mann: »Was sehen Sie?«

Der Mann schaut auf die Tintenkleckse, überlegt eine Weile und sagt: »Geschlechtsverkehr.«

Das zweite Tintenklecks-Bild, die selbe Antwort. Der Mann sieht »Geschlechtsverkehr«. Und so geht es weiter. Bis zur zehnten Tafel.

Egal, was andere Menschen in die Klecks-Bilder hineindeuten, dieser Mann sieht immer nur das eine, »Geschlechtsverkehr«.

Sagt der Psychologe zu ihm: »Ich weiß, dass meine Bemerkung jetzt fachlich falsch ist, aber ich muss Ihnen einfach sagen: Ein solches Ferkel wie sie habe ich noch nicht gesehen.«

Antwortet der Mann: »Wieso ich? Wer zeigt denn hier die schmutzigen Bilder?«

Viele in diesem Sinne »schmutzige« Bilder des Menschen hat die Psychologie im Laufe des 20. Jahrhunderts gezeigt. Auf das dominierende, das Freudsche, wurde und wird noch eingegangen. Ein anderes ungutes Menschenbild ist aus der Humanistischen Psychotherapie abgeleitet worden und unter dem Stichwort »Selbstverwirklichung« bekannt geworden. Einiges darüber an Ort und Stelle in Kapitel VIII, Abschnitt 20. Drei weitere sollen hier wenigstens kurz erwähnt werden, das sexistisch-verfärbte, das biologistisch-schräge und das behavioristisch-schiefe Bild des Menschen, weil Bilder, die in uns verankert sind, Denken, Fühlen, Wollen und Verhalten prägen.

Das sexistische Menschenbild: Wo »Mensch« draufsteht, ist oft »Mann« drin

Sie kennen die »vier F«, das »Frisch, fromm, fröhlich frei, ist die deutsche Turnerei«, und auch in der negativen Psychologie des 20. Jahrhunderts gab es »vier F«. Sie umschreiben den Arbeitsgegenstand des Faches und das Bild des Menschen:

- Feeding,
- Fighting,
- Flighting,
- Fucking.

Feeding ist Bert Brechts »Erst kommt das Fressen, dann kommt die Moral«, der biologisch bedingte Trieb zur Nahrungsaufnahme. Ernährung dient der Erhaltung der Art – ebenso wie Fighting und Flighting: wo man gewinnt, soll man kämpfen, wo nicht, soll man's lassen. Und auch das vierte »F« wurde nicht zum kulturellen Genuss, sondern zur evolutionsbiologischen Notdurft erklärt.

So ist das Bild des Menschen, das Psychologen uns ein Jahrhundert lang vorgehalten haben wie der Psychologe in dem Witz eben dem Klienten die Rorschachtafeln. Ist dieses Bild des Menschen korrekt? Fast das gesamte 20. Jahrhundert hindurch ist es akzeptiert worden als »wissenschaftlich gesichert«. Dann aber hat die Psychologin Prof. Shelley Taylor eins der gefestigsten Dogmen der Psychologie umgestoßen: die aus der klassischen Stress-Theorie bekannte Fight/Flight-Reaktion, die besagt, dass Tiere wie Menschen unter Druck und Gefahr entweder Kämpfen oder Flüchten.[20]

Taylor war irgendwann aufgefallen, dass die Experimente, die die Fight/Flight-Reaktion belegen, fast ausschließlich an Männern oder männlichen Versuchstieren gemacht worden sind. Werden vergleichbare Experimente mit weiblichen Tieren gemacht – und genau das hat Taylor getan –, dann zeigt sich ein anderes Verhalten: Die weiblichen Tiere flüchten nicht, sondern halten der Bedrohung stand – indem sie sich zu mehreren um die junge Brut scharen und sie schützen. Männer und männliche Tiere kämpfen oder flüchten eher, so Taylor, Frauen und weibliche Tiere aber sorgen für das junge Leben und tun dies in Solidargemeinschaft mit anderen Frauen.

Frauen entsprechen in ihren Reaktionen auf Bedrohungen also eher dem, was Horst-Eberhard Richter »Lernziel: Solidarität« genannt hat. Taylor stellt dem Fight-Flight-Verhalten ihre Tend-and-Befriend-Theorie entgegen. Das englische Verb »tend« heißt »sich kümmern, fürsorgen«, und »befriend« heißt das gleiche wie die wörtliche Übertragung ins Deutsche, »befreunden«. Ein Denkmal der Forschung, die Fight-Flight-Theorie, ist vom Sockel geholt worden. Das dahinter stehende biologistische Denken aber noch lange nicht.

Das biologistische Menschenbild: Wo »Biologie« oder »Evolution« draufsteht, ist oft »Pharma« drin

Taylor hat gezeigt, dass »der Mensch« im Verhalten nicht durch die – angeblich über unser genetisches Erbe – fest verpflanzten Verhaltensmechanismen von Kampf oder Flucht bestimmt ist, den Männer und Frauen unterscheiden sich. Dann aber wird der Unterschied zwischen den beiden Geschlechtern biologisch erklärt: durch das Wirken von Geschlechts-Hormonen – etwa Testosteron, das männliche »Sexualhormon« oder durch das »Liebeshormon« Oxytocin, mit dem Frauen besser ausgestattet sind.

Es gilt hier nicht, auf wenigen Zeilen und mit wenigen Bemerkungen abschließende Aussagen über die psycho-biologische Forschung zu machen. Der Platz hier reicht aber, um auf eine vor allem in Presseberichten immer wiederkehrende Logik zu verweisen.

Als Beispiel: eine Meldung – Frauen gehen mit Stress besser um als Männer –, verbreitet am 13. November 2001 von der amerikanischen Agentur UPI (United Press International), und zitiert werden deutsche Forscher von der Universität Düsseldorf mit einem Vortrag in San Diego. Kernaussage: siehe oben. »Frauen gehen mit Stress besser um als Männer« – damals besonders aktuell wegen der seelischen Folgen der 11.-September-Attentate. An 58 jüngeren Versuchspersonen haben die Düsseldorfer Forscher nachgewiesen, dass gestresste Männer größere Gedächtnisprobleme hatten als gestresste Frauen. Dann die Interpretation: Zusammen mit »Daten aus einer früheren Untersuchung an Frauen in der Menopause« zeigt die jetzige Studie den »wohltätigen Einfluss weiblicher Sexualhormone zur Abmilderung von Stress-Wirkungen«. Und dann kommt's: »Die Forscher glauben, dass eine Östrogen-Therapie älteren Frauen helfen könnte, ihre Gedächtnisleistungen nach der Menopause zu erhalten.«

Die eigentliche Botschaft ist: Viele solcher Studien, die biologische Vorgänge berichten, dienen der Pharmaforschung. Ein biologistisches Bild des Menschen zu zeichnen, dient diesem Anliegen. In dem Pressebericht über solch eine Studie bleibt natürlich kein Raum, darauf hinzuweisen, dass Männer ihre Stress-Reaktionen ändern können – was bei der Behandlung von Herzinfarkt-Patienten und bei der Vorbeugung gegen einen zweiten Infarkt jenseits jeden Zweifels nachgewiesen worden ist. So hat jede Pressemeldung eben zwei Botschaften: die eine, um die es vordergründig geht, und die in aller Regel in sich korrekt ist; und dann noch die andere, die sehr wohl PR macht – im Gesundheitsbereich in aller Regel für die Interessen der Pharma-Industrie, der Psychopharmaka – oder generell der Wachstumsbranche par excellence am Neuen Pharmamarkt: der Gen-Tech.

»Günter Ogger – übernehmen Sie.«

Das behavioristische Menschenbild: Wo »Wissenschaft« draufsteht, ist Beschränktheit drin

Psychologie ist wie alle Wissenschaft ein Kind der Philosophie. Und wie bei jedem Kind gab es eine Phase des Selbstständig-Werdens, eine Phase der Abspaltung, des »Kontra«, bevor erwachsene Selbstständigkeit erreicht worden ist. Bei der Psychologie – in den USA zumal, deren Psychologie aber leider die Welt geprägt hat – war der Bruch radikal.

Philosophie beschäftigt sich mit den Geistes-Inhalten des Menschen – mit Denken, Fühlen und Wollen vor allem – und danach erst mit dem Tun und Lassen, dem Verhalten also. Denken, Fühlen, Wollen und was sonst noch »im« Menschen vorgeht, ist allerdings nicht direkt beobachtbar. Der Mensch muss selbst darüber Auskunft geben – und da sind die Fehlerquellen groß. Hier hat die amerikanische Psychologie Anfang des 20. Jahrhunderts einen radikalen Schnitt gemacht. Sie hat sich im Geist der Naturwissenschaften allein auf das objektiv – also direkt – Beobachtbare konzentriert, und das ist allein das Verhalten, das Tun und das Lassen.

Verhalten erfolgt oft aufgrund eines Reizes. Deshalb wurde Verhalten als »Reaktion« bezeichnet. Und das englische Wort für Verhalten – *behaviour* – wurde in amerikanischer Schreibweise ohne »u« zum Namen dieser damals neuen Richtung der Psychologie: Behaviorismus. Gesucht wurde nach Grundgesetzen des Verhaltens. Der Einfachheit halber wurden sie nicht nur an Menschen studiert, sondern – bis heute, wenn auch nur noch in geringerem Maße – an vielen lebenden Organismen, an Hunden, Tauben, Hühnern, Affen, vor allem aber an der »mus norwegicus albinus«, wie der lateinische Name lautet, der weißen Ratte. So entstand die »Rattenpsychologie«.

Erforscht wurde, wie aus der Sicht von Psychologen erwünschte Verhaltensweisen aufgebaut werden können. Antwort der Behavioristen: durch Belohnungen – im Zweifelsfall durch eine Futterpille. Erforscht wurde ebenfalls, wie von Versuchsleitern nicht erwünschtes Verhalten abgebaut werden könne. Antwort der Behavioristen: durch Bestrafung – im Zweifelsfall durch einen Elektroschock.

Eine Kombination aus beiden – aus Belohnung und Bestrafung – ergab, was dann »Verhaltensmodifikation« genannt und als Ersatz für Erziehung in Elternhaus und Schule angesehen wurde und als Ersatz für Menschenführung im Arbeitsleben. Erwünschte Verhaltensweisen wurden belohnt – im Arbeitsleben, aber auch schon bei Kindern im Zweifelsfall durch Lob oder Geld. Nicht erwünschtes Verhalten sollte abgebaut werden können – im Zweifelsfall durch Bestrafung. In gewisser Weise funktioniert dies Prinzip: allerdings vor allem bei groben Tätigkeiten. Also: genau jenem Verhalten, an dem es erforscht worden ist und bei dem es auf Denken, Fühlen und Wollen nicht ankommt. Dennoch spukt die Theorie von Belohnung und Bestrafung ähnlich wie die Fight-Flight-Theorie durch weiteste Bereiche der angewandten Psychologie, speziell auf den Gebieten der Erziehungs- oder der Menschenführung.

Abschnitt 4

Eine »Checklist« für Selbst-Liebe und Well-Being

Anfang 2002 ist das »Handbook of Positive Psychology« erschienenen[21].

Das Handbuch wendet sich an Wissenschaftler und ist ein Ariadne-Faden durch ein Labyrinth von mehr als 3000 wissenschaftlichen Forschungsarbeiten. Ziel ist es nicht, Praxisanleitungen zu geben, sondern mehr Lebens-Wissenschaftler für Forschungsarbeiten auf dem Gebiet der Positiven Psychologie zu interessieren. Diskutiert werden zum Beispiel Fragen wie: Ist Optimismus ein (Bewusstseins-)Zustand oder eine (Persönlichkeits-)Eigenschaft? Solche Fragen sind wichtig für die weitere Forschung, weil sie darüber entscheiden, mit welchen Methoden geforscht wird. Praktisch wertvoll aber ist die Nennung von Gebieten, auf denen die Experten glauben, gezielt fündig zu werden. Das sind die Goldadern der

Positiven Psychologie. Es sind also nicht mehr einer Goldwäsche vergleichbare Zufallsfunde.

Zum Thema Well-Being werden im »Handbook of Positive Psychology« elf solcher »Goldadern« genannt. Die sechs ersten dienen dem persönlichen Well-Being, dem Sich-Wohlfühlen in der eigenen Haut. Die fünf dann folgenden dienen dem sozialen Well-Being, also dem Sich-Wohlfühlen unter Menschen. Die elf seelischen Goldadern sind im Folgenden in einer Grundaussage zusammengefasst, und jede ist in wenigen wichtigen Punkten erklärt – insgesamt sind es 33 Punkte. Wenn Sie eine gute Umschreibung von »Selbstliebe« suchen – sie ist in diesen 33 Punkten gegeben.

PERSÖNLICHES WELL-BEING:
Sich-Wohlfühlen in der eigenen Haut.
Sich selbst annehmen.

Selbstachtung

Grundaussage: »Wenn ich den Lauf meines Lebens betrachte, bin ich mit dem heutigen Stand der Dinge zufrieden.« Erklärende Stichworte:

1. positive Einstellung zu sich selbst,
2. die unterschiedlichen Aspekte des Selbst erkennen,
3. diese unterschiedlichen Aspekte an sich selbst akzeptieren,
4. positive Einschätzung des zurückgelegten Lebens.

Persönliches Wachstum

Grundaussage: »Für mich ist das Leben ein beständiger Prozess von Lernen, Veränderung und Wachstum.« Erklärende Stichworte:

5. Offenheit für neue Erfahrungen,
6. überhaupt ein Bewusstsein dafür entwickeln, dass Leben vom ersten bis zum letzten Tag Weiterentwicklung bedeutet und

dass bis zum letzten Tag ein Potenzial besteht, das weiterentwickelt werden kann;

7. ein Bewusstsein dafür entwickeln, dass Wissen und Weisheit zunehmen;
8. ein Bewusstsein dafür entwickeln, dass die Lebenskompetenz wächst.

Lebens-Sinn

Grundaussage: »Einige Menschen lassen sich planlos durchs Leben treiben. Zu ihnen gehöre ich nicht.« Erklärende Stichworte:

9. Ziele haben,
10. Sinn für die Richtung des Lebens haben,
11. Sinn in Vergangenheit und Gegenwart sehen,
12. Werte haben, die dem Leben Sinn geben.

Lebensraum-Kompetenz

Grundaussage: »Ich werde den Pflichten des täglichen Lebens gerecht.« Erklärende Stichworte:

13. sich kompetent fühlen, und die dazugehörenden Fähigkeiten besitzen, den vielfältigen Anforderungen des Lebens gerecht werden zu können;
14. Netzwerke finden und/oder schaffen, die den eigenen Aufgaben und Zielen dienen.

Autonomie

Grundaussage: »Ich vertraue meiner eigenen Meinung, auch wenn sie von dem abweicht, was andere Menschen denken und glauben.« Erklärende Stichworte:

15. unabhängig sein,
16. selbstbestimmt sein: das eigene Verhalten »nach einem inneren Kompass« lenken;

17. dem Druck anderer Menschen widerstehen, in von ihnen bestimmte Richtungen zu denken oder zu gehen,
18. sich selbst nach den eigenen Maßstäben beurteilen.

Positives Verhältnis mit anderen

Grundaussage: »Menschen beschreiben mich als großzügig. Als jemand, der bereit ist, seine Zeit mit anderen zu teilen.« Erklärende Stichworte:

19. am Wohl-Sein anderer interessiert sein;
20. Vertrauenswürdige, herzliche und Zufriedenheit gebende festere Kontakte haben;
21. fähig sein zu Einfühlung (»Empathie«), Gefühl und Intimität (auch sexuell, aber nicht nur: intim sein ist gemeint, nicht »intim werden«),
22. das Geben-und-Nehmen zwischen Menschen verstehen (aber das gemeinsame Leben nicht nur darauf aufbauen).

SOZIALES WELL-BEING:
Sich-Wohlfühlen unter den Menschen.
Die anderen Menschen annehmen.

Well-Being in der Gesellschaft

Grundaussage: »Ich habe die Grundüberzeugung, dass Menschen freundlich und gut sind.« Erklärende Stichworte:

23. positive Einstellung zu anderen Menschen;
24. die anderen Menschen erkennen, wie sie sind und sie grundsätzlich akzeptieren, wie sie sind – trotz der Tatsache, dass andere Menschen manchmal komplex sind und uns perplex machen können.

Gemeinschaftliche Verwirklichung statt Selbstverwirklichung

Grundaussage: »Die Welt wird ein besserer Ort für alle Menschen.« Erklärende Stichworte:

25. daran glauben und sich darum kümmern, dass die Gesellschaft positiv ist, also grundlegend gut und nicht das Gegenteil davon;
26. daran glauben, dass die Gesellschaft das Potenzial hat, sich positiv zu entwickeln;
27. dieses gemeinschaftliche Entwicklungs-Potenzial real werden lassen – durch eigenständiges Handeln und durch Handeln gemeinsam mit anderen.

Den anderen Menschen etwas geben

Grundaussage: »Jeder kann der Welt etwas von Wert geben.« Erklärende Stichworte:

28. die Einstellung haben, dass die anderen Menschen der Gesellschaft/Gemeinschaft etwas geben können;
29. die Einstellung haben, dass das tägliche Tun der anderen Menschen von der Gemeinschaft für Wert erachtet wird.

Sich mit den Menschen verbunden fühlen

Grundaussage: »Ich erkenne, was auf uns Menschen alles zukommt.« Erklärende Stichworte:

30. das Zusammenleben der Menschen als verstehbar, logisch und vorhersehbar empfinden;
31. Interesse für und Engagement in Gesellschaft und Gemeinde aktiv zeigen.

Soziale Zusammengehörigkeit

Grundaussage: »Die Gemeinde, in der ich lebe, ist ein Ort der Geborgenheit.« Erklärende Stichworte:

32. sich als Teil der Gemeinschaft sehen und fühlen;
33. von den anderen Menschen wissen, sie gehören dazu; sie sollen sich ermutigt und gefördert fühlen; sie sind Teil der Gemeinschaft.

Welchen Sinn und welchen Wert haben solche Listen?

Es lohnt sich, diese »Goldadern« – die elf Grundaussagen und 33 erklärenden Stichworte – genauer anzusehen. Auffällig ist zum Beispiel:

Vermutlich ist Ihnen – oder den Menschen, die Ihnen etwas bedeuten – nichts von dem, was sie gerade gelesen haben, unbekannt. Die meisten Menschen werden den meisten Aussagen zustimmen. Es könnte sich hier also um einen der üblichen Kataloge für menschliche Tugenden handeln. Nicht anzusehen ist den Aussagen hier allerdings, dass sie Tausende psychologischer Forschungsarbeiten auf den Punkt (resp. auf 33 Punkte) bringen. Es lohnt sich also geistig-seelische Mittel in diese Punkte zu investieren, denn das scheint sich nach bester Erkenntnis heute in Form von mehr Well-Being auszuzahlen:

- in der persönliche Entwicklung,
- in der Entwicklung der Kinder,
- in der Entwicklung der Ehe oder Partnerschaft,
- in der Entwicklung im Berufsleben,
- aber auch in der Entwicklung von größeren Einheiten: Familien, Arbeitsgruppen, Unternehmen, Gemeinden und Gemeinschaften generell.

Vermutlich aber werden nicht nur Sie selbst und Menschen, die Ihnen sympathisch sind, diesen Aussagen zustimmen, sondern auch Menschen, die Ihnen wenig bedeuten oder von denen Sie sogar das Gefühl haben, das Wilhelm Busch einmal in den schönen Worten ausgedrückt hat: »Kein Mensch ist überflüssig. Jeder kann als schlechtes Beispiel dienen.« Die Aussagen eigenen sich also für Tugendbücher oder »Ratgeber« über Glück, Erfolg, Gesundheit und ein besseres Leben insgesamt. Sie scheinen aber kaum in der

Lage zu sein, das auch zu bewirken, was sie nahe legen. Irgendwie klingen sie nach guten Vorsätzen zum Neujahrstag. Sie sind wertvoll, aber irgendwie schafft man es nicht, sich daran zu halten.

Warum nicht, ist einfach zu erklären. Die Wirkung von Worten auf unser Verhalten ist in aller Regel, in 999 von 1000 Fällen, gering. Und das Gleiche gilt für die Wirkung unserer Worte auf das Verhalten anderer Menschen: unsere Kinder, Eltern, Partner, Kollegen zum Beispiel. Worte sind nur ein kleines und meist das schwächste Glied in jener Kette, die Verhalten kontrollieren. Diesem Thema ist Kapitel V gewidmet.

Der Wert der elf »Goldadern«, der elf Grundaussagen und der 33 erklärenden Stichworte liegt deshalb vor allem darin, zu erklären, was im eigenen Leben oder im Leben anderer Menschen (Kinder, Eltern, Partner, Kollegen zum Beispiel)

- richtig läuft, wenn das Leben leicht von der Hand geht, und
- was falsch läuft, wenn das Leben zur »schlechten Wegstrecke« wird.

Hier den Lauf und den Stand der Dinge besser zu verstehen, ist von großem Wert. Aber was als »Diagnose« hilfreich ist, ist noch nicht die »Therapie«. Wenn ein Mensch mit anderen Menschen nicht klarkommt, hilft es zu sehen, ob dieser Mensch

- (Stichwort 23) eine ausreichend positive Einstellung zu anderen Menschen hat;
- (Stichwort 24) die anderen Menschen grundsätzlich akzeptiert, wie sie sind;
- (Stichwort 25) die Gesellschaft nicht als grundlegend gut, sondern eher als grundlegend schlecht empfindet;
- (Stichwort 27) daran glaubt, dass die Gesellschaft das Potenzial hat, sich positiv zu entwickeln.

Alle 33 Einzelpunkte könnten hier herangezogen werden. Und aus jedem dieser 33 Punkte könnte ein ganzes Menschen-Verbesserungs-Programm gemacht werden. Aber was würde das nützen? Niemand könnte es absolvieren. Vereinfachung ist gefragt. Das mir wesentlich Erscheinende fließt letztlich in vier einfachen Worten zusammen: Du sollst dich lieben – was die Nächstenliebe nicht nur mit einschließt, sondern, wie ich glaube, überhaupt erst ermöglicht.

Vor lauter Bäumen den Wald noch erkennen

Aber wie man das macht – Nächstenliebe, Selbstliebe – das ist Teil einer Erziehung und Selbsterziehung. Die 14 Kapitel in Teil 2 des Buches geben wesentliche Hinweise, worauf es dabei ankommt – es sind 14 Einstiegs-Punkte in ein besseres, ein seelisch gesünderes Leben, es handelt sich hier also nicht um ein »Psycho-Programm«.

Gleich aber, ob 14 Punkte oder 33 Punkte – das Wichtigste an ihnen ist, dass sie die unendliche Informationsflut auf dem Gebiet der Psychologie reduzieren und überschaubar machen. Als Beispiel: Im März 2002 habe ich die folgenden elf Suchworte beim Internet-Buchhändler »amazon« eingegeben, und es sind rund 16000 Buchtitel ausgeworfen worden:

Psychologie	7532 Bücher
Intelligenz	610 Bücher
Depression	214 Bücher
Angst	670 Bücher
Glück	1043 Bücher
Erfolg	996 Bücher
gesund	531 Bücher
Liebe	3715 Bücher
Ehe	685 Bücher
Ego	31 Bücher

Niemand kann auch nur diesen geringen Teil der psychologischen oder lebenspraktischen Literatur bewältigen. Informations-Reduktion ist deshalb wichtig. (Mehr dazu in Abschnitt 8.)

Kapitel III

Geht es abwärts oder aufwärts?

Abschnitt 5
Das Gute sehen, bevor es sich zeigt

Ein berühmter Professor von der berühmten Harvard-Universität kommt in eine ganz normale Schule und führt mit Schülern Intelligenz-Tests durch. Dann aber macht er etwas Überraschendes. Er schaut die Ergebnisse der Tests nicht einmal an, sondern verwahrt sie an einem sicheren Ort, sucht aus jeder Klasse rein nach Zufall 20 Prozent der Schüler heraus und sagt ihren Lehrern: »Dies sind die Schüler der Zukunft. Bei diesen Kindern sind erhebliche Lernfortschritte zu erwarten.«

Acht Monate später kommt der Professor noch einmal in die Schule, macht die Intelligenz-Tests noch einmal – und die »Schüler der Zukunft« haben im Durchschnitt einen um vier Punkte höheren IQ-Wert als die Klassenkameraden, denen der Professor keine gute Lern-Zukunft »prophezeit« hatte.

Der Professor heißt Robert Rosenthal, 1927 in Gießen geboren. Sein Intelligenztest-Experiment hat er in den 1960er-Jahren durchgeführt, und es ist von ihm wie von anderen Forschern inzwischen vielfach überprüft worden. Die Wirkung der positiven, der – wie wir heute sagen – »sich selbst erfüllenden Prophezeiung« hat Robert Rosenthal[22] vielfach bestätigen können:

1. In einem Ferienlager wird den Schwimmlehrern – wieder rein nach Zufall – von bestimmten Kindern gesagt: »In dieser Gruppe sind die Schwimmtalente zusammengefasst.« Diese Kinder lernen früher als andere schwimmen.
2. In einer Klinik werden Eignungstest bei Anlernkräften gemacht. Den Gruppenleitern werden einige – wieder nach Zufall heraus-

gegriffene – Namen von Menschen genannt, die »gut veranlagt« sind. Die »gut Veranlagten« leisten danach deutlich mehr als andere Kollegen.

3. In einem weiteren Experiment werden Eignungstests an Fließbandarbeitern – Mechaniker und Schweißer – durchgeführt. Wieder nach Zufall werden den Vorarbeitern Namen der »besonders Qualifizierten« genannt, Ergebnis: wie oben.

Aber umgekehrt ist auch gefahren. Auf ähnliche Weise ist es Forschern gelungen, gute Schüler in ihren Leistungen zu drücken. Selbstverständlich wurde den Lehrern danach der Ablauf und der Sinn des Experimentes erklärt.

Die Kraft der positiven Zuwendung

Rosenthals Forschung beweist die Richtigkeit des Shakespeare-Wortes »Schönheit liegt im Auge des Betrachters«. Es gibt tatsächlich so etwas wie eine sich selbst erfüllende Prophezeiung. Wenn die Lehrer glaubten, dass die Schüler schlecht waren, gingen die Schüler-Leistungen nach unten. Wurde den Lehrern ein guter Glaube vermittelt, wirkte sich das positiv auf die Leistungen der Schüler aus. Die Lehrer haben sich also entsprechend ihrem Glauben verhalten, sie sind ihren Vor-Urteilen gefolgt – und die Schwimmtrainer, die Gruppenleiter und Vorarbeiter genau so, ohne für die Möglichkeit offen zu sein, dass außerhalb ihres geistigen Rahmens noch andere Möglichkeiten existieren. Gute Schüler haben die Lehrer fallen lassen, schlechtere Schüler haben sie aufgebaut.

Wie erklärt Rosenthal die sich selbst erfüllende Prophezeiung? »Wer von einem anderen Menschen mehr erwartet, schlägt automatisch einen anderen Gesprächston an, ist freundlicher, zeigt eine weniger autoritäre Körperhaltung, teilt so seine positiven Erwartungen mit«, und das scheint Menschen zu besseren Leistungen zu motivieren. Nicht nur Menschen.

Rosenthal hat Studenten Experimente mit Labor-Ratten – der Psychologen liebste Haustiere – durchführen lassen. Die Tiere sollten lernen, sich in einem Labyrinth an einer bestimmten Stelle nach links zu bewegen. Einer Gruppe Studenten sagte Rosenthal, sie würden mit intelligenten Tieren arbeiten, der anderen Gruppe, dass ihre Versuchstiere dumm seien. Ergebnis: Die angeblich intelligenten Ratten lernten schnell. Die angeblich dummen aber bewegten sich manchmal nicht einmal von der Stelle. Sie verweigerten sich. Aus Befragungen der Studenten erfuhr Rosenthal, dass die »Trainer« der »intelligenten« Ratten bei dem Experiment innerlich ruhig waren und ihre Tiere lieber mochten als die Studenten der Kontrollgruppe, die mit den »dummen Ratzen« zu arbeiten hatten.

Der Mensch ist kein »Sack voller Eigenschaften«

Die Moral von der Geschicht'? Sie liegt in einem einfachen Gedanken, den sehr viele Menschen aber nicht fassen können. Diese Menschen halten sich selbst und ihre Mitmenschen für so etwas wie eine Wundertüte – angefüllt mit guten wie schlechten Eigenschaften und Talenten: Intelligenz, Leistungsfähigkeit beim Schwimmen, Motivation, Begabungen für bestimmte Jobs und viele andere. Rosenthals Experimente aber beweisen, dass positive wie negative Eigenschaften nicht einfach nur »im« Menschen »liegen«. Sondern sie liegen auch »in der Luft« – im Klima, in dem wir uns bewegen und Leistung erbringen oder verweigern.

Ob Menschen sich »einbringen«, ob sie also aktiv am Leben teilnehmen oder sich von der Teilnahme am Leben zurückziehen, hängt also nicht nur von »inneren« Faktoren ab, sondern auch davon, ob Menschen Kritik, Gegnerschaft, Zynismus, Arroganz, Herablassung, Ausgrenzung, Diskriminierung, Vorurteile etc. spüren. Solche äußeren Faktoren können Menschen »runterziehen«. Ebenso können äußere Faktoren Menschen »hochziehen«. Wie das geschieht, ist mit einem einfachen Bild zu erklären, das aber im Detail betrachtet werden muss. Das geschieht im nächsten Abschnitt.

Abschnitt 6

Der Rückzug von der Teilnahme am Leben

»Alles fließt« hat der griechische Philosoph Heraklit (der um 550–480 v. Chr. gelebt hat) gesagt. Das Leben hat dieser Denker als einen sich beständig verändernden Strom von Ereignissen gesehen. Und in diesem Strom sind wir Menschen dreierlei: Beobachter, treibende Kraft mancher Ereignisse, und zugleich treiben wir in diesem Strom.

Goethe hat einen ähnlichen Gedanken gehabt. Im »Faust I« beschreibt er diese Ur-Situation des Menschen, des Mensch-Seins und des Sich-seiner-selbst-bewusst-Seins mit den Worten: »Der ganze Strudel strebt nach oben; du glaubst zu schieben, und du wirst geschoben«.[23]

Wir sind Handelnde. Und wir sind zugleich Spielball von Kräften, die nicht in unserer Macht stehen. Wir schieben und werden geschoben. Solche Dinge sind nicht einfach nur hübsch gesagt und interessant für den Deutschunterricht, wenn der »Faust« besprochen wird, sondern sie haben lebenspraktische Bedeutung.

- Zum einen geht es um die vielfach gesicherte Erkenntnis, dass es für unser Well-Being schädlich ist, wenn wir herumgeschoben werden oder uns als Herumgeschobene fühlen. Wichtig ist tatsächliche Kontrolle – und manchmal hilft es bereits, ein Gefühl von Kontrolle zu haben.[24]
- Zum anderen suggerieren Bilder wie »Fließen« oder »Schieben« horizontale Bewegungen. Tatsächlich aber kann es zu einer Aufwärts- wie zu einer Abwärts-Bewegung kommen.

Der »Rosenthal-Effekt«, wie die sich selbst erfüllende Prophezeiung auch genannt wird, zeigt, dass ermutigende und fördernde Lebensumstände in Stimmung und Leistung uns »hochziehen« können. Allerdings gilt auch das Gegenteil. Die Lehrer und Vorgesetzten, die negativ eingestimmt waren, haben die ihnen anvertrauten Menschen in eine Bewegung, eine Spirale nach unten gebracht.

Abgleiten in die Hilflosigkeit

Generell gilt: Wer keine Kontrolle über die Geschehnisse im eigenen Leben hat (oder empfindet, oder findet), erreicht jenen Zustand, der – wenn er länger anhält – als »gelernte Hilflosigkeit« oder »Depression« bezeichnet wird. Wichtige Vorbeugung dagegen ist, Menschen aufzuzeigen, wie sie in das Geschehen ihres Lebens eingreifen können – im Prinzip durch jene Lebenskompetenzen, die in Teil 2 dieses Buches beschrieben werden. Wer sich von der Teilnahme an wichtigen Bereichen des Lebens zurückzieht, macht dies ja in aller Regel, weil die hier notwendigen Kompetenzen nicht ausreichend entwickelt sind.

Menschen wird oft geraten, sie müssten sich mehr zutrauen, mehr »Selbstbewusstsein« zeigen. Mut machen, ermuntern ist gut – aber nur selten reicht es, sich zu trauen. Können muss hinzukommen. Ein anderer Weg in die Spirale nach unten besteht in zu hohen und deshalb unrealistischen Erwartungen an die Menschen und das Leben oder in zu hohen Forderungen an sich selbst, an andere Menschen oder an das Leben. Wer zum Beispiel von allen Menschen geliebt werden möchte oder alle Arbeiten perfekt erledigen möchte, begibt sich ebenso in eine Biographie des Scheiterns hinein, wie der Mensch, der seine Lebenskompetenzen nicht entwickelt hat oder hat verludern lassen. Lebenskunst ist also, ein gutes Gleichgewicht zu finden zwischen der Möglichkeit, selbst treibende Kraft zu sein oder sich treiben zu lassen.

Hat man einige Zeit in einer Spirale nach unten gelebt, ist professionelle beratende oder therapeutische Hilfe notwendig. Es ist auch möglich, in Lebens-Kompetenz-Trainings – zum Beispiel in Optimismus-Trainings[25] – der Spirale nach unten Einhalt zu gebieten. Dazu gehört allerdings Anstrengung, Einsatz, Lernen von Lebenswissen und von Lebenskompetenzen, wie sie in Teil 2 dieses Buches – speziell in Kapitel XV über Hoffnung – umrissen werden. Wie kann frühzeitige Prävention hier helfen?

Prävention gegen die Spirale nach unten

Seelische Probleme, die lange anhalten, können irgendwann eine Psychotherapie erforderlich machen. In ihren Anfängen aber können sie verhältnismäßig leicht behoben werden. Nötig dazu ist ein anderer Mensch mit Herzensbildung, der erkennt, dass »etwas anbrennen könnte«, denn meist sind wir selbst nicht in der Lage, Probleme bei uns richtig zu erkennen und einzuordnen. Es ist ähnlich wie mit einem Alkoholiker, der langsam in die Sucht gleitet. »Dies eine Glas noch«, sagt er sich in einem konkreten Moment. Und der erste Schluck wird in der sicheren und positiven Erwartung getrunken, dass er aus dem letzten Glas kommt, das man anrührt.

Viele Menschen, die helfen wollen, verlegen sich dann aufs Mutmachen, auf Ermunterung, auf Trost – alles richtig, aber es reicht nicht, wie man von Menschen mit schwersten Sucht- oder anderen seelischen Problemen weiß, die manchmal viele Jahre lang von wohlmeinenden Verwandten und Freunden »aufgefangen« und »getragen« worden sind.

Worte richten hier wenig aus. Tröstende Worte können das seelische Wohlbefinden kurzfristig verbessern. Genau darin aber kann das langfristig Schädliche liegen – in dem Talk-Show-Psycho-Gebrabbel über »Wer will, der kann«. Suggeriert wird dabei entweder, dass man als Siegertyp die Ellenbogen ausfahren muss (die Gefahr dabei: So stößt man Menschen ab, die einem nahe sind) oder dass guter Wille allein schon die halbe Miete ist. Das »Wer will, der kann« wird so oft zu »schwach anfangen und stark nachlassen«, und das reicht nicht aus, um aus sich selbst, aus dem Leben und aus dem Zusammenleben mit anderen Menschen etwas zu machen.

Gesucht: Menschen ohne die Trägheit des Herzens

Es macht übrigens meist keinen großen Unterschied, ob hilfreich gemeinte Worte in Liebe oder im Zorn gesprochen werden, oder ob sie in einem Gespräch oder in einem Selbstgespräch fallen.

Die typische Antwort auf Worte sind Worte, zum Beispiel bekannte Worte wie: »Jetzt ist noch nicht meine Zeit. Dies eine Glas, diese Zigarette noch, noch einmal auf Rouge setzen ... ich weiß, was zu tun ist, und ich weiß selbst am besten, wann.« Wer sich die Zeit nimmt, dann einem anderen Menschen oder sich selbst zuzuhören, bekommt oft ein gutes, klares und logisch abgestimmtes Lebens-Veränderungs-Programm beschrieben. Und wer daran glaubt, bekommt etwas später gute, klare und logisch abgestimmte Erklärungen, warum es dieses eine Mal noch nicht funktioniert hat. Und wer sich dann noch Zeit nimmt, erfährt, dass es das nächste Mal aber ganz sicher funktionieren wird.

Je länger das »Spiel« mit Worten und um Worte andauert, desto stärker wird der »Strudel im Kopf«. Immer mehr macht der Mensch sich die Kräfte, die IHN oder SIE stärker als Worte bewegen, zu Eigen. Diese Situation beschreibt Martin Seligman als »gelernte Hilflosigkeit« (siehe Kapitel XV, Abschnitt 39): Es ist die Selbst-Einschätzung: »Gleich, was ich tue, und wie ich mich anstrenge, es bringt's nicht.«

Solch ein »inneres Gespräch« ist das Markenzeichen von Depression und Burn-out – meist nicht an aktiv geäußerter Verzweiflung zu erkennen, sondern an einem lautlosen Rückzug von der Teilnahme am Leben, unterbrochen durch Phasen hoher Aktivität, die Außenstehende – aber auch der betroffene Mensch selbst – meist als Zeichen der Besserung verstehen. »Es geht also doch. Ich muss mich nur zusammenreißen«, sagt der alkoholabhängige Mensch sich selbst, wenn ER oder SIE das Mittagsläuten ausnahmsweise einmal noch völlig nüchtern erlebt. »Siehst du, es geht also doch. Du musst dich nur zusammenreißen«, sagt der hilfsbereite Mensch. Und beide erkennen nicht, dass ein Mensch mit solch einer Mischung aus Hilfsbereitschaft und Umsicht über Jahre in seiner Spirale nach unten – auf seinem Weg in zum Beispiel immer tiefere Abhängigkeit vom Alkohol – begleitet und geleitet wird.

Gesucht werden Menschen, die nicht zu schüchtern, nicht zu träge oder nicht zu arrogant sind, statt nur zu reden auch anzupacken. Hilfen von Mensch zu Mensch funktionieren – aber: Nur helfen hilft.

Untersuchungen von Psychologen der Universitäten Groningen, Nijmegen und Utrecht haben zum Beispiel gezeigt, dass konkrete praktische Hilfen sehr viel besser gegen Arbeits-Frust und Arbeits-Stress wirken als die »menschliche Tour«. Persönliche seelische Unterstützung geben, ein gutes menschliches Klima schaffen bauen Belastungen in viel geringerem Maße ab.[26]

Ähnlich zeigen Studien des Berliner Psychologen Dr. Paul Schmitt, der an der Karl-Bonhoeffer-Klinik in der Familienhilfe und Einzelfallhilfe im Grenzbereich von Psychotherapie und Sozialpädagogik arbeitet, dass Helfen »viel deutlicher ein Machen als ein Gewährenlassen« ist. Helfen versucht, die subjektive »Eigenwelt« eines Menschen aktiv zu erweitern, den tatsächlichen »Möglichkeitsraum« aufzuzeigen und in Einklang zu bringen mit dem »Gemeinraum« – dem Möglichkeitsraum, den der Einzelne mit anderen Menschen teilt. Neun Vorgehensweisen sind dabei bedeutend:

- Auf den Weg bringen: Freiräume schaffen, Brücken bauen.
- Entlasten: eine praktische oder seelische Last abnehmen.
- Durchblicken: Menschen, die im Dunklen tappen, die Augen öffnen.
- Nachhilfe geben: Wissenslücken schließen.
- Reden: Gespräche anknüpfen, Zuhören, aus der Reserve bringen.
- Tun: Nicht nur erklären, sondern selbst mit anpacken.
- Bindungen knüpfen: Isolierte Menschen einbinden.
- Einmischen: Nicht warten, bis ein anderer Mensch von sich aus um Hilfe bittet.
- Geben: Wissen und Erfahrung teilen.[27]

Selbst Tiere können resignieren und sich selbst aufgeben

Die wichtige Frage für Helfer ist, wann sie eingreifen sollen – in dramatischen Fällen selbstverständlich sofort, aber seelische Probleme schleichen sich oft ein. In Abschnitt 4 ist aufgelistet, was man »Goldadern« der Positiven Psychologie nennen kann: 11 Themengebiete mit insgesamt 33 Einzelpunkten. Sie beschreiben Well-Being stichwortartig und machen es so leicht, einen Mangel an Well-Being festzustellen. Meist zeigen sich Menschen in den Anfangsphasen seelischer Not eher wie die Versuchstiere in Experimenten des amerikanischen Stress-Forschers Prof. Curt Richter: Sie sehen sich selbst als treibende Kraft, sie schwimmen im Strom der Ereignisse, sie kämpfen und strampeln – und irgendwann, wenn man es eigentlich nicht erwartet, geben sie sich auf. Richters Experimente sollen etwas ausführlicher geschildert werden, weil die daraus zu ziehenden Lehren gut auf unser eigenes Leben übertragen werden können – und auch darauf, wie wir Menschen helfen können, die »sich durchhängen« oder »sich absinken lassen«.[28]

Curt Richter war schon früh in seiner wissenschaftlichen Laufbahn aufgefallen, dass Menschen so stark unter Stress leiden können, dass sie nicht nur geistig, sondern sogar körperlich zusammenbrechen. Er wollte die körperlichen Mechanismen hinter diesem Zusammenbrechen erforschen, tat dies mit einer Serie von Rattenexperimenten und setzte die Tiere hoher Belastung, also hohem Stress, aus. Zum Beispiel ließ Richter Ratten in einem Bassin, aus dem sie nicht entweichen konnten, schwimmen. Einige Tiere schafften dies 80 Stunden lang und länger.

Andere Tiere aber schwammen wild umherpaddelnd im Bassin herum und versanken nach zwei Minuten wie ein Stein auf den Boden des Bassins. Es sah so aus, als würden die Ratten sich selbst aufgeben. Sie legten die Arme und Beine an und versanken – ähnlich wie der Kapitän eines sinkenden Schiffes sich auf die Brücke stellt, Haltung annimmt und dann ohne Versuch, sich zu retten, in den Tod sinkt.

Aber warum taten die Tiere das? Nach langem Suchen fand Richter die Erklärung. Diese Tiere waren vorher von einem Forschungsassistenten, der sich vor Rattenbissen fürchtete, misshandelt und verängstigt worden. Der Assistent sollte den Tieren Barthaare abschneiden (so sollte der Orientierungssinn der Ratten getestet werden). Der Assistent stülpte über die Tiere einen Sack, packte sie dann ganz fest, erledigte die Haarschneide-Prozedur und schüttete die Laborratten dann aus dem Sack ins Bassin. Richter fand einen Weg, die stark gestressten Ratten am Leben zu halten:

Sekunden, bevor die Tiere abzusinken drohten, zog er sie aus dem Wasser und ließ sie ein, zwei Minuten lang auf einem Tisch ausruhen. Hatten sie sich auf diese Weise beruhigt und so »ihre Sinne wieder beieinander«, konnten sie danach viele Stunden lang schwimmen.

Mehr noch: Gab der Forscher den Tieren die Möglichkeit, den schwarzen Sack mehrfach und spielerisch kennen zu lernen, und ging er sanft mit ihnen um, auch beim Schneiden der Fühlerhärchen, schafften es die Tiere, 80 Stunden »am Stück« zu schwimmen. Holte er sie in den ersten Minuten des Schwimmens mehrfach zum Die-Sinne-beieinander-Bekommen aus dem Wasser, stellten sie sogar neue Langstrecken-Rekorde auf.

Erklärung: Die Versuchstiere hatten gelernt, mit einer belastenden, einer stressreichen Situation fertig zu werden.

Wie wir uns selbst »runterziehen«

Auf den Menschen übertragen heißt das: Wer Probleme hat, mobilisiert eigene Kräfte. Wer sich dann zu schwach und wer sich den Lebensumständen ausgeliefert fühlt, schaut nach Hilfe, und wenn sie nicht ausreicht, übernehmen die fremden Kräfte wieder. Irgendwann macht man sich diese äußeren Kräfte zu Eigen, man gibt sich ihnen hin, erst fragend (»Hat es alles noch einen Sinn?«), dann zweifelnd (»Es hat wohl keinen Sinn mehr«), und das kann bis zur Aufgabe eines Projektes, einer Freundschaft, einer Ausbildung, eines Berufes, einer Ehe gehen – und darüber hinaus.

Solch ein Prozess des Aufgebens – einer Sache, eines Projektes, einer Ehe, der eigenen Gesundheit zum Beispiel bei Rauchern und anderen Sucht-Abhängigen, aber auch des eigenen Lebens – kann sich einschleichend über Jahre hinziehen. Positiv gesehen heißt das: Es gibt also über die Zeit viele Möglichkeiten für Rettung. Das Schwierige liegt darin zu erkennen, dass ein Mensch Hilfe braucht. Und noch schwieriger ist es dem Menschen selbst zu erkennen, dass ER oder SIE Hilfe braucht. Von einzelnen Momenten der Panik abgesehen, die Menschen meist mit sich selbst ausmachen, bleibt das Bewusstsein nämlich klar. Man weiß, was man tut. Und man glaubt selbst am besten zu wissen, was man tun oder lassen müsste.

Einhundert Jahre Psychotherapie und Psychologie haben uns noch nicht erklären können, wie wir als ganz normale Menschen einen Mitmenschen, der uns lieb ist, davor bewahren können, immer tiefer in die Spirale nach unten abzugleiten: in Stress, Depressivität und Burn-out; in Abhängigkeit von Alkohol, Nikotin und anderen Substanzen; in Schul- und später in Berufsprobleme; in destruktives und selbst-destruktives Verhalten.

Der Ansatz der Positiven Psychologie lautet hier: Wer seelisch stabil sein will, kann dies eher, wenn ER oder SIE

- herunterziehenden Selbstgesprächen konstruktive, aufbauende Selbstgespräche entgegensetzt. Diese »Technik« hat sich seit Jahrzehnten zum Beispiel in Kognitiven Psychotherapien von depressiven Menschen[29], in Optimismus-Trainings bei Kindern und Jugendlichen[30] oder in der Rational-Emotiven Verhaltenstherapie nach Albert Ellis bewährt[31] und muss hier nicht geschildert werden.
- Seelisch stabil wird und bleibt, wer persönliche menschliche Stärken aufbaut und ausbaut. Das bringt den meisten Menschen mehr als das Bereden von Fehlern und Schwächen (auch wenn dies im Rahmen einer Psychotherapie geschieht).
- Seelisch stabil wird und bleibt, wer sich gegen die eigenen negativen Emotionen positive Emotionen als Antidot, als »Gegengift« selbst verabreicht oder von liebenden Menschen verabreicht bekommt. Gemeint sind damit Emotionen wie Freude oder Zufriedenheit, die eng mit eigenen Leistungen zusammenhängen. Nicht gemeint sind Lustgefühle, wie sie durch Dauernfernsehen, Nahrungsaufnahme oder Süchte – also nicht durch tun, sondern durch Konsum – erreicht werden.
- Seelisch stabil wird und bleibt, wer als Teil einer Werte-Gemeinschaft aufgefangen und stabilisiert wird, sich damit aber auch den Forderungen der Gemeinschaft stellt und versucht, ihnen nach besten Kräften zu entsprechen.

Von diesen Punkten handelt Teil 2 dieses Buches.

Abschnitt 7

Die Spirale nach oben: Einsatz ist wichtiger als Erfolge

Eine dem »Rosenthal-Effekt« vergleichbare, nach oben ziehende Wirkung können auch Erfolge haben, eine entgegengesetzte Misserfolge. Wer Erfolge hat, fühlt sich in einer Spirale nach oben, wer Misserfolg hat, empfindet, in einer Spirale nach unten zu sein.

Interessanter aber ist ein dritter Fall: Es gibt Menschen, die äußeren Einflüssen gegenüber – Beifall, Kritik, Erfolg oder Misserfolg – relativ immun sind. Sie nehmen Misserfolge nicht »persönlich« – und Erfolge ebenfalls nicht. Von Erfolg lassen sie sich nicht blenden, und von Misserfolgen lassen sie sich das Leben nicht verdunkeln. Sie sind Realisten. Von anderen Menschen, dem Leben und was es bringt, lassen sie sich zu Mut, aber nicht zu Übermut verleiten und lassen sich auch nicht entmutigen. Diese Menschen – das zeigen viele Forschungsarbeiten – sind die mit dem besten Well-Being.

Sie fallen vom Glauben an sich selbst nicht ab, wenn ihnen etwas misslingt oder wenn ihre Leistungen nicht anerkannt werden. Vom Glauben an sich selbst! Das Ausrufungszeichen steht hier aus gutem Grund. An sich selbst glauben, muss nämlich unterschieden werden von dem, was heute oft »Selbstwertgefühl« genannt wird: Ein gutes Selbstwert-Gefühl drückt aus, dass wir uns selbst gegenüber gut gestimmt sind, dass wir uns selbst schätzen und uns selbst positiv einschätzen. Das ist gut, weil das Gegenteil uns »herunterziehen« würde. Aber es ist noch nicht gut genug. Stimmungen können schwanken – auch wenn sie durch Erfolge erzeugt werden.

Guter Glaube an sich selbst hat eine sicherere Basis: Nicht das Ergebnis, schon gar nicht der Erfolg – und der Beifall sowieso nicht – sind die Quelle für jenen gefestigten Glauben an sich selbst, den wir »Selbstvertrauen« nennen. Well-Being hängt davon ab, sich beim Blick in den Spiegel offen in die eigenen Augen schauen zu können, gut schlafen zu können auf jedem sanften Ruhekissen, das ein gutes Gewissen uns gibt. Nicht in dem »Gefühl«, sondern im Vertrauen darauf leben: »Ich habe zwar nicht immer Erfolg, aber ich weiß, dass ich mein Bestes gebe.« Das Wort »Selbstvertrauen« sollte (und wird hier auch künftig) etwas anders geschrieben werden: Sich-selbst-Vertrauen.

Den Selbstwert nicht an das hängen, was man selbst nicht unter Kontrolle hat

Gedanken dieser Art sind alles andere als neu. Wer zum Beispiel Siege und Erfolge zum Maß aller Dinge macht, gerät in eine Falle, die bereits der Philosoph Epiktet (um 50–138 n. Chr.) mit klaren Worten umschrieben hat. Epiktet rät zwischen dem zu unterscheiden, was uns gehört und dem, worüber wir letztendlich keine Kontrolle haben.[32] »Manches steht in unserer Macht, manches nicht«, sagt er. In unserer Macht stehen:

- das Denken,
- das Handeln,
- das Verlangen und
- das Meiden.

Nicht in unserer Macht stehen:

- unser Körper,
- unser Besitz,
- unser Ansehen und
- unsere Würde.

Der Körper kann trotz aller Fitness und Wellness und Psychopharmaka krank werden. Besitz kann verloren gehen. Ansehen wird verliehen – vom oft launischen Publikum. Würden – Ämter und Jobs – sind nie sicher. Wenn unser Selbstwert-Gefühl mehr sein soll als ein Fähnchen im Wind, sind wir für unser Well-Being angewiesen auf das, was in unserer Macht steht: sauber denken, anständig handeln, das Unmögliche nicht verlangen und das Sehr-wohl-Mögliche nicht meiden.

Bekannt ist das. Aber hier gilt, was Sigmund Freud einmal über »Verdrängung« gesagt hat: Wir haben es eigentlich immer gewusst. Wir haben nur zu selten daran gedacht. Gemeint hat Freud die negativen Regungen und Strebungen. Dass wir sie haben, verdrängen wir, weil sie im Ablauf des normalen Lebens hinderlich sind. Leider aber ist es so, dass wir auch unsere positiven Regungen und Strebungen zu oft verdrängen, von ihnen wissen, aber zu selten an sie denken. Erich Fromm hat einmal gesagt: »Das letzte Tabu, das wir brechen können, ist, das Gute in uns nicht länger zu verdrängen.«

Well-Being, Wohl-Sein, lässt sich so auf einfache Weise beschreiben: »Das gute Leben« heißt, das Gute leben. Wir haben es immer gewusst… aber nicht wirklich gewusst, warum und wie das gehen könnte.

Kapitel IV

Wissen als Gier

Abschnitt 8

Wir informieren uns noch mal zu Tode

Eines der geflügelten Worte unserer Zeit stammt von dem Kommunikations-Wissenschaftler Neil Postman und heißt »Wir amüsieren uns zu Tode«. Postman hat Unrecht. Totgelacht hat sich noch niemand, nicht einmal kaputtgelacht. Aber die Gefahr besteht, dass wir uns irgendwann zu Tode informieren und vor lauter Wissen überhaupt nichts mehr verstehen.

Wie viel müssen wir eigentlich über das Leben wissen? Oder gar: Wie viel psychologisches Fachwissen braucht man für ein glückliches Leben?

Unendlich viel braucht, wer den Beruf des Psychologen ausübt und andere Menschen nach bestem Wissen beraten will. Hier gilt, was Henri Nannen, der Gründer des »Stern«, einmal Autoren ins Stammbuch geschrieben hat: Quälen soll sich der Redakteur, nicht der Leser. Und entsprechend gilt: Mit Fachwissen quälen soll sich der Psychologe und nicht der Mensch im ganz normalen Leben. Im ganz normalen Leben mit seinem »ganz normalen Wahnsinn« und seiner ganz normalen Schönheit kann es nicht um möglichst viel und möglichst detailliertes psychologisches Faktenwissen gehen. Davon kann sich jeder in wenigen Sekunden im Internet überzeugen. Das Internet-Archiv www.google.de wirft zum Beispiel aus:

Suchwort	Fundstellen	Suchzeit
Psychologie	1 040 000	0,10 Sekunden
Intelligenz	288 000	0,14 Sekunden

Depression	3 800 000	0,11 Sekunden
Angst	1 640 000	0,14 Sekunden
Glück	213 000	0,14 Sekunden
Erfolg	1 790 000	0,13 Sekunden
gesund	469 000	0,17 Sekunden
Liebe	2 980 000	0,08 Sekunden
Ehe	65 300	0,13 Sekunden
Paar	2 580 000	0,23 Sekunden
Ego	231 000	0,20 Sekunden

Das war im März 2002. Mehr als 15 Millionen Fundstellen. Wenn Sie jetzt die Suchmaschine »Google« anwerfen, werden sich etwas andere Informations-Fundstellen ergeben – aber immer werden es mehr sein als zu verarbeiten sind. Das wirkliche Wunder allerdings ist, dass die reine Suchzeit für 15 Millionen Fundstellen im Internet insgesamt nur etwa 1,5 Sekunden betragen hat – deutlich weniger als man braucht, um einmal kräftig zu niesen oder zu gähnen. Wissens-Explosion! In Sekundenbruchteilen.

Was lohnt sich zu wissen? Und was nicht?

Wir leben, wie man so gerne sagt, in einer »Wissensgesellschaft«. Der Berliner Psychologe Paul B. Baltes aber rät, uns weder die Ohren, noch den Kopf mit Wissen volldröhnen zu lassen. Baltes betont, dass das Wort von der »Wissensgesellschaft« mehr über die heute und in Zukunft notwendigen Lebensstile verbirgt als erklärt.[33] Denn das Wort »Wissensgesellschaft« suggeriert, dass es die Möglichkeit gäbe, das lebensnotwendige Wissen – mühsam zwar, aber dennoch – zu erwerben. Tatsache aber ist: Heute – und in Zukunft schon gar – hat niemand niemals ausgelernt, denn bereits heute kann niemand auslernen, und die durch die Globalisierung hinzukommenden zusätzlichen Wissens-Erfordernisse unterstreichen dies noch einmal.

Wichtiger als Wissen, so Baltes, sind Life Skills, Lebens-Kompetenzen – zusammengefasst in dem, was mit einem schönen, aber aus der Mode gekommenen Wort »Weisheit« genannt wird.

Die geistig-seelische Überfluss-Gesellschaft

Wir leben in einem unüberschaubaren Reichtum. Zugegeben – wer jetzt erst einmal an materiellen Reichtum denkt, wird sich an das Wort von Johann Nestroy erinnert fühlen: »Die Phönizier haben das Geld erfunden. Aber warum so wenig?« Lebensfreude allerdings – also geistig-seelischer Reichtum – hängt nicht vom Geld ab, vorausgesetzt es ist für das Notwendige gesorgt.[34]

Mehr als mit Geld hängt Lebensfreude zusammen mit Lebens-Sinn. Und auch hier herrscht kein Mangel, sondern Überfluss. Es gibt Tugenden, Weisheiten, Regeln, Werte, Tipps – und zwar so viel davon, dass niemand diese Fülle tatsächlich ins eigene Leben »einbauen« oder an die eigenen Kinder, den Partner, die Partnerin, an Freunde, Verwandte, Kollegen und andere Menschen, die einem lieb und wert sind, weitergeben könnte. Schon wer allen guten Rat gegen Stress befolgen wollte, käme sonst zu nichts mehr im Leben. Nestroy würde dazu sagen: »Die Philosophen haben die Weisheit erfunden. Aber warum so viel?«

Es gibt sehr gute, sehr praktische Gründe, die Fülle an Lebensweisheit, den geistig-seelischen Informations-Überfluss auf ein menschliches Maß zu reduzieren. Unser Verstand sträubt sich gegen solche Vereinfachung. Aber es gibt ebenfalls sehr gute, sehr praktische Gründe, uns nicht immer auf unseren Verstand zu verlassen, denn manchmal verlässt ER uns. Und meist geschieht das ausgerechnet, wenn wir den Verstand am nötigsten bräuchten, und dann handeln wir »im Affekt«.

Im ganz normalen Leben mit seinem ganz normalen Wahnsinn und seiner ganz normalen Schönheit geht es nicht um möglichst viel und möglichst detailliertes Faktenwissen, sondern um Bildung, um Herzensbildung, wie das schöne alte deutsche Wort heißt. Entscheidungen über ein »Tu dies, tu das, und jenes lass« werden uns in Sekundenschnelle abgefordert. Und oft sind wir noch schneller – meist aber nicht zum Guten.

Der Psychologe Frank D. Finchman, Ehe-Forscher an der Universität von Wales, hat einmal nachgemessen, wie schnell in Konfliktgesprächen zwischen Lebenspartnern ein Wort das andere gibt.

Wenn die Fetzen so richtig fliegen, liegen die Reaktionszeiten oft deutlich unter einer Sekunde. Soll heißen: Wer so schnell antwortet, kann nicht zugehört haben, denn Informations-Verarbeitung braucht Zeit. Deshalb kommt es oft nicht zu einem Gedankenaustausch, sondern zu einem Schlagabtausch. Finchham gibt deshalb den Rat, bei Gesprächen nicht nur darauf zu achten, WAS und WIE es gesagt wird, sondern auch darauf, WIE SCHNELL etwas gesagt wird.[35]

»Abgetauscht« bei einem Schlagabtausch werden Worte und Verhaltensweisen, die als Folge von negativen Emotionen entstehen. Die negative Emotion der Wut führt in der Vorwärtsbewegung zu verbaler und auch physischer Aggression. Negative Emotionen wie Angst und Trauer führen in der Rückwärtsbewegung zu Schweigen und Sich-Einmauern – ein Seelenzustand, der große Ähnlichkeit mit einer Depression hat. Über Aggression und Depression hat die Psychologie in den hundert Jahren seit Freud sehr viel geforscht. Therapien sind entwickelt worden. Wie aber die ganz normale Aggressivität und Depressivität im ganz normalen Leben eingedämmt werden kann – jener Todfeind jeder Lebensfreude – darüber wissen wir erst seit wenigen Jahren besser Bescheid. Kurz gesagt: durch positive Emotionen.

Rückkehr zu einem »menschlichen Maß« an Wissen und Information

Ziel dieses Buches ist, den geistig-seelischen Informations-Überfluss auf das zu reduzieren, was tatsächlich auch lebbar ist.

- Erstes Auswahlkriterium für Information in diesem Buch ist die Frage: Was kann die wissenschaftlich-psychologische Forschung zu unserer Lebensfreude beitragen? Berichtet wird also Wissen, das der Kritik und Kontrolle anderer Wissenschaftler standgehalten hat und nur deshalb in wissenschaftliche Publikationen gelangt ist. Durch solch einen Filter sind die meisten der über den Menschen oder das Leben mitgeteilten Informationen nicht gegangen. Vollständigkeit wird ausdrücklich nicht angestrebt – selbst wenn sie möglich wäre, was nicht der Fall ist.

- Zweites Auswahlkriterium für Information in diesem Buch ist die Frage: Welches Wissen können wir Menschen tatsächlich im ganz normalen Leben nutzbar machen?

Psychologische Bildung, Herzensbildung, zeigt sich nicht allein im Wissen und Denken, sondern viel deutlicher im Verhalten. Dieses Buches will ein Grundwissen über den Menschen, das Leben und das eigene Leben vermitteln, das durch psychologische Forschung abgesichert ist, das einfach zu verstehen ist und das nützlich ist für viele, möglichst alle, Lebenssituationen (Lebensplanung, Lebensgestaltung, Familie, Partnerschaft, Ehe; Erziehung und andere Aufgaben der Menschenführung; Schule, Arbeit, Beruf ...).

Die wissenschaftliche Psychologie hat sich hier lange Zeit noch nicht kompetent gefühlt (deshalb das in Kapitel I beschriebene beredte Schweigen nach der Frage: »Was hat uns selbst eigentlich das Psychologiestudium an Lebenskompetenz vermittelt?«)

Inzwischen aber gibt es eine aussagefähige Forschung über Lebenskompetenz. Was hier mit gutem Gewissen weitergegeben werden kann, wird gesammelt und weiter erforscht durch eine neue Bewegung innerhalb der wissenschaftlichen Psychologie, die sich »Positive Psychologie« nennt. Leitbegriff ist nicht »seelische Fitness« oder »Wellness«, sondern Well-Being. Deutlich wird, dass gestützt auf Wissen über Well-Being oft auch jener Münchhausen-Trick möglich ist, »sich an den eigenen Haaren aus einem Sumpf zu ziehen« – vorausgesetzt allerdings, man folgt nicht jenen Patentrezepten, über die Sie am Anfang von Teil 3 dieses Buches lesen, die einfach klingen, die aber auf den zweiten Blick alles andere als einfach umsetzbar sind.

Abschnitt 9

Meist leben wir in Trance – und das sehr gut

Gerhardt Peter Moosleitner, der Gründer der Zeitschrift P.M., hat einmal von einer Autofahrt von München nach Stuttgart erzählt. Er sieht sich noch in München die Verdistraße, die Ausfallstraße Richtung Westen, entlangfahren, in den Kreisverkehr am Anfang der

Autobahn A 9 einbiegen, dann geradeaus fahren. Und das nächste, was er bewusst registriert hat und woran er sich erinnert, ist ein Autobahn-Ausfahrtsschild mit drei Buchstaben darauf: ULM. Mehr als 100 Kilometer war er inzwischen gefahren. Wie in Trance. Er war in keine gefährliche Situation hineingeraten. Er hat keinen Unfall gemacht. Er muss also hoch kompetent und nach den Regeln der Straßenverkehrsordnung gefahren sein – nur »mit der Hand auf der Bibel« könnte er das nicht beschwören. An diese Strecke, an diese Stunde Autofahrt hatte er keinerlei Erinnerung mehr. Was er weiß, ist: er hat vor sich hin »sinniert«. Er war im Geist irgendwo, nirgendwo.

Die meiste Zeit »lebt uns« unser Schutzengel

Einen leichten Schrecken hatte P.M. Moosleitner bekommen, als er das Schild »Ulm« sah. Was hätte auf den mehr als 100 Kilometern auf einer deutschen Autobahn nicht alles passieren können!

Diese Schreck-Sekunde war vermutlich der gefährlichste Moment bei der ganzen Fahrt, denn nicht immer reagieren wir unter Angst und Schrecken optimal. Ansonsten aber hat Moosleitner einen Schutzengel gehabt, der ihn Lenkrad, Pedale, Knöpfe, Hebel hat sicher und präzis bedienen lassen. Und dies illustriert, was so vielen Menschen so undenkbar erscheint: Der Mensch lebt die meiste Zeit tatsächlich in einer Art »Trance«, also ohne Sich-seiner-selbst-bewusst-Sein.

Wer diese Tatsache akzeptiert, hat etwas sehr Wesentliches über die Natur des Menschen erfasst – über die eigene Natur und die Natur der Menschen, mit denen wir im Leben glücklich werden möchten. Wer nicht gegen die Natur handeln will, muss der Tatsache Rechnung tragen, dass das logische Denken und das rationale Planen weniger ausrichtet als von vielen erhofft. Der von Sigmund Freud gewiesene Weg, die Emotionen unter Bewusstseinskontrolle zu bringen, erweist sich somit als hoch problematisch, denn er ist nicht alltagstauglich.

Um das weiter zu illustrieren, gibt es die erst einmal etwas absurd erscheinenden Frage: Was macht Ihre Zunge gerade? Vor einer Sekunde war es Ihnen nicht bewusst. Jetzt im Moment, nachdem sie sich die Frage gestellt haben, wissen Sie es. (Und in wenigen Sekunden werden Sie wieder nicht wissen, was Ihre Zunge gerade macht.)

Vielleicht essen oder trinken Sie gerade etwas. Und sicher haben Sie auch schon einmal mit vollem Mund gesprochen, laut und deutlich. Ihre Zunge hat dabei sehr fein differenzierte Bewegungen zur Lautbildung ausgeführt und zugleich – grob-motorisch wie ein Schaufelbagger – Nahrung im Mund von links nach rechts transportiert. Warum haben Sie sich nicht dabei verschluckt?

Irgendetwas, ein Schaltkreis im Gehirn, verhindert das Verschlucken. Er sorgt dafür, dass hoch komplexe Verhaltensvorgänge wie Essen und körperlich-geistig-seelische Vorgänge wie Denken, Fühlen und Reden rein automatisch, also ohne Kontrolle durch unser Bewusstsein, ablaufen können. Nicht einmal die im engeren Sinne geistigen Vorgänge sind uns dabei bewusst. Meist reden wir ja munter drauf los. Wir suchen also nicht etwa ganz bewusst nach Worten – wir tun also nicht das, was wir tun, wenn uns ein Wort »auf der Zunge liegt«.

Die plausible Erklärung dafür, warum all diese uns unbewusst ablaufenden Vorgänge funktionieren, stammt aus neuro-psychologischen Forschungen über Lernen, Gedächtnis, unterschwellige Wahrnehmungen und sogar über Spielsucht und ihre heute so sehr bewunderte jüngere Schwester, die Börsenspekulation. Diese Forschung sagt uns einiges über unser Bewusstsein und darüber, wie unser Bewusstsein, unser Denken uns kontrolliert: meist gar nicht.

Das automatische Denken und Handeln

Spielsüchtige Menschen können sich zum Beispiel ganz logisch und rational und mit überzeugenden Gedanken sagen: »Ich höre auf zu spielen, damit ich wenigstens nicht das Geld für das Taxi nach Hause verspiele und zu Fuß gehen muss.« Und gleichzeitig setzen Sie ihre letzten Chips auf »Rouge« oder »Noir«.

Raucher können sich mit festem Willen sagen: »Jetzt höre ich auf zu rauchen.« Sie setzen ihr Selbstgespräch innerlich fort mit präzisen Gedanken über die Gefahren des Rauchens und wie sie diesen

Gefahren ab jetzt trotzen werden. Und gleichzeitig vollführen Hände und Finger eine Reihe hoch komplexer, hoch präzis koordinierter Verhaltensabläufe:

- Die linke Hand greift nach einer Schachtel Zigaretten und gibt ihr einen kurzen Schwung, so dass eine Zigarette aus der Packung heraus ragt.
- Daumen und Zeigefinger der rechten Hand ziehen diese Zigarette heraus und führen sie zwischen die Lippen.
- Währenddessen greift die linke Hand zum Feuerzeug.
- Vier Finger der Hand geben dem »Bic« festen Halt.
- Und der Daumen dreht am Rädchen. Die Zigarette wird angezündet.

Wer ein Feuerzeug von Dunnhill oder Cartier besitzt, eines jener goldenen oder vergoldeten mit festem Deckel, schafft es sogar, diesen Deckel und das Betätigen des Rädchens mit einer einzigen eleganten Hoch-Runter-Bewegung des Daumens auszuführen, von der Koordination her eine Meisterleistung, die aber völlig ohne Sich-seiner-selbst-bewusst-Sein abläuft.

Aus der Schule wissen wir noch, dass die Hand des Menschen – die Anordnung der vier Finger und des Daumens, die uns besser als alle Säugetiere etwas greifen lässt – vermutlich der Ursprung der höheren menschlichen Intelligenz ist. »Aus Greifen wird Be-Greifen«, hieß das. Und wir können uns frei nach dem französischen Philosophen René Descartes (1596–1650) sogar sagen: »Ich denke, also bin ich.« Gern auch auf Latein: »Cogito ergo sum«.

Was aber macht unsere »höhere menschlichen Intelligenz«, unser Verstand, der uns Menschen vom Tier unterscheidet, in der beschriebenen Situation? Das, was er in aller Regel macht: Er steuert nicht etwa unser Verhalten, sondern liefert uns zu unserem Verhalten so etwas wie die intellektuelle Begleitmusik. Am Beispiel des Zigaretten-Rauchens heißt die Melodie:

- »Dieser erste tiefe Zug an der Zigarette: was für ein gutes Gefühl.« Das meldet uns der emotional-intuitive Modus des Denkens.
- Eine andere Abteilung des Gehirns, gern das »höhere«, das »rationale« Denken genannt, analysiert und interpretiert das Geschehen mit zufrieden stellender Präzision. Ausbuchstabiert wird

uns gemeldet: »Nein, heute ist noch nicht mein Tag zum Aufhören. Heute habe ich einfach zu viel Stress. Da darf ich mir durch das Abgewöhnen nicht noch weiteren Stress aufbürden.«

- Dann meldet sich vielleicht noch einmal das emotional-intuitive Denken zu Wort, etwa so: »Du bist ein Versager. Aber morgen, ganz bestimmt morgen. Gleich morgen früh! Ich muss einfach nur auf die erste Zigarette verzichten ...«

Freud hat es nicht geschafft, sich das Rauchen abzugewöhnen

Was hier abläuft, ist der psychoanalytisch geschulten Gemeinde seit Freud, seit mehr als hundert Jahren also, geläufig: Der Mensch denkt, aber das »Unterbewusste« lenkt. Wo Freud Recht hatte, hatte er Recht.

Weniger Recht aber hatte er mit den psychotherapeutischen oder gar den lebenspraktischen Folgerungen aus seinen Einsichten. Als Königsweg zu einem besseren Leben empfiehlt er »neurotisches Elend in gemeines Unglück« dadurch zu verwandeln, dass das Unbewusste bewusst gemacht wird. Freud war ein großer, ein tiefsinniger Denker. Genutzt aber hat ihm das persönlich nicht immer. Freud war starker Raucher. Zigarren. Gestorben ist er an Krebs.

Sigmund Freuds gesammelte, geballte psychologische Weisheit hat also nicht dafür ausgereicht, dass er sich das Rauchen hat abgewöhnen können. Ähnlich berichtet der Nestor der Managementwissenschaften, der in Wien geborene Peter F. Drucker, von mangelnder Selbsterkenntnis bei Sigmund Freud[36]. Drucker hat als junger Mensch Freud persönlich kennen gelernt, die Freuds und die Druckers kannten und besuchten sich. Drucker erinnert sich an einen Mann, der regelmäßig über zwei Dinge klagte: Armut und mangelnde Beachtung in der Öffentlichkeit. Drucker erinnert sich allerdings an gutbürgerliche Verhältnisse bei Freud auf der Besuchercouch und drum herum und daran, dass im Wien seiner Jugend über kaum etwas mehr diskutiert worden ist als über Freuds Lehren. Nur zu Füßen lag man ihm nicht.

Das ist keine billige Häme, sondern nur der Versuch, mit einem drastischen Beispiel zu trennen zwischen Freuds grandiosen Theorien und den aus ihnen folgenden praktischen Konsequenzen. In der Psychoanalyse läuft der Vorgang des Bewusst-Machens über die Interpretation von Trauminhalten – und läuft realiter wirklich nach dem Motto »alles, was länger ist als breit, ist verdächtig«, weil es ein Penis-Symbol ist. Eine Zigarre ist geradezu das klassische Beispiel eines Penis-Symbols. In dem ihn direkt betreffenden Fall, dem an Fellatio gemahnenden Schnuckeln am Penis-Symbol »Zigarre«, hat Freud solche Interpretationen allerdings seinen Schülern gegenüber vom Tisch gewischt. Von ihm wird der Seufzer berichtet: »Aber meine Herren, man kann eine Zigarre auch rauchen.«

Mit Psychoanalyse (und nicht mit Statistik) kann man eben alles erklären. Und das macht ihre Attraktivität aus, denn wir Menschen brauchen in sich schlüssige Erklärungssysteme. Und mit Karl Valentin ließe sich sagen: Für den, der Psychoanalyse mag, ist sie das Höchste. Ihr »Filetstück« aber, die Erklärung der Wirkungen des Unbewussten, ist von anderen Disziplinen inzwischen genauer erforscht worden. Das ist nichts weiter als pure Selbstverständlichkeit, denn seit Freuds erstem großen Werk, der »Traumdeutung«, erschienen im Jahr 1900, sind nun mehr als 100 Jahre vergangen. Aber nicht alle Anhänger der Psychoanalyse können mit dem Gedanken warm werden, dass Sigmund Freuds Lehren in vielen Teilen überholt sind.

Wie das Unbewusste wieder hervorgeholt werden kann

Was passiert im Gehirn, wenn wir automatisch denken und handeln – wie beim Griff nach der Zigarette oder wie so oft am Steuer unseres Autos? Oder wenn wir etwas als Wohltat und Genuss oder als unbezwingbare Sucht einordnen, von dem unser Verstand weiß und sagt, es sei schlecht und »Was andere geschafft haben, kannst du auch«?

Der Neurowissenschaftler Dr. Gregory Berns von der Emory University in Atlanta ist einer der vielen Forscher, die heute »uns unbewusst« ablaufende Prozesse im Gehirn studieren. »Ich glaube«, sagt Berns, »dass die meisten Entscheidungen unterhalb der Bewusstseinsschwelle ablaufen – allerdings mit vielen Abstufungen von Bewusstheit. Ich bin mir zum Beispiel kaum bewusst, wie ich heute Morgen zur Arbeit gekommen bin«.[37]

Dieses »Wie« lässt sich allerdings oft aus dem Gedächtnis wieder hervorkramen. Dort wird nämlich für kurze Zeit im Prinzip erst einmal alles gespeichert. Danach wird sortiert. Die »Ich-Beteiligung« liefert dabei das Auswahlkriterium – positiv wie negativ und meist neutral.

Weitgehend neutral ist die Frage: »Wie bin ich heute Morgen zur Arbeit kommen?« Welche Straße? Welche Bahn? Das ist in aller Regel Routine. *The same procedure as every day.* Das fällt langfristig durch den Rost. Kurzfristig lässt es sich allerdings gut rekonstruieren, wenn man ein paar Eselsbrücken beschreitet: »Wie bin ich heute aus dem Bett gekommen?« »Was stand in der Morgenzeitung?« »Wo habe ich die Zeitung hingelegt?« Auf diesen Wegen fallen uns die Nicht-Routine-Momente ein: Die Zahnpastatube war wieder falsch ausgedrückt worden, da habe ich meine Frau angeraunzt, da hat sie mir gesagt: »Das Problem kann ganz einfach gelöst werden, wenn du dir eine eigene Zahnpasta kaufst«, da bin ich heute Morgen auf dem Weg zur Arbeit noch kurz in der Drogerie vorbeigefahren… und plötzlich fällt einem der Weg zur Arbeit wieder ein.

Was haften bleibt, sind vor allem die emotional herausgehobenen Momente, eben die mit »Ich-Beteiligung«. Und das ICH im Wort »Ich-Beteiligung« ist nicht jene Instanz, die Freud gemeint hat, und die er dem rationalen Denken, den »höheren geistigen Prozessen« zugeordnet hat. »Ich-Beteiligung« heißt so etwas wie »emotional berührt worden zu sein«, gehört also in jenen Bereich des Seelischen, den Freud vor allem negativ gesehen hat: als das Kampf-Feld von Sex- und Aggressions-Trieben.

Das »Emotionale Gedächtnis«

Recht hatte Freud immerhin mit seiner Meinung, dass negative Erfahrungen eher verdrängt werden. Uns seelische verletzende Erlebnisse etwa, die schwer erträglich sind – davon kann unser Dran-Denken entlastet werden. Die Gedächtnis-Inhalte verformen sich im Laufe der Zeit in eher positiver Weise (weshalb viele Kriegs- und Katastrophen-Erinnerungen sich mit der Zeit positiv tönen).

In den heutigen kognitiven Psychotherapien wird mit Techniken gearbeitet, die an negativen Gedächtnis-Inhalten ansetzen – zum Beispiel werden negative Selbstgespräche neutralisiert. Martin Seligmans Optimismus-Training[38] etwa arbeitet mit der Technik, die Interpretation von Erfahrungen zu verändern. Grundlegend anders geht die Technik der Psychoanalyse vor. Auf der Couch wird das Negative von immer neuen Seiten beleuchtet, immer tiefer durchdrungen – und eine Erklärung dafür, dass Psychoanalysen so lange dauern, liegt in den Fragen:

- Wie kann man sich seelisch besser fühlen, wenn immer wieder die Sedimente Jahrzehnte alter Erfahrungen – tatsächlicher oder eingebildeter – aufgewühlt werden?
- Und wie kann man sich besser fühlen, wenn in der Psychoanalyse nicht auf emotionale Verarbeitung abgezielt wird, sondern auf verkopftes Sinnieren?

Denken, Nachdenken, Analysieren – all diese mentalen Techniken sind gegenüber der Kraft der Emotionen und Intuitionen relativ hilflos, denn Bilder, Musik, bestimmte Menschen oder Gerüche bringen Erinnerungen spontan und gegen Denken und Willen wieder hoch. Es gibt also das, was heute – neben dem »Lern-Gedächtnis« für »intellektuelle Inhalte« – das »Emotionale Gedächtnis« genannt wird.

Traumatisierte Menschen leiden manchmal ihr Leben lang darunter, dass Bilder, Geräusche oder Gerüche uns sehr direkt erreichen und mit Willenskraft nicht ausblendbar sind. Leider aber gibt es noch eine andere Methode, Menschen ständig im erfahrenen Unglück »schmoren« zu lassen: Jahre der Psychoanalyse bei einem weniger guten Analytiker, in denen tatsächliches oder erlittenes Elend immer wieder neu besonnen und beredet wird und in denen der betroffene Mensch kein heilsames Vergessen erfahren kann, sondern innerlich immer wieder neu aufgewühlt wird.

Als eine Faustregel gilt: Je stärker die Ich-Beteiligung, desto eher bleibt ein Gedächtnisinhalt hängen. Auch vom Schul- und vom Prüfungs-Wissen behalten wir ja das am ehesten, was wir uns unter Ich-

Beteiligung angeeignet haben. Das heißt: Die beiden »Gedächtnisse« – das Lern-und-Sachwissen-und-Fachwissen-Gedächtnis und das »Emotionale Gedächtnis« – sind nicht durch eine undurchdringliche Wand voneinander getrennt. Ich-Beteiligung gehört erst einmal in den Bereich des Emotionalen. Umgangssprachlich sagen wir, dass wir uns einer Sache oder einem Lernstoff mit ganzem Herzen gewidmet haben. Und wenn das geschehen ist, macht die Sache oder das betreffende Wissen auch Sinn – ebenfalls ein Wort, das nicht ausschließlich für den Bereich des Denkens und der Vernunft reserviert ist.

Langsam schält sich auf Grundlage der Hirn- und Bewusstseins-Forschung eine Art Arbeitsteilung in unserem Geist heraus: Unsere bewusste mentale Aktivität ist für die wirklich wichtigen Ereignisse reserviert – und das sind die neuen Ereignisse, für die es noch keine gespeicherten Denk- und Erfahrungsmuster gibt. Wie P.M. Moosleitner von München nach Ulm gefahren ist, gehört nicht dazu. Der Weg war ihm bekannt, seine Fahrweise war defensiv und nicht aggressiv. Es sind während der Fahrt keine Ereignisse aufgetreten, für die es noch keine gespeicherten Denk- und Erfahrungsmuster gab. Deshalb hatte er sich seinem »Schutzengel« anvertrauen können. Gefahren ist »für ihn« sein »Auto-Pilot«.

Unendlich viel Information über den Verkehr, über das Verhalten der anderen Autofahrer, über Landschaft und Straßenbeschaffenheit ist dabei automatisch und unterhalb der Bewusstseins-Schwelle verarbeitet worden. Einen Unfall hat er nicht gemacht, obwohl nach Ansicht vieler Autofahrer auf den Autobahnen mit einer einzigen Ausnahme nur Hornochsen unterwegs sind.

Wie diese Abläufe funktionieren können? Hier spielt das Lernen eine Rolle, das Verhaltens-Lernen. Wenn ein Fahrschüler zum ersten Mal den ersten Gang einlegt, kann das viele, viele Sekunden dauern. Es ist ein neues Verhalten. Und wie der Co-Pilot im Flugzeug dem Piloten bei Start und Landung die Checklist vorliest, trägt sich der Fahrschüler innerlich und meist auch laut das bisher angelernte Wissen über, »So lege ich den ersten Gang ein und lasse dann die Kupplung langsam kommen«, selbst vor. Mit wenig Fahrpraxis wird daraus ein automatischer Vorgang, der junge Fahrer kann schon bald einen Kavaliersstart mit quietschenden Reifen hinlegen.

Auf Umfeld-Information wird dabei kaum mehr geachtet. Warum auch? Die Kurve, die gestern nach links ging, geht heute immer noch nach links. Der Baum, der gestern hier stand, steht hier immer noch. Der vierte Gang, der gestern für eine Geschwindigkeit zwischen 70 und 110 Stundenkilometer ausgelegt war, ist es heute immer noch. Von solchen Dingen entlastet sich unser Bewusstsein.

Das kleine Kind entdeckt irgendwann die Gesetze der Schwerkraft und lernt schnell, dass Marmeladengläser herunterfallen, wenn sie nicht ordentlich festgehalten werden. Das Festhalten wird eingeprägt. Danach läuft es automatisch ab.

Sonne erzeugt Schatten nach einem vorhersagbaren Prinzip – jeder Schatten, den wir am Tag sehen, kommt von da, woher die Sonne scheint. Diese und tausend andere Erscheinungen arbeiten wir unbewusst ab, und dennoch: ein Schatten nachts macht uns in Sekunden-Bruchteilen – also: »schneller als wir denken können« – hellwach. Irgendein System im Gehirn muss also alle eingehende Sinnes-Information ständig – und ähnlich wie die Polizei bei der Rasterfahndung – nach bestimmten Kriterien abgleichen und »besondere Vorkommnisse« dem Bewusstsein melden. Bekanntes Beispiel: Die junge Mutter kann tief schlafen, auch wenn ein 40-Tonnen-Laster an ihrem Fenster vorbeidonnert. Der kleinste Kiekser ihres Babys aber macht sie hellwach.

Wie das Gehirn Verhalten steuert

Das heißt: Sogar wenn wir schlafen, bearbeitet und verarbeitet unser Gehirn Sinnes-Information nach jenen Kriterien, die wir eigentlich nur den höchsten Formen des Denkens zuordnen: Der Sinn und die Bedeutung von Information wird verstanden und wird in Verhalten umgesetzt. Die Mutter steht aus dem Bett auf, schaut nach dem Baby und ist, wenn sie auch nur den leichtesten Hinweis darauf hat, dass mit dem Kind etwas nicht stimmen könnte, in Sekundenbruchteilen hellwach.

Das Mutter-Kind-Beispiel (und bei Vätern kann es genauso funktionieren) zeigt zudem: Was wir den »Sinn des Lebens« nennen, hat eine feste Wurzel in unserer Biologie – in präzis einsetzenden und präzis ablaufenden biochemischen Vorgängen in den Sinnesorganen, im Gehirn, in den Muskeln, im gesamten Körper.

Die Trance-Fahrt von München nach Ulm beweist darüber hinaus, dass wir uns in so komplexen Situationen, wie denen auf einer deutschen Autobahn, ohne zu denken kompetent verhalten können. Und dies alles heißt: Wir sollten unser rationales Denken und Planen nicht zu hoch bewerten, sondern uns sehr genau klar machen, was die »ratio« leistet und was nicht. Nachdenken, Ziele definieren und Pläne aufstellen gibt uns ein in vielen Facetten ausgestaltetes Bild von uns selbst, von den anderen Menschen und vom Leben. Die »ratio« eignet sich aber zur Verhaltenssteuerung kaum.

Worte belehren. Vorbilder und Beispiele reißen mit

Nehmen Sie als Beispiel die guten Vorsätze – jene aus rationalem Denken und Planen gezeugten Kopfgeburten. Jeder automatisch-unbewusste Griff nach einer Zigarette und jede andere »schlechte Angewohnheit« machen deutlich, wie oft wir etwas wider besseren Wissens und Denkens und Wollens tun. Appelle an unser eigenes Wissen, Denken und Wollen sind nur eine schwache Basis für Verhaltens-Steuerung. Stellen Sie sich nur einmal vor, eine Mutter würde sich vornehmen: »Heute schlafe ich durch, auch wenn mein Baby schreit.« Würde sie es schaffen?

Nach gleicher Logik ist es keine hinreichende Basis für Verhaltens-Steuerung oder Verhaltens-Veränderung, wenn wir an den Verstand eines anderen Menschen appellieren. Falls sie Kinder haben oder auf andere Weise mit Aufgaben der Menschenführung betraut sind: Wie oft haben Sie schon erlebt, dass Sie reden und bitten und betteln und mahnen und drohen und begründen und predigen, und Ihre Worte gehen dennoch »zum einem Ohr rein und zum anderen wieder raus«. Diesen Vorgang können sie jetzt etwas besser verstehen. Worte sind nur eine schwache Stütze für Verhaltenskontrolle. Das ist ja auch lange bekannt, überliefert in dem lateinischen Sprichwort »verba docunt, exempla trahunt« (Worte belehren, Vorbilder und Beispiele reißen mit).

Bereits »am Trommelfell« werden Worte interpretiert – in aller

Regel danach, ob sie Sinn machen, Ich-Beteiligung und positive Gefühle hervorrufen. Wenn ja, dann gehen die Worte mit größerer Wahrscheinlichkeit »zu Herzen«. Bewirken aber werden die Worte nur dann etwas, wenn sie »in Fleisch und Blut« übergehen – der psychologische Ausdruck dafür ist »intrinsisch motivieren«, und das heißt: Verhalten »von innen heraus« steuern.

Worte, die als Drohung, als Zwang verstanden werden, können Verhalten steuern – allerdings nur, solange die Drohung unmittelbar gespürt wird. Ist das nicht der Fall, werden Drohungen und unangenehme Mahnungen, Bitten oder Forderungen rasch verdrängt. Verdrängt werden sie durch angenehmere und deshalb ablenkende Sinnes-Reize, Gedanken, Träume und Gefühle.

Besser als Worte helfen Trainings. Ein Training ist das Koppeln von guten Erkenntnissen mit allen Verhaltens-Abläufen, die notwendig sind, um die guten Einsichten umzusetzen. Der Vorgang des »Koppelns« von Einsicht und Verhalten gelingt am ehesten, wenn nicht etwa negative Emotionen wie Furcht oder Wut dominieren, sondern positive Emotionen wie Freude und Neugier. Das gilt um so stärker, je komplexer die Verhaltens-Abläufe sind, die antrainiert werden sollen, denn positive Emotionen setzen körperliche und geistige Aktivität und Kreativität frei. Von den positiven Emotionen handelt Kapitel IX.

Ein anderes Wort für Training ist: Erziehung – jene kurzfristig manchmal als mühsam und lästig empfundene Übung (Übung! Worte reichen meist nicht!), die langfristig aber viel Last und Mühsal aus dem Leben und Zusammenleben heraus nimmt, weil der gut erzogene Mensch Dinge von sich aus macht, die der mangelhaft erzogene weder für Geld und gute Worte noch bei Androhung der Peitsche fertig bringt. Um das besser zu verstehen, müssen wir mehr über die Architektur der Seele wissen, sie ist Thema des nächsten Kapitels. Immer wichtiger wird dabei das Konzept des »FLOW« – ein Wort, dass inzwischen viele Menschen im Munde führen, in seiner Tragweite aber noch nicht erfasst haben. Durch gutes Verständnis, was Flow ist, lassen sich wesentliche Einsichten in alle Fragen der Motivation und sogar in die Frage, was ein geglücktes, ein glückliches Leben ist, gewinnen.

Kapitel V

Die Natur des Menschen

Abschnitt 10

Architektur der Seele

Warum ist das Leben oft so kompliziert? Und andererseits so einfach? Warum geht uns das Leben manchmal »wie von selbst von der Hand«? Und warum gibt es andererseits immer wieder Zeiten, in denen wir uns nicht einmal in unserer eigenen Haut wohl fühlen? Warum gibt es immer wieder Situationen, in denen wir uns unter den Menschen so wohl fühlen wie der Fisch im Wasser? Und warum spüren wir in anderen Situationen unter Menschen: »Jetzt bin ich nicht in meinem Element«? Lassen Sie uns etwas besser verstehen, wie unser »mentaler Apparat« konstruiert wird, dann verflüchtigt sich viel von der »Mystik«, mit der die heutige Bewusstseinsforschung – das Reden über künstliche Intelligenz oder Computer, die fühlen können – sich umgibt.

Das, was wir Leben nennen, hängt – so kann man es sehen – an acht voneinander zu unterscheidenden mentalen Prozessen. Stören Sie sich nicht an Begriffen und Erklärungen, die vielleicht etwas vom üblichen Wortgebrauch abweichen:

1. Sinnes-Information (Information aus den Sinnesorganen über das, was in uns selbst und um uns herum vorgeht)
2. Körper-nahe Stimmungen (Grobeinschätzung unserer Befindlichkeit – unseres Uns-Wohlfühlens – in unserer eigenen Haut)
3. Soziale Stimmungen (Grobeinschätzung unserer Befindlichkeit – unseres Uns-Wohlfühlens – unter den Menschen, mit denen wir gerade zusammen sind oder uns vorstellen zusammen zu sein)
4. Affekte (Gefühlsregungen, die ihren Ausdruck eher in Verhalten als in Worten finden)

5. Emotionen (Gefühlsregungen, die immer auch zu intellektueller Tätigkeit anregen, zu Worten, Selbstgesprächen, Diskussionen, Denken, Sinnieren etc.)
6. Intentionen (der Bereich des Wollens, der Ziele, der Pläne)
7. Automatisches, geistes-abwesendes Denken (Worte, Sätze und Eingebungen, die »abgesondert« werden wie der Speichel von Pawlows Hunden)
8. Produktive geistige Prozesse (das, was wir unter Kreativität und Denken verstehen)

Denken und Fühlen sind keine Gegensätze

Gerade wir Menschen im deutschsprachigen Kulturraum schleppen ein beschwerliches Erbe mit uns herum. In der deutschen Romantik wurde besonders intensiv und streng zwischen Intelligenz und Gefühl getrennt. Intelligenz ist »blau-grün«, glasklar, kalt; Gefühl ist »gelb-rot«, warm und begleitet von »Kribbeln im Bauch«. Das kann man so sehen, aber was unsere mentalen Prozesse sind, wird dabei eher verborgen als erklärt.

Die Engländer tun sich hier leichter mit ihrem Wort »mind« , das ausdrückt, was wir »Geist und Seele« nennen. Und in der Tat dient es dem Verständnis anderer Menschen und unserem Selbstverständnis, wenn wir erst einmal die Gemeinsamkeiten der mentalen Prozesse herausarbeiten. Sie alle sind Wahrnehmungen auf unterschiedlichem sprachlichen oder kulturellen Niveau. Sinnes-Informationen kommen ohne Sprache aus, Intentionen und das produktive Denken hängen intensiv mit Sprache zusammen.

All dies wird im Folgenden im Detail erklärt – um am Ende eigentlich nur einen einzigen Gedanken »heimzuholen«:

- Im Zustand des Well-Being – also: wenn wir uns wohl fühlen – sind wir eins mit uns selbst, mit den Menschen, der Welt, dem Leben und den Aufgaben, die das Leben uns stellt. Die aufgezählten acht mentalen Prozesse »ziehen an einem Strang«.
- Ein Mangel an Well-Being zeigt sich daran, dass es an dieser Harmonie fehlt.

Diese Erklärung klingt erst einmal abstrakt, aber sie hat gegenüber vielen anderen psychologischen Erklärungen den Vorteil, dass gute wie schlechte Erfahrungen, Zeiten und Situationen im Leben mit demselben Gedankengang verständlich werden.

In guten Zeiten sind wir eins

- mit uns selbst,
- mit den Menschen um uns herum und
- mit den Aufgaben, die wir uns vornehmen oder die das Leben an uns heranträgt.

Und in schlechten Zeiten und Situationen sind wir uneins

- mit uns selbst,
- mit den Menschen und
- mit dem Leben.

Spüren sie also einmal in sich hinein. Sie entdecken eine Vielfalt von Lebensäußerung, die es sich lohnt im Detail zu betrachten.

1. Sinnes-Information

Hier gibt es zwei »Quellen«. Mindestens. Zuerst Information »von außen«. Sie reicht von einfacher unverrückbarer Sinneswahrnehmung (»da steht ein Baum«) zu dynamischen Wahrnehmungen (»da fährt ein Auto«), zu Informationen über Menschen, zu Forderungen an uns (Pflichten, Arbeit). All dies wird von uns ständig und in aller Regel unbewusst erfasst, mit dem »Bestand« im Gehirn abgeglichen und in Verhalten umgesetzt – aber auch in Nicht-Verhalten, in Wollen, in Fühlen und in Denken et cetera.

Ähnliches geschieht mit Sinnes-Informationen »von innen«, also aus dem Körper, die uns unserer »Befindlichkeit« signalisieren. Für diese Informationen gibt es verschiedene Verarbeitungs-Stufen:

- Stimmungen,
- Affekte,
- Emotionen,
- automatisches Denken,
- Denken, aber auch Intentionen.

2. Körper-nahe Stimmungen

Sinnes-Informationen aus dem Körper beziehen sich erst einmal auf grundlegende Lebensregulationen. Sie zeigen sich uns als Stimmungen. Stimmungen (Englisch *»moods«*) können negativ sein, aber auch positiv (wie das Jazz-Stück *»In the Mood«* zeigt). Beispiel: Wir sind »morgens mit dem falschen Bein zuerst aufgestanden«. Dann sind wir

- entweder im Zustand des »Morgenmuffels«. Unser Körper ist bereits aktiv, aber die Sinne erfassen die Welt noch nicht und der Geist verarbeitet die Information aus der Welt (inklusive Forderungen an uns) noch nicht.
- Oder wir sind »nervös«. Das heißt: Der Geist läuft auf Hochtouren, aber der Körper kommt nicht nach.

Stimmungen beschreiben wir – wenn wir danach gefragt werden – mit Worten wie: »fröhlich« oder »begeistert«, wenn es sich um positive Stimmungen handelt. In unserer heutigen Zeit der Sprach-Armut reicht »gut drauf«. Handelt es sich um negative Stimmungen, wählen wir Worte wie »nervös«, »mutlos«, »angespannt« oder »niedergeschlagen« (heute reicht »nich' so gut drauf«).

Eigen ist den positiven wie negativen Stimmungen, dass wir sie zwar »irgendwie empfinden«, aber oft nicht wirklich wissen, woher sie kommen, und wohin sie gehen, weshalb Fragen wie, »Hast du schlechte Laune«, in diesem Seins-Zustand so besonders beliebt sind. Die Antwort erfolgt dann oft wie in jenem Witz, in dem der Gefragte den Fragenden anbrüllt: »Ich habe wunderbare Laune.«

Dieses Anbrüllen zeigt immerhin, dass der Morgenmensch jetzt eine höhere Bewusstseins-Stufe, einen höheren Seins-Zustand, erreicht hat. ER oder SIE öffnet ein Fenster zur Welt und beginnt, mit der Welt zu kommunizieren.

Bleiben wird aber noch auf der Stufe der »Grundlegenden Lebensreaktionen«, die uns Menschen unbewusst sind oder sich als oft nicht erklärbare Stimmungen vermitteln. Die »Grundlegenden Lebensreaktionen« hat der griechische Philosoph Aristoteles (384–322 v. Chr.) die »Tierseele« genannt, ein griffiger Ausdruck, denn alle Lebewesen – Mensch, Tier, Pflanze – regulieren ihre grundlegenden

Lebensreaktionen: etwa Stoffwechsel oder Reflexe. Es handelt sich also um im Prinzip einfache und automatisch, also ohne Denken oder Willenssteuerung ablaufende Reaktionen.

Es geht aber auch um speziellere, gezieltere und bereits »ins Seelische reichende« Grund-Funktionen der Lebenserhaltung: um Triebe, Lust und Schmerz.

- *Triebe* sind zum Beispiel Hunger oder Durst. Ein Lebewesen, das einen Mangel an fester oder flüssiger Nahrung spürt, wird zu Nahrungs- oder Wasserquellen getrieben. Hier wirkt das biologische Prinzip der Homöostase: ein meist unbewusst ablaufender Regelvorgang, der jedes Leben, jede Zelle in der Mitte zwischen schädlicher Über- und Unter-Versorgung hält.
- *Lust* und *Schmerz* siedeln wir gewöhnlich im Bereich der Emotionen an – aber der Anfang von Lust und Schmerz liegt »tiefer«. Zuerst findet etwas Körperliches statt, und dann erst erreicht es die höheren Regionen des Uns-selbst-bewusst-Seins. Auch niedere Lebewesen, sogar Einzeller, von denen man kaum mehr weiß als man beobachten kann, wenn sie »Ur-Bewegungen« ausführen wie »hin zu einem Ziel« oder »weg von einem Ort« müssen so etwas wie Attraktivität oder Abstoßung spüren – Lust und Unlust also. Und irgend so etwas wie Schmerz sowieso: irgend ein alarmierendes Zeichen, das Schädigungen des Organismus anzeigt.

Schließlich geht es um jenes Trieb-Geschehen, das nicht der Erhaltung eines bestimmten Lebewesens, sondern der Erhaltung der Art dient, um Fortpflanzung also, den Sex-Trieb.

Zu diesem Lebens-Niveau zählt der in den USA lehrende portugiesische Neurologe Antonio R. Damasio weitere »Grundausstattungen für die Lebens-Regulation« oder auch »Grundausstattungen fürs Überleben«[39]. Damasio nennt sie, Leser seiner Bücher wissen es, »Hintergrund-Emotionen«. Damit meint er in etwa das Gleiche, was heute in der Psychologie als »moods«, als Stimmungen, bezeichnet wird. Vier wichtige Stimmungen oder Hintergrund-Emotionen sind

- *Wohlbehagen* – der große Trend unserer Zeit, der sich in der Suche nach Wellness zeigt, eine meist vergebliche Suche – siehe Kapitel I, Abschnitt 2 über den Unterschied zwischen Wellness und Well-Being;

- *Erregung/Aktivation* – von außen erzeugt durch Informations-Input: je stärker, greller und je intensiver abweichend vom Bisherigen, desto höher die Aktivation. Aber Erregung/Aktivation können wir auch aus eigenem Antrieb suchen. Heute heißt dies auf Englisch »sensation seeking«, das klingt besser als das Wort »Nervenkitzel«, das sein Verfallsdatum erreicht hat, aber es meint das selbe;
- *Ruhe* – fast auch schon ein Fremdwort, es sollte aber dringend ins Englische übersetzt werden, damit wir es dann in die deutsche Sprache re-importieren, denn Ruhe ist wesentlich für unser körperliches wie seelisches »Well-Being« (die guten und gesunden Gründe dafür stehen in Kapitel XII, Abschnitt 30); und
- *Unbehagen* – alles, was sich in uns regt, wenn wir nicht gut drauf sind und wogegen rührige Hausärzte und Psychiater die Happy Pills verschreiben. (In den USA, sagt Martin Seligman, erhalten heute bereits etwa 70 Prozent der jungen Bürger regelmäßig Psycho-Pillen.)

Schöne neue Welt: Unsere Spaß-Kultur heute, die Fit-und-fun-und-Ballermann-Gesellschaft, tut viel für, aber auch gegen unsere Hintergrund-Emotionen. Und es scheint so zu sein: Wenn die Lebensverhältnisse auf den bisher genannten Stufen gesichert sind, sind wir Menschen schon zufrieden.

Das ist nicht arrogant gemeint, da zeigt kein Lehrer-Lämpel-Finger auf andere Menschen. Es geht allen Menschen so, denn das bisher Beschriebene kann mit einem einzigen Wort benannt werden, dem wirklichen Ur-Bedürfnis aller Menschen, ja aller Kreatur: Geborgenheit.

3. Soziale Stimmungen

Bei den Hintergrund-Emotionen eben ging es um unsere »innere Befindlichkeit«, um das, was wir feststellen, wenn wir in uns hineinhorchen. Die »sozialen Stimmungen« zeigen uns hingegen an, was wir feststellen, wenn wir in die Welt hinaushorchen. Sie signalisieren uns also unsere Befindlichkeit unter Menschen. Da sie ursprünglich sind, sind sie vorhanden, noch bevor wir als Kind Worte für sie haben oder als erwachsener Mensch uns um Worte für sie bemühen.

Werden wir nach Worten gefragt, sind es zum Beispiel Verlegenheit, Schüchternheit, Schuldgefühl, Stolz oder Eifersucht. Alle sozialen Stimmungen aber lassen sich – für den einfühlenden Beobachter zumindest – hinreichend verständlich auch ohne Worte kommunizieren. Das gehört geradezu zur »Grundausstattung fürs Überleben«. Ein Baby, das Hunger spürt, kann eben noch nicht sagen: »Herr Ober, ein Milupa bitte«, sondern es muss seinen Hunger als Unlust, seine Wut, seine Erregung herausbrüllen – also körpersprachlich durch Mimik, Gestik und Akustik mitteilen.

4. Affekte

Eine Stufe höher auf der Skala der Seins- oder der Bewusst-Seins-Zustände liegen die Affekte.

»Höher« meint hier immer, dass der »soziale«, der »kommunikative«, der »sprachliche«, der »kulturelle« Anteil größer wird. Das ist ein wichtiger Gedanke. Er besagt, dass wir unsere »Befindlichkeiten« zwar wortlos empfinden können – gleichsam pur. Sobald wir aber Worte finden, sind wir Teil der Kultur. Und Kulturen unterscheiden sich voneinander und prägen die Menschen unterschiedlich. Einsamkeit zum Beispiel kann man als »Angst« bezeichnen und dann auch als Angst, als Mangel an Geborgenheit also, empfinden – aber eben auch als Zeichen von Unabhängigkeit und Individualismus (Kapitel VIII, Abschnitt 19).

Affekte sind noch reichlich »unkultiviert« und »unzivilisiert«. Sie brauen sich in uns zusammen und brechen aus uns heraus, dann oft mit Worten, von denen aber nicht alle druckreif sind. Das Götz-Zitat gehört hierher. Tritt uns morgens um Sieben, wenn die Welt manchmal noch nicht in Ordnung ist, weil wir mit uns selbst noch nicht im Lot sind, irgendetwas entgegen, kann Wut aus uns herausplatzen, ohne dass wir wissen, woher sie kommt. Sind wir dabei beleidigend, entschuldigen wir uns manchmal mit einem »tut mir leid, ich habe im Affekt gehandelt«.

5. Emotionen

Emotionen haben einen höheren Geistes-Anteil als Affekte. Und abweichend vom allgemeinen Sprachgebrauch schlägt Antonio R. Damasio sogar vor, zwischen »Gefühl« und »Emotion« deutlich zu trennen. Je höher der Geistes-Anteil ist, der eine »Gemütsbewegung« irgendwie »rund macht«, desto weniger handelt es sich um einen Affekt und desto eher um ein Gefühl. Emotionen – Freude oder Trauer zum Beispiel – teilen sich meist ohne viele Worte mit, und diese Emotionen erkennen wir auch bei Tieren.

Mit dem Wort »Gefühl« meint Damasio, was die Engländer »Feeling« nennen und die Franzosen »Sentiment«. Da geht es nicht um Urgewalten wie Freude oder Trauer, sondern um Raffinement, um Lebenskultur. Der intellektuelle Anteil an Gefühlen ist so groß, dass sie zu Vorstellungen werden, die bereits viel Gedanken-Qualität besitzen. »Vom Gefühl her würde ich sagen…« – solch ein Halbsatz wird oft benutzt, wenn es um die »gefühlsmäßige Einschätzung« einer Situation geht: eine Sache für die es ein gutes anderes Wort gibt: Intuition. Dieses »vom Gefühl her würde ich sagen…« ist wichtig: in der Wirtschaft zum Beispiel, etwa wenn Entscheidungen getroffen werden müssen, die in die Zukunft hineinreichen, und das heißt: die heutige Datenlage erklärt nicht hinreichend, wie wir uns vom Verstand her entscheiden sollen. Dann wird eben Intuition gebraucht.

6. Intentionen

Von Stufe zu Stufe wird in unserem Schema der Geistes-Anteil größer. Intentionen – manche sagen auch: Motive oder Motivation, andere: Wille, Ziele, Pläne – werden hier unterschieden von Trieben, also von dem, was zur Regulation unserer Lebensvorgänge naturnotwendig ist. Unterschieden werden sie auch von der Intuition, vom »gefühlsmäßigen Erfassen« und der dann oft »aus dem Bauch heraus« getroffenen Entscheidung.

Bei Intentionen geht es um Planung. Im Kleinen wie auch in der Lebensplanung. Es geht also nicht mehr nur um das Wollen, sondern auch um die Bewertung: »Lohnen sich meine Ziele? Kann ich sie erreichen? Und was kann ich tun, um sie trotz widriger Umstände doch zu erreichen?«

7. Automatisches, geistes-abwesendes Denken

Denken ist an Worte gekoppelt. Worte aber stellen sich oft bereits in Sekundenbruchteilen ein.

- Jemand nimmt Ihnen die Vorfahrt. Sie sagen: »Arschloch«.
- Ihr Partner sagt: »Du bist ja immer...«, bereits da unterbrechen Sie: »Was bin ich immer?«
- Jemand sagt: »Nennen Sie einmal ein Werkzeug«. Sie sagen: »Hammer.«
- Jemand sagt: »Nennen Sie einmal eine Farbe«. Sie sagen: »Rot.«
- Der Kanzler sagt: »Ja«, der Oppositionsführer sagt: »Nein.«
- Irgendjemand hat Pech gehabt. Nina Ruge sagt: »Alles wird gut.«

Ist das Denken? Kann sein. In 99 von 100 Fällen handelt sich bei dieser Art Geistes-Produkt aber um Assoziationen, um eintrainierte Textbausteine, die nach dem Reiz-Reaktions-Prinzip von unserem mentalen Apparat abgesondert werden wie der Speichel von Pawlows Hunden, wenn der Glockenton, der »konditionierte« Reiz erklingt. Als Merkhilfe: Stellen Sie sich einmal vor, wie die Leber »funktioniert«. Sie produziert zum Beispiel Glykogen. Oder das Nebennieren-Mark. Es produziert zum Beispiel das »Stress-Hormon« Adrenalin. Und das Gehirn ist ebenfalls ein Körperorgan. Es produziert zum Beispiel Worte, Gedanken – oder das, was wir dafür halten.

Tief und originär empfundene Worte können zu den automatischen Gedanken gehören – etwa das von Politikern gern in den Mund genommene Wort: »Das ist mit uns nicht zu machen.« Und ein großer Teil dessen, was ein Gedankenaustausch sein könnte, findet leider auf dem Niveau des automatischen Denkens statt – in der Politik, aber auch privat und hier hervorragend parodiert in den Ehe-Sketsches von Loriot. Wer sich klar macht, dass ein Großteil dessen, was wir als Denken empfinden, eine eher automatische und geistesabwesende Absonderung von Textbausteinen ist, hat den Schlüssel für die Vermeidung von tausend Kommunikations-Problemen in der Hand – ganz ohne Kommunikations-Trainings übrigens.

8. Produktive geistige Prozesse

Hier geht es um Verstand, Intelligenz, Einsicht, um das logische Denken, um Kreativität. Das sind sehr nützliche Fähigkeiten – vor allem weil wir sie auch auf uns selbst anwenden können. Wir können also unsere Gedanken – wie übrigens auch unsere Gefühle, Sentiments, Stimmungen, Emotionen, Triebe und unser gesamtes Verhalten – einer Prüfung unterziehen. Aber wir müssen sehen, dass diese geistigen Prozesse Zeit brauchen – meist sehr viel mehr Zeit, als uns im reißenden Strom der Ereignisse zur Verfügung steht. Wollen wir im Alltag auf Verstand, Intelligenz, Einsicht, logisches Denken und Kreativität nicht verzichten, müssen wir dafür sorgen, dass sie sich »in der Situation vor Ort« so schnell einstellen, wie automatische Gedanken, Gefühle, Sentiments, Stimmungen, Emotionen, Affekte, Triebe oder automatisches Verhalten.

Zwei Wege bieten sich hier an, der von der Harvard-Psychologin Ellen Langer empfohlene Weg der Achtsamkeit oder Geistes-Anwesenheit (Kapitel XIII, Abschnitt 33). Zudem müssen die guten Gedanken vorgefertigt sein. Wann und wie das geschieht, ist bekannt. Wir nennen den Vorgang Erziehung, Bildung oder kulturelle Prägung. Nur »aus dem Bauch heraus« geht manchmal »in die Hose«.

So kompliziert also ist die Architektur unserer Seele – obwohl hier alles stark vereinfacht dargestellt worden ist. Wenn Sie die acht mentalen Qualitäten in zwei Ausprägungen nehmen (etwa positiv oder negativ), ergeben sich 16 Einteilungen im »System Seele«. Und da alles mit allem zusammenhangt, ergibt sich eine Unzahl von Kombinationen, mathematisch wird diese »Unzahl« als »16!« geschrieben und »sechzehn Fakultät« gelesen. Größenordnung: 16 mal 15 mal 14 ... bis hinunter zur Ziffer 1. Die »Unzahl« ergibt eine Zahl von mehr als 5 Billionen. Sie zu errechnen, sprengt die Kapazität meines Taschenrechners. Wenn ich richtig multipliziert und addiert habe, lautet sie: 5 335 309 888 000.

In jedem Fall ist sie ein Ausdruck für die ungeheure Komplexität, auf die man stoßen kann, wenn man auch nur die wesentlichen Dinge am Menschen – und wie er »konstruiert« ist, und wie er »funktioniert« – berücksichtigt. Warum das Leben dann in den meisten Fällen durchaus vorzüglich klappt, ist das wirkliche Wunder.

Wann dieses Wunder geschieht, zeigt der nächste Abschnitt über die »optimale Erfahrung«.

Abschnitt 11

Motivation und die Optimale Erfahrung

Wie entsteht das Wunder, dass die unterschiedlichen im »Bauplan der Seele« beschriebenen Kompetenzen des Menschen – Körper, Geist und Seele, die Sinne, das Fühlen, das Wollen, das Denken, das Tun – »an einem Strang ziehen«, um es salopp auszudrücken?

Wie wird aus: »Ich sollte, wollte, könnte, dürfte, müsste – aber vielleicht doch erst später, denn jetzt bin ich unmotiviert, zu müde, gestresst, die Bedingungen sind auch nicht optimal, also schwach anfangen und dann stark nachlassen…« das »Jetzt geschieht's«? Wodurch diese Wunder verhindert wird, haben einsichtige Pädagogen oft beschrieben, einer war der Amerikaner John Holt (1923–1985): »Wenn wir ständig ein Kind dazu zwingen zu tun, was es Angst hat zu tun, wird es ängstlicher werden und sein Gehirn und seine Energie nicht darauf verwenden, das Unbekannte und Neue zu erforschen, sondern Wege zu finden, dem Druck auszuweichen«.[40]

Das deckt sich mit der Lebenserfahrung von Kindern wie von erwachsenen Menschen. John Holt beschreibt eine wichtige Ursache für den »Rückzug von der Teilnahme am Leben«. Folgt daraus aber eine »Laisser-faire«-Pädagogik? »Bloß nicht an den lieben Kleinen rütteln, sonst tun sie erst mal gar nichts«?

Wohl nicht, denn eigenartigerweise sagen sehr viele Kinder, Jugendliche und Erwachsene von sich: »Ich kann nur unter Druck arbeiten«. Wie das?

Die praktische Seite des Well-Being

Im Prinzip wirkt in beiden Fällen der gleiche seelische »Mechanismus«. Der Mensch ist hoch kreativ. Jeder Mensch. Druck, der – wie von John Holt beschrieben – als unangenehm empfunden wird, erzeugt negative Emotionen, und diese engen die geistige Leistungsfähigkeit ein (siehe Kapitel IX). Die Kreativität wendet sich dann ab von der Lösung der eigentlich gestellten Aufgaben – wie ebenfalls von Holt beschrieben. Dieser Druck erzeugt also Ablenkung.

Viele Menschen allerdings brauchen überhaupt keinen Druck, um abgelenkt zu werden. Ihnen reicht bereits das Überangebot an Sinnes-Reizen, das zunehmend über die Medien auf uns hernieder prasselt. »Heilsamer Druck« bedeutet: Alle ablenkenden Außenreize werden ausgeblendet. So wird dann jener Bewusstseins-Zustand geschaffen, den wir »Konzentration« nennen. An dieser Stelle anzusetzen – ohne unheilsamen Druck, sondern durch Gestaltung menschengerechter und arbeitsfördernder Umfeld-Bedingungen, ist ein guter Rat: im Arbeitsleben und bei den Hausaufgaben nach der Schule ebenso.

Was dann noch fehlt, ist, in der zu leistenden Arbeit einen Sinn zu sehen. Sinn heißt, praktisch gesehen, »Lebensfreude durch Ich-Beteiligung«. Wer sich in sein Tun nicht persönlich einbringen kann, wird der geforderten Aufgabe fremd gegenüber stehen – und »Fremdenfeindlichkeit« entwickeln. Ein gutes Mittel dagegen folgt einem Grundgesetz der Sozialpsychologie: Kontakt schafft Sympathie.

Aufgestellt worden ist es nach dem Zweiten Weltkrieg von dem Harvard-Psychologen George Caspar Homans[41], der erkannt hatte, dass Besatzungssoldaten, die keinen Kontakt zu Deutschen hatten, dem besiegten Kriegsgegner extrem negativ gegenüber eingestellt waren. War ein GI aber dem Charme eines »Fraulein« erlegen, änderte sich die Einstellung zu den Deutschen insgesamt, und zwar zum Positiven – und vermutlich aufgrund jener Art der Ich-Beteiligung, die wir »Liebe« nennen. Was für Liebe zu Menschen gilt, darf aber getrost auf die Liebe zur Arbeit übertragen werden.

Belohnung und Zwang: die Klippschule der Motivation

Das magische Wort hier heißt »intrinsische«, also: von innen kommende, Motivation. Es umschreibt mit einem schwer verständlichen Wort, was früher einmal »Wille« hieß oder »innerer Antrieb«. Das Gegenteil davon heißt heute »extrinsische Motivation«. Gemeint sind Versuche, einem Menschen seinen Willen aufzuzwingen – in der Hoffnung, dass daraus innerer Antrieb entsteht. Das geht

- freundlich durch »Zuckerbrot« (Beifall, Lob, Belohnungen oder Prämien),
- weniger freundlich durch die »Peitsche« (Kritik, noch mal Kritik, Strafen oder Entzug von Vergünstigungen).

Der Behaviorismus – neben der Psychoanalyse das zweite große Glaubenssystem der Psychologie im 20. Jahrhundert – hat uns weismachen wollen, dass das Verhalten lebender Organismen nach dem einfachen Gesetz von Reiz und Reaktion abläuft – dass also entweder »Zuckerbrot« oder »Peitsche« für die angemessene Motivation sorgen, dass erwünschtes Verhalten belohnt und unerwünschtes bestraft werden müsse. Irgendwelche Annahmen über das Seelenleben wären dabei nicht vonnöten. So ist das »wissenschaftliche Management«, wie es sich genannt hat, entstanden: eine Lehre von Anreizen für Kinder, Schüler oder Arbeitnehmer, die im Wesentlichen dem Sprichwort folgt: »Geld regiert die Welt, und der Knüppel die Menschen.« Ganz falsch ist das nicht, (fast) jeder Mensch hat einen Preis und ist käuflich. Und es ist nicht einmal sehr teuer – speziell, wenn nicht in Bargeld, sondern in »psychologischer Münze« gezahlt wird: Da reicht dann oft Kleingeld, Lob und Anerkennung. Man sollte aber genau hinschauen, wann das funktioniert: vor allem bei einfachen, »groben«, Tätigkeiten, die keine geistige Leistung erfordern, kein Nachdenken und schon gar keine Kreativität. Die Beispiele reichen von »Brötchen holen« bis »den Abzug eines Gewehrs drücken« – speziell in der sicheren Position eines Erschießungskommandos.

Wesentlichere Einsichten über Motivation sind seit den 60er-Jahren an der Universität Chicago, einem Zentrum der Kreativitäts-Forschung, gewonnen worden. Verbunden ist diese Forschung mit einem der bedeutendsten und zugleich schwer aussprechlichen Namen der Positiven Psychologie, »mihai tschickßentmihaji« – Betonung jeweils auf der ersten Silbe. Mihaly Csikszentmihalyi, in Ungarn geboren, Sohn des ungarischen Botschafters in Rom, Studium in Italien, hat an der Universität Chicago lange Jahre geforscht. Jetzt ist er Professor für Psychologie und Management an der Drucker School of Management der Claremont Graduate University im US-Staat Kalifornien. Er leitet dort das Quality of Life Research Center, das Zentrum zur Erforschung der Lebensqualität. Csikszentmihalyi hat seine Doktorarbeit in Chicago über Kreativität geschrieben.

Aufgehen im eigenen Tun – die beste Motivation

Aufgefallen war ihm dabei, dass sehr viele Künstler

- während der Entstehung ihres Werkes immer nur an das Eine denken: eben an dieses Werk;
- dass sie weder die Arbeitsbedingungen, noch Unbequemlichkeiten, Müdigkeit oder Hungergefühle wahrnehmen;
- dass das fertig gestellte Werk sie aber kaum mehr zu interessieren schien.

Es ging ihnen nicht um Beifall, Erfolg oder Geld, nicht einmal in erster Linie um Perfektion. Ihr Interesse schien dem Schaffen zu gelten, und nicht dem Produkt ihrer Schöpfung – und je bedeutender diese Künstler waren, desto eher traf das zu.

Diese Aussagen fand Csikszentmihalyi später unter anderem bei Bergsteigern, Schachspielern, Tänzern, Chirurgen, aber auch bei Fließbandarbeitern bestätigt, und sie sind ein Schlag ins Kontor der meisten Motivations-Sprechblasen-Verkäufer, aber auch vieler Praktiker der Menschenführung in Beruf, Schule und Erziehung – all der Menschen also, die anderen und sich selbst weismachen wollen, dass Motivation durch Belohnungen gekauft werden kann, ja muss.

Der Kern der Motivationstheorie lässt sich in wenigen Worten zusammenfassen: »Tu deinem Mitmenschen nicht an, was ihm verhasst ist.«

Motiviert ist der Mensch, wenn er (und genauso: SIE) etwas macht, was IHN oder SIE selbst (und nicht den Auftraggeber) fasziniert, was SEINEN oder IHREN Talenten entspricht und was SIE oder ER als Herausforderung und nicht als Bedrohung empfindet.

Der »un-motivierte« Mensch hingegen ist entweder mit sich selbst oder mit der Aufgabe oder mit beidem nicht im Reinen. Und das heißt mit Mihaly Csikszentmihalyis bekanntestem Wort: Der motivierte Mensch ist im »Flow«, der unmotivierte nicht. Flow nennt er die »optimale Erfahrung«. Diese *»optimal experience«* liegt vor, wenn ein Mensch völlig absorbiert ist in dem, was ER oder SIE macht.[42] Wer mehr über die »optimale Erfahrung« erfahren will, sollte sich am besten an eigene »optimale Erfahrungen« erinnern. Als Gedächtnisstütze hier eine Checklist, mit der Csikszentmihalyi den »Flow« oder die »optimale Erfahrung« beschreibt:

- Intensive und fokussierte Konzentration auf das, was man im Moment, im »Hier-und-Jetzt«, macht;
- Aufmerksamkeit und Tätigkeit verschmelzen ineinander;
- das »reflexive Bewusstsein« ist verloren, ein Trance-Zustand wird erreicht – der in Abschnitt 9 beschriebene, man nimmt sich nicht wahr, man denkt nicht über sich selbst nach, man akzeptiert sich so, wie man ist (ein schönes Bild für Selbstliebe) ;
- das Gefühl, die Dinge unter Kontrolle zu haben – egal, was kommen könnte –, prägt die Situation (auch dies ist uns nicht bewusst, es ist einfach da);
- das Zeitgefühl verschwindet – ähnlich wie in Shakespeare's »Romeo und Julia«, als man die Nachtigall hörte, aber es war die Lerche mit ihrem Morgengesang, die Nacht war »unbemerkt« verlaufen;
- diese Erfahrung, die gesamte Situation, ist aus sich heraus sinnvoll und wertvoll. Oder in Csikszentmihalyis Worten: »Das Ziel, das Arbeitsergebnis ist eigentlich nur eine Ausrede, um sich in den Prozess der optimalen Erfahrung eingeben zu können.«

Jeder Mensch kennt solche Situationen mit Flow, mit optimaler Erfahrung. Fallen Ihnen dazu vor allem Beispiele aus dem Bereich »Hobby und Freizeit« ein? Dann sollten Sie auf einen kleinen Unterschied achten, den Csikszentmihalyi in jahrelanger, penibler Forschungsarbeit herausgefunden hat: Freizeitbeschäftigungen – und sogar »vor der Glotze herumhängen« – enthalten viele Flow-Elemente und eigentlich alle:

- volle Konzentration;
- Aufmerksamkeit und Tätigkeit verschmelzen (allerdings, weil man nichts tut!);
- Trance-Zustand;
- man hat »die Dinge« unter Kontrolle (allerdings nur in Form der Fernbedienung);
- das Zeitgefühl verschwindet (allerdings nicht ganz – wann Harald Schmidt anfängt, danach ist die innere Uhr gestellt)…

Eines aber fehlt bei einer passiven Beschäftigung wie dem Dauerfernsehen: Nicht das eigene aktive, produktive Tun erzeugt diesen Flow. Und weil eigenes Tun fehlt, schlafen auch so viele Leute beim Fernsehen ein – »glotzen« regt ja nicht die eigenen Stärken an, sondern bedient die eigenen Schwächen.

Die »Optimale Erfahrung« anbahnen

Well-Being hängt mit Well-Doing zusammen, Wohl-Sein mit Wohl-Tun – aktivisch gemeint, also nicht in der Form: »Das bin ich mir wert, das konsumiere ich.« Der Seelenzustand beim Dauerfernsehen ist der einer milden Depression. Probieren Sie es einmal bei sich selbst aus. Ein nicht-depressiver Zustand zeichnet sich dadurch aus, dass wir uns – wenn eine Tätigkeit anstrengend war – vielleicht müde fühlen, aber wir fühlen uns innerlich gestärkt, spüren Freude und Zufriedenheit. Haben Sie dieses Gefühl nach zwei Stunden TV-Konsum?

Depression heißt: Rückzug vom Leben. Was hingegen unter dem Stichwort »Motivation« angestrebt wird, ist ein Zugriff aufs Leben und auf die konkrete Aufgabe, die das Leben gerade stellt – ganz so, wie es in der perfekten Symbiose von Mensch und Aufgabe im Flow geschieht. Erzwingen kann man das nicht, wohl aber anbahnen. Etwa in den folgenden drei Schritten:

1. Aus dem Weg räumen, was ablenkt. Bei Menschen, die sich nicht selbst zur inneren Sammlung verhelfen, am besten auf zwei Wegen:

- alle äußeren ablenkenden Einflussgrößen abstellen (den Fernseher im Kinderzimmer und schlechte Arbeitsorganisation am Arbeitsplatz zum Beispiel)

- und den Schülern und Erwachsenen, die es nicht selber können, die Arbeit vorstrukturieren – in möglichst kleinen Portionen, die das Kind oder der Erwachsene überblickt. So wird aus einer Bedrohung durch die Aufgabe eine Herausforderung, die persönlichen Stärken einzubringen.

2. Innere Blockaden auflösen. Ein Mensch, der sich seiner selbst nicht sicher ist, blockt – aktiv protestierend oder passiv durch Rückzug –, aber der Grund ist in beiden Fällen gleich, und die Abhilfsmaßnahme ist es ebenfalls: Es fehlt Geborgenheit. Der Mensch fühlt nicht seine Leistungsfähigkeit, sondern fühlt sich selbst als Mensch auf die Probe gestellt. Dieser Druck schafft Wut, Angst oder andere negative Emotionen – und die erzeugen die Blockaden.

3. Die alte Erziehungsregel »Erst die Arbeit, dann das Spiel« ist außer Kraft gesetzt. Arbeit und Spiel muss dasselbe sein (siehe Kapitel X, Abschnitt 25). Im Flow etwas leisten, ist – nicht vom Ergebnis her, wohl aber aus der inneren Haltung des Leistenden! – l'art pour l'art. Das können wir von Kindern lernen, von ihrer Art zu spielen – nämlich so, dass alle in diesem Abschnitt aufgezählten Flow-Kriterien erfüllt sind. Und wenn Kinder etwas arbeiten und dabei glücklich sind, ist es von Spiel nicht zu unterscheiden. Eine Sache um der Sache willen tun – diese Regel preußischen Pflichtbewusstseins kommt dem Flow sehr nahe. (Allerdings ist es nicht egal, um welche Sache es sich handelt!)

Flow: im Fluss des Lebens mitschwimmen

Eigentlich leben wir zwei Leben. Das eine lebt sich gleichsam von selbst. Wir tun, was wir tun wollen oder tun sollen, und denken darüber nicht groß nach, weil wir zwischen beidem keinen Unterschied spüren. Wir sind im Gleichklang mit uns selbst, mit der Welt und den Menschen. Wir sind wach und konzentriert, wir sind aktiv, wir tun, wir erledigen, wir gestalten, wir denken und fühlen, reden und hören zu, sehen und erkennen, engagieren uns, bringen uns ein. Der Strom des Lebens fließt, manchmal fließen wir mit und lassen uns treiben, wohin unser Denken, unser Wünschen und Wollen, unsere Bedürfnisse oder die Notwendigkeiten des Tages uns führen. Oder wir greifen aktiv ein in den Strom der Dinge. Das ist der »Flow«. Manche Menschen nennen den Flow-Zustand Glück. Andere, die sich mit Zen beschäftigt haben, erinnert der Flow an die Vision des Paradieses: an das Wunschlos-glücklich-Sein.

Deutlicher allerdings wird, was Flow ist, wenn wir sagen, was es nicht es: unser zweites Leben, das ein Rückzug von der Teilnahme am Leben ist.

In der französischen Sprache gibt es dafür ein treffendes Wort, *»ennui«*, gemeint ist die *»lassitude morale produite«*, ein »Lass-Fahren-dahin der Moral«. Gemeint sind nicht nur ethische Werte, sondern Körper, Geist und Seele umfassend das, was man auf Deutsch mit »Moral der Truppe« meint. Gemeint ist ein Schwinden der Lebensenergie, das sich an einem Schwinden von Interesse zeigt.

Gemeint ist, was wir auf Deutsch inzwischen *»Burn-out«* nennen. Das meint zwar weitgehend dasselbe wie »Depressivität«, aber die »Deutsche Eiche« ist männlich und stark und kann deshalb nicht depressiv sein, sondern maximal »ausgebrannt« – auch wenn die »Deutsche Eiche« sich vor der Teilnahme am Leben drückt: mit der Bierflasche neben sich und der Glotze vor Augen, bis sie in Morpheus' Armen entschlummert.

Der geübte Skifahrer, der seine Bögelchen fährt, ohne darüber nachzudenken, ist im Flow. Der Autofahrer in jeder unproblematischen Verkehrssituation ist es, der Surfer ist es. Von Bob Dylan stammt die gute Zeile *»her sin was her lifelessness«*, frei übersetzt: »Ihre Sünde war ihr Rückzug von der Teilnahme am Leben«. Diese Sünde – die Verweigerung der Teilnahme am Leben – ist das Gegenteil von Flow.

Zwischenbilanz von Teil 1

Unsere Kernfrage ist: Was ist ein fröhliches, ein zufriedenes, ein gutes Leben? Und was kann der einzelne Mensch für solch ein gutes Leben, für mehr Freude am Dasein, tun? Als Antwort schält sich bisher heraus:

Nach der Goldenen Regel leben

Um mit anderen Menschen in Frieden zu leben, kann ein Mensch sich an die »Goldene Regel« halten (siehe auch Abschnitt 51), den in vielen Kulturen bekannten Gedanken, der in unserer judeo-christlich Tradition fordert: »Liebe deinen Nächsten, wie dich selbst« – unschwer darin zu erkennen ist Immanuel Kants kategorischer Imperativ ebenso wie der Erziehungsspruch »Was du nicht willst, dass man dir tu, das füg auch keinem anderen zu.«

Der Mensch wird darin aufgefordert, sich selbst zum Maß der Dinge zu machen und anderen Menschen nichts anzutun, was man für sich selbst ablehnt; den anderen hingegen genau das zu geben, was man sich auch für sich selbst wünscht. Insofern spricht die Logik dafür, dass zu geringe Nächstenliebe aus zu wenig Selbstliebe resultiert – wie im Titel des Buches als Merkhilfe und als Forderung ausgedrückt: »Du sollst dich lieben«.

Für Herzensbildung sorgen

Dass es in der Welt – in der großen wie in unserer kleinen, privaten Welt – oft nicht genug Liebe, Nächstenliebe und Selbstliebe gibt, wird nicht auf ein Defizit der Gattung Mensch zurückgeführt, auch nicht auf schicksalhafte Einwirkungen wie Gene, Gesellschaft, frühkindliche Erziehung etc., sondern auf einen Mangel an seelischer Bildung, an Herzensbildung. Diesen Bildungsmangel möchte das

Buch ausgleichen – allerdings nicht durch möglichst viel, durch ein Maximum, sondern durch ein Optimum an Information. Und das soll als aktives Wissen verankert werden.

Pädagogik und Psychologie unterscheiden zwischen »aktivem« und »passivem« Wissen. Aktives Wissen steht uns jederzeit zu Gebote, passives Wissen muss erst geweckt werden. Es verhält sich hier ähnlich wie mit einer Fremdsprache. Wir verstehen im Ausland sehr viel mehr, als wir selbst ausdrücken können – unser passiver Wortschatz ist also sehr viel größer als unser aktiver. In diesem Buch soll aktives psychologisches Wissen vermittelt werden, wenige Informationen, die uns aber so gut wie immer präsent sind.

Aktives Wissen über Well-Being erwerben

Teil 1 des Buches hat zuerst Grundlagenwissen über Positive Psychologie vermittelt – über jene Forschungsrichtung also, die nicht die »vier P« und die »vier K« untersucht, nicht Pleiten, Pech, Pannen, Probleme oder Krankheit, Krisen, Konflikte, Katastrophen. Positive Psychologie erforscht, was im Leben richtig läuft und wie das Leben glückt.

Der Seins-Zustand, in dem die Dinge gut und richtig laufen, wurde in Teil 1 als »Well-Being«, bezeichnet, wörtlich: »Wohl-Sein«. Well-Being ist ein Sammelbegriff für seelische Gesundheit.

Wesentlich gefördert wird Well-Being bei Menschen, wenn ihnen nicht von vorneherein skeptisch und kritisch begegnet wird, sondern offen und positiv. Dann wirkt eine sich selbst erfüllende positive Prophezeiung: man erkennt das Gute in sich selbst und anderen Menschen, bevor es sich zeigt, weil man weiß, dass es da ist. Und dadurch wird die Wahrscheinlichkeit erhöht, dass das Gute sich auch zeigt. Zwei Wege wurden aufgezeigt, die das Leben grundsätzlich nehmen kann:

1. eine Spirale nach oben, die zur aktiven, freudigen Teilnahme am Leben und dem, was es bringt und von uns fordert, führt;
2. ebenso aber gibt es auch eine Spirale nach unten, die zum Rückzug von der Teilnahme am Leben führt, zur »gelernten Hilflosigkeit« oder »Depression«, und die zur Selbstaufgabe führen kann.

Gegen seelisches Leid vorbeugen, statt abwarten, bis Psychotherapie nötig wird

Die negativen Seiten des Menschen und des Lebens – zum Beispiel Depression oder Aggression – waren in den vergangenen 100 Jahren der Forschungsschwerpunkt von Psychologie, Psychotherapie und Psychiatrie. Diese Disziplinen haben wesentliche Beiträge dazu geleistet, wie den »vier P« und den »vier K« therapeutisch begegnet werden kann. Sie haben aber nicht zeigen können, wie seelischem Leid vorgebeugt wird. Deshalb war eine Wende zur Positiven Psychologie – die erforscht, wie wir seelisch intakt bleiben und nicht weniger Leid, sondern mehr Freude im Leben spüren können – so wichtig.

Für mehr Well-Being – für Freude am Dasein, statt Kampf ums Dasein – hat die positiv-psychologische Forschung der vergangenen etwa 30 Jahre insgesamt 33 Punkte aufgezeigt – hier im Buch als »Goldadern« bezeichnet. Hier lohnt es sich, nach Ideen für mehr Lebensfreude zu schürfen. Hier liegen die Schätze, die Well-Being garantieren.

Weniger Denken, mehr fühlen

Dreiunddreißig Punkte aber sind für die praktische Orientierung noch viel zu komplex. Sie zu beachten, erfordert Gedankenarbeit. Der Mensch ist von Natur aus allerdings so konstruiert, dass Denken bei der Steuerung des Verhaltens keine entscheidende Rolle spielt. Um besser zu verstehen, wie hilfreiches psychologisches Wissen in unser Leben eingebaut werden kann, war es deshalb nötig, Information über die Natur des Menschen zu geben: wie wir funktionieren (meist vor-bewusst in einer Art Trance) und wie unsere Seele – unser geistiger oder mentaler »Apparat« – konstruiert worden ist. Für Vorbeugung gegen seelisches Leid und generell für eine Wende zu mehr Well-Being im Leben wichtig sind diese beiden Punkte:

- Stärker als durch Wille und Denken wird unser Verhalten durch in unserem »Emotionalen Gedächtnis« gespeicherte Erfahrungen kontrolliert. Worte reichen nur selten, um Verhalten zu ändern.

Worte belehren, aber sie bewirken nur sehr selten Veränderung zum Besseren.

- Obwohl das Leben, die Menschen und auch wir selbst unendlich komplex sind, gibt es mit einem Grundverständnis der Natur des Menschen eine klare Angabe, wie Well-Being – Freude am Dasein also – intensiver und häufiger erreicht werden kann: durch »Flow«, durch die »Optimale Erfahrung«. Flow liegt vor, wenn alle unsere mentalen Stärken gebündelt sind und mit den Anforderungen, die das Leben uns stellt, harmonisieren.

Ausblick auf Teil 2

Jedes der jetzt folgenden 14 Kapitel nennt eine wesentliche Quelle von Well-Being.

Zuerst werden in zehn Kapiteln zehn menschliche Gebiete aufgezeigt, in die wir nach Erkenntnissen der Positiven Psychologie mit gutem Gewinn Zeit und Kraft investieren sollten – bei uns selbst, bei unseren Kindern, unseren Lebenspartnern und anderen signifikanten Personen in unserem Leben. Es sind

- Geborgenheit
- Liebe
- Unabhängigkeit
- (positive) Emotionen
- Creativität
- Kompetenz
- Lebens-Sinn
- Intelligenz
- Charakter
- Hoffnung

Die zehn Anfangsbuchstaben von oben nach unten gelesen, ergeben (da »Kreativität« hier ausnahmsweise mit »C« geschrieben wird) ein Merkwort: GLUECKLICH. Die zehn hier genannten Gebiete dienen dem seelisch guten Leben, die folgenden zehn Kapitel geben hierfür die Begründung und liefern gleichzeitig einen Grundbestand an nützlichem Wissen. Danach wird das Merkwort »GLUECKLICH« um vier weitere Gebiete ausgebaut:

- Schauen
- Einfühlen
- Interesse
- Nutzen bringen

Diese vier Worte geben eine Richtschnur, wie wir Menschen – von der Evolution erst einmal in jeder Begegnung und Situation auf

»Kampf ums Dasein« gepolt – auf »Freude am Dasein« umschalten können. Die vier Anfangsbuchstaben addieren sich erneut zu einem sinnvollen Begriff: SEIN. Die in Teil 2 vermittelte Information soll zeigen, wie wir eine gute seelische Grundausrüstung mit positivem Verhalten »vor Ort«, »im normalen Leben«, bei der Begegnung mit Aufgaben und Menschen zusammenbringen können, und wie daraus mehr GLUECKLICHSEIN entsteht.

Am Anfang der Zusammenfassung ist zwischen aktivem und passiven Wissen unterschieden worden. Aktives Wissen über Well-Being muss sehr kompakt sein, damit es uns jederzeit präsent ist. Wichtiges Wissen, dass zu einer Wende in Richtung Well-Being und Freude am Dasein hilft, wird in den folgenden 14 Kapiteln gegeben.

Das Merkwort »GLUECKLICHSEIN« soll gegen das Vergessen wirken, etwa wenn wir im Alltag um menschlichen Rat gefragt werden oder spüren, dass Rat nötig ist. Dies ist die Situation, in der – wie in Kapitel I erwähnt – therapeutische Hilfe von Mensch zu Mensch gegeben wird, was in der Praxis heißt: mehr tun als die »vier P« und die »vier K« immer wieder zu analysieren, immer wieder neu zu bereden. Ansatzpunkte zum Verständnis problematischer Lebenssituationen bieten Fragen wie zum Beispiel:

- Geborgenheit: »Fühlt der Mensch sich geborgen? Wäre es nicht erst einmal sinnvoll, dem Menschen statt Belehrungen und Drohungen Geborgenheit zu geben.«
- Liebe: »Fühlt sich der Mensch geliebt? Fühlt ER oder SIE sich in der Lage, Liebe zu geben? Hat ER oder SIE Gelegenheit, Liebe zu geben?«
- Unabhängigkeit: »Hat ER oder SIE sich so sehr an andere Menschen oder an Lebensumstände angepasst, dass ER oder SIE sich selbst kaum noch oder gar nicht mehr wahrnimmt?«
- Emotionen: »Gibt es im Leben dieses Menschen zu viele negative und zu wenig positive Emotionen?«
- Creativität: »Sieht ER oder SIE überhaupt noch die jedem Menschen gegebene Möglichkeit, das eigene Leben zum Besseren und Gesünderen zu gestalten?«
- Kompetenz: »Sind die für eine Wende zum Besseren notwendigen

Lebenskompetenzen gut entwickelt – oder ist gerade hier Hilfe zu seelischer Selbsthilfe nötig?«

- Lebens-Sinn: »Kann ER oder SIE die eigenen Fähigkeiten und Talente den Lebensaufgaben optimal zuordnen?«
- Intelligenz: »Wird Vernunft, also Geistes-*Abwesenheit,* für mehr Well-Being nutzbar gemacht?«
- Charakter: »Hat ER oder SIE die eigene Persönlichkeit altersadäquat entwickelt?«
- Hoffnung: »Werden – trotz der vier P und der vier K – noch Lebensgebiete gesehen, die Freude und Zufriedenheit geben?«

Ausdrücklich möglich ist es, Fragen dieser Art auch in der Ich-Form – also sich selbst – zu stellen. Sie erklären dann, was »Du sollst dich lieben« heißt. Und solche Fragen sollten nicht nur in schlechten Zeiten gestellt werden, also nicht nur, wenn man auf der Skala der Lebensfreude bei minus fünf angelangt ist, sondern ebenfalls, wenn man sich bei »nicht gut/nicht schlecht« aufhält, also bei plus minus null und gerne wieder plus fünf erreichen möchte.

TEIL 2

POSITIVE PSYCHOLOGIE PRAKTISCH

Kapitel VI

Geborgenheit

Abschnitt 12

Geborgen sein – der Ausgangspunkt des guten Lebens

Womit beginnt gutes Leben, das diesen Namen verdient? Mit Denken? Mit Planen? Mit Zielsetzungen – diesem eigenartig gefühllosen Wort? Mit Entscheidungen »aus dem Bauch heraus«? Nein.

Das geistig und seelisch lustvolle, pralle Leben beginnt aus der Geborgenheit heraus – gleich, ob wir den nächsten Moment, den nächsten Tag, das nächste Jahr oder die gesamte Lebensspanne betrachten. Für Geborgenheit gibt es in der Psychologie ein gutes Wort: Ur-Vertrauen. Mit Ur-Vertrauen kommen wir auf die Welt – die erste Lieferung an Vertrauen ist gratis. Danach können und müssen wir Vertrauen entwickeln. Geborgenheit und Vertrauen sind kein Konsum-Produkt, das der psychodynamische Pizza-Service anliefert, das man passiv entgegen nimmt und dann nur noch konsumieren muss. Nein, man muss etwas tun. Und man kann etwas tun. Vertrauen entwickeln – Vertrauen in sich selbst, in die anderen Menschen, in den Strom der Ereignisse – Vertrauen prüfen und immer wieder neu aufbauen, das ist das, was wir »Leben« nennen.

Wenn gilt, was Konrad Lorenz über das Kindchen-Schema erkannt hat, dann schickt die Natur die »junge Brut« mit einem Erscheinungsbild – mit dem »süßen« Kleinkind- und Jungtier-Gesicht – auf die Welt, das in den Altvorderen Behütungs-Instinkte auslöst. Das Leben beginnt also im Mutterleib und eine angemessene Zeit darüber hinaus mit Geborgenheit. So hat es die Natur vorgesehen. Der Mensch aber muss was daraus machen – darf es zumindest nicht kaputt machen. Geborgenheit auch nach der Geburt ist wesentliche Voraussetzung

1. für Liebe: ein Ur-Vertrauen in die wichtigen Menschen, die »signifikanten Personen«, im eigenen Leben;
2. für Unabhängigkeit, Individualität und Authentizität: ein Ur-Vertrauen in sich selbst als der Mensch, der man ist;
3. für positive Emotionen wie Zufriedenheit, Freude und Interesse: ein Urvertrauen in das Leben, die Basis für den Wunsch zur Teilnahme am Leben – im Gegensatz zu einem »Rückzug vom Leben«, also Depressivität;
4. für Kreativität: ein Ur-Vertrauen in die Fähigkeit, das Leben zu gestalten;
5. für Lebens-Kompetenz: ein Ur-Vertrauen in die eigene Leistungsbereitschaft;
6. für Lebens-Sinn: ein Ur-Vertrauen in die Bedeutung der persönlichen Existenz;
7. für Intelligenz: ein Ur-Vertrauen in das eigene kritische Denken;

Von diesen sieben Themen handeln die gleich anschließenden Kapitel. Geborgenheit ist wirklich der Ausgang alles Guten im Leben. Ur-Vertrauen, aus dem dann immer wieder neues Vertrauen aufgebaut werden kann und muss, wiederum ist die »Schiene«, auf der sich der Mensch entfaltet. Das tun, sich entfalten zu können, ist mit Freiheit gemeint. Der Mensch braucht beides, Geborgenheit und Freiheit. Unsinnig ist es deshalb, aus beidem ein Entweder/Oder oder Gegensätze zu machen, wie es politische Gegner in den leidigen Sicherheit-Freiheit-Debatten gerne machen.

In diesem Kapitel geht es um Geborgenheit, also erst einmal um »die halbe Miete« des Well-Being, des guten Lebens. Geborgenheit – im »feindlichen Leben« im »Kampf ums Dasein« oft vermisst – wird uns von religiöser Seite als Lebensziel nahe gebracht. Dies Ziel ist gekennzeichnet als Zustand der »Saturiertheit« – positiv gemeint: als Bedürfnislosigkeit, weil für alle Bedürfnisse gesorgt ist. In diesem Sinne »saturiert« sein, heißt im Christentum »Paradies«, im asketisch orientierten Buddhismus »Nirwana«. Es ist die Bedürfnislosigkeit entweder durch Erfüllung aller oder durch »Loslassen« aller Bedürfnisse.

Nach der Geburt wird dieser Seins-Zustand der Geborgenheit als »zufrieden wie ein satter Säugling« beschrieben. Beantwortet sind die grundlegenden Seins-Fragen wie »Wo bin ich sicher?«, »Wo gehöre ich hin?«, »Wo kenne ich mich aus?«, »Wo bin ich zu Hause?« – die Sehnsucht nach Antwort auf diese Fragen begleitet uns ein Leben lang:

Der umtriebige Richard Wagner, von persönlichem Ehrgeiz und persönlichen Schulden durchs Leben gehetzt, hat einen wagneriesken Namen für Geborgenheit gefunden. Sein Haus in Bayreuth hat er »Villa Wahnfried« genannt – meinend: »Wo mein Wähnen Frieden fand«.

Anderen Lebens-Künstlern wird in einem ostpreußischen Sprichwort nachgesagt, wo auch ihr Wähnen Friede findet: »To Hus is to Hus, und wenn im Zuchthus«.

»Und wenn die Welt voll Teufel wär'«, singen Christen und singen »Ein feste Burg ist unser Gott«, und sie fühlen biblischen Trost in dem Wort: »Sicher wie in Abrahams Schoß«.

Wenn Reinhold Messner einen Berggipfel erklimmt, macht er diesen Schritt aus einem Ort der (relativen) Geborgenheit heraus, dem »Basislager«.

Und aus einem Basislager heraus, das »Familie« heißt, macht der Mensch seine Schritte ins Leben. Friedrich Schiller hat dafür die Worte gefunden: »Der Mann muss hinaus ins feindliche Leben, muss schaffen und streben«, seine Basis beschreibt Schiller mit »…und drinnen waltet die züchtige Hausfrau«. Idylle der Kleinfamilie – aber immerhin: Die Hausfrau »waltet«, sie ist nicht einfach nur das Heimchen am Herd, sondern kommt ihrer traditionellen Rolle nach, die der niederländische Sozialforscher Cas Wouters von der Universität Utrecht als »Sozial- und Emotions-Management« und somit als Machtbasis beschreibt.

Frauen der Mittel- und Oberschicht haben in diesem Jahrhundert eine gesellschaftlich starke Position preisgegeben, sagt Wouters. Sie waren traditionell die Initiatoren und Organisatoren des gesellschaftlichen Lebens und hatten dabei zugleich die Funktion eines »Gate Keeper«. Den Frauen oblag also die Entscheidung, wer überhaupt Einlass »in die Gesellschaft« erhält. Entsprechend populär – aber in den Forderungen auch unsozial und inhuman – war die Etiquette-Literatur, die Wouters in einem Jahrhundertvergleich untersucht hat. Frauen waren, so Wouters, verantwortlich für den sozialen und emotionalen Bereich. Hier haben sie kalkuliert Macht im Sinne eines Sozial- und Emotions-Managements ausgeübt.

Frauen haben, so die deutsche Psychologin Heidrun Bründel[43], ein besseres Talent zum »Networking«, Frauen leben »mit Netz«, mit dem, was in der Psychologie »social support« heißt und ein Garant für persönliches Wohl-Sein, für »Well-Being«, nicht einfach nur »Wellness«, ist. Frauen tun also aktiv etwas für Geborgenheit – eigene ebenso wie Geborgenheit ihrer Familie und ihrer Geschlechtsgenossinnen, wie die Forschungen der amerikanischen Psychologin Shelley Taylor gezeigt haben (siehe Kapitel II, Abschnitt 3).

Well-Being ist die in einem Wort zusammengefasste Antwort auf die Kernfrage der Positiven Psychologie nach der Freude am Dasein – und nicht nach dem Kampf ums Dasein. Und da Frauen – immer noch im statistischen Durchschnitt gesehen – hier die bessere, die lebens-gerechtere, lebens-praktischere Antwort geben, ist es nur gerecht, dass das Leben die Frauen – wieder im statistischen Durchschnitt gesehen – sieben Jahre länger bei sich behält als die Männer. Geborgenheit kann also Leben retten.

Geborgenheit – so kann man es sehen – ist Ausgangspunkt und zugleich das immer wieder neu gesuchte Zwischen-Ziel des menschlichen Handelns: die »kleine Erlösung vom Übel« – für den zumindest, der den Tod nicht als »die große Erlösung« betrachtet. Dass es so etwas wie Geborgenheit überhaupt gibt, muss als Wunder angesehen werden, wenn wir die Natur des Menschen – wie in Kapitel V beschrieben – im nächsten Abschnitt noch etwas genauer betrachten.

Abschnitt 13

Den Unterschied zwischen Bedrohung und Herausforderung sehen

Stress ist schlecht. Stress macht krank. Jeder weiß es. Aber es stimmt nicht. Nicht in dieser Eindeutigkeit.

Bereits Janos (deutsch: Hans) Selye (1907–1982), ungarischer Mediziner, der an der McGill Universität in Montreal zum Begründer

der Stress-Forschung wurde, hatte erkannt, dass es neben schädlichem Stress auch »Eu-Stress« gibt – die Vorsilbe »eu« heißt »gut« oder »schön«. Nicht jeder Stress, nicht jede Anstrengung kann mit seelischem oder körperlichen Leiden in Verbindung gebracht werden. Es gibt Menschen, die schaffen und streben im feindlichen Leben – und sie genießen es, sie blühen auf. Sie sind nicht etwa Workaholics, sind keine Arbeitssüchtige, keine »Arbeitsalkoholiker«, denen sonst im Leben nichts mehr einfiele. Die neue psychoneurologische Forschung zeigt, warum nicht jeder Stress schädlich ist. Und daraus ergibt sich auch, wie als Stress empfundene Arbeit in erfreuliche Arbeit verwandelt werden kann.

Jedem bekannt ist, dass unser Organismus zwei Grundzustände kennt, den Zustand der Ruhe und Verdauung und den aktiven Zustand der Leistung. Das Wort »Stress« bezeichnet den Zustand des Organismus bei einer Beanspruchung. Zwei Arten von Beanspruchung können unterschieden werden. Was sich im Körper dabei abspielt, wird mit Systemen in Zusammenhang gebracht, für die die (englischen, aber international gebrauchten) Abkürzungen SAM und PAC stehen.

Aktiviert, braucht der Organismus »Brennstoff«, gewonnen wird er von den beiden Systemen auf zwei unterschiedlichen Wegen und aus unterschiedlichen Quellen. Der gesunde Weg wird in der Fachliteratur manchmal als SAM-System bezeichnet.

- S steht als Abkürzung für eine Abkürzung: für SNS (»Sympathisches Nerven-System«, jener Teil des Nervensystems also, der den Organismus aktiviert und die Aktivität geleitet und begleitet).
- A steht für »adrenal«. Gemeint ist die Nebenniere, eine Drüse, die den Nieren aufsitzt, mit der Nierenfunktion aber relativ wenig zu tun hat.
- M steht für »Medulla«, und das heißt Mark (wie in »Knochenmark«). Im Mark der Nebenniere wird Adrenalin produziert, ein Stoff, der aktiviert, wie inzwischen alle Snowboardfreaks aus der Werbung wissen, denn angeblich geht es bei ihrem Sport vor allem darum, Adrenalin zu spüren.

Wichtig ist: Das SAM-System aktiviert uns, wenn wir mit einer klar umrissenen, konkreten Herausforderung konfrontiert sind.

Wir reagieren auf Herausforderungen anders als auf Bedrohungen

Manchmal aber sind Herausforderungen nicht bewältigbar – oder sie erscheinen als nicht bewältigbar, was auf dasselbe hinausläuft. Entweder sind sie ganz einfach »too much« für unsere Kraft und unsere Kompetenz. Oder es handelt sich um die »kleinen Nickeligkeiten« des Lebens, die »little hassles«, wie der Psychologe und Stressforscher, Prof. Richard Lazarus, sie nennt.[44]

- Haushaltsarbeit ist ein gutes Beispiel. Ihr Sinn scheint ja geradezu darin zu bestehen, dass einmal hergestellte Sauberkeit und Ordnung sofort wieder zerstört wird.
- Ständige kleine Bosheiten von anderen Menschen sind ein anderes Beispiel. Mit jeder einzelnen wird man gut fertig. Aber Klein-Stress ist auch Mist, »Dauerstress« heißt er in der Umgangssprache.

Uns überwältigende Lebensereignisse einerseits und dieser Kleinvieh-»Dauerstress« andererseits erscheinen uns nicht als eine Herausforderung (Englisch: *challenge* – ein fast schon eingedeutschtes Wort), sondern als Bedrohung (Englisch: *threat*). Der Unterschied ist wichtig. Bei Bedrohung schaltet sich in uns das PAC-System zu. Um es kurz zu machen, »PAC« steht für »pituitary-adrenal-cortical«, die »glandula pituitaria« ist eine Drüse im Gehirn, auch Hypophyse genannt… und so weiter…, wichtig fürs Verständnis ist, dass wir auf Herausforderungen anders reagieren als auf Bedrohungen. Herausforderungen erscheinen uns interessant und bewältigbar – erscheint eine geforderte Anstrengung als uninteressant und unbewältigbar, dann empfinden wir sie als Bedrohung. Und so erklärt sich der Unterschied zwischen gesundheitsförderlichem Stress und krank machendem Stress.

Das PAC-System schaltet sich ein,

- wenn, wie gesagt, eine neue Situation als Bedrohung empfunden wird;
- und/oder nach Verlust (etwa: früher Tod der Mutter) oder einer Verletzung – auch einer seelischen Verletzung, also nach einem seelischen Trauma;

- und/oder aufgrund von zwischenmenschlichen (Dauer-)Spannungen;
- und/oder bei Gefühlen der Hilflosigkeit – auch: »gelernte Hilflosigkeit« als Ursache von Depression (siehe Kapitel XV, Abschnitt 39);
- und/oder bei Depression.

Das SAM-System aktiviert uns bei bewältigbar erscheinenden Herausforderungen und stellt Energie bereit durch Blutzucker. Die Aktivität des SAM-Systems klingt relativ rasch ab, Richtwert: zwei Minuten.

Anders das PAC-System, das bei den eben aufgelisteten Negativ-Ereignissen aktiv wird, die uns als nicht bewältigbar erscheinen: Bedrohungen, Verlust, Trauma, (Dauer-)Spannungen, Depression. Die Aktivität des PAC-Systems klingt langsam ab, Richtwert: 90 Minuten. Wichtiger noch: Das PAC-System unterdrückt das Immun-System. Und das PAC-System gewinnt Energie auch aus Muskeln – dem Herzmuskel zum Beispiel. Und dadurch – und durch Unterdrückung des Immunsystems – wird die krank machende Wirkung deutlich, wenn wir Bedrohungen, Verlust, Trauma, (Dauer-)Spannungen, Hilflosigkeit – auch »gelernte Hilflosigkeit«, also Depression – erfahren.

Psychologische Widerstandskraft: die Stress-resistente Persönlichkeit

Krank machender Stress ist kein unausweichliches Schicksal. Am 16. Januar 2002 schildert ein amerikanischer Nachrichtendienst, welche Menschen mit den traumatisierenden Ereignissen des 11. September seelisch gut fertig werden.[45] Der Beitrag beginnt mit den Worten:

»Manche Menschen überleben nicht nur ein Trauma, negative Lebensereignisse und anscheinend unüberwindbare Hindernisse. Sie wachsen sogar an diesen Erfahrungen und entwickeln sich weiter. Sie besitzen, was Experten für seelische Gesundheit psychologische Widerstandskraft oder psychologische Fitness nennen.«

Dann folgt eine Beschreibung der Psyche und der Lebensart dieser seelisch starken Menschen. Stichworte:

- Sie gehen effektiver mit Stress um (»wichtig, um den Alterungsprozess abzumildern«);
- sie haben die innere Überzeugung, dass ihre Anstrengungen zum Ziel führen;
- sie konzentrieren sich auf die wichtigen Dingen in ihrem Leben (Beruf, Familie, Gesundheit);
- die große Mehrzahl ist »spirituell verbunden«, Englisch: *»spiritual connectedness«*. Das ist die heute politisch korrekte Formulierung für jenes »K« der »Drei K«, das für »Kirche« steht. Die beiden anderen »K« sind ebenfalls in dieser Aufzählung enthalten: »Kinder« in »Familie« und »Küche« in »Gesundheit«, wenn man den vorbeugenden, wie heilenden Effekt gesunder Ernährung mit bedenkt);
- durch Veränderungen fühlen sie sich nicht bedroht, sondern herausgefordert;
- die Widerstandsfähigen sind zudem weitgehend frei von Misstrauen, Zynismus und Feindseligkeit;

Aufgabe der Psychologie bei negativen Lebensereignissen ist, nicht an Symptomen herumzukurieren, sondern

- leidende Menschen aufzufangen – dies wird unter dem Stichwort »Krisenintervention« von vielen Helfern, auch von Psychologen, geleistet: vor Ort bei Unfällen, Verbrechen, Katastrophen;
- leidende Menschen auch durch Begleitung langfristig zu stabilisieren;
- gezielt Therapie anzubieten und
- diese konkreten Maßnahmen im Sinne der Hilfe zur Selbsthilfe und der Prävention von seelischem Leid anzulegen, damit Menschen durch negative Lebensereignisse und Lebensveränderungen sich nicht bedroht, sondern herausgefordert fühlen.

Eine in diesem Sinne Positive Psychologie geht also von den eben bei der Schilderung der beiden Aktivations- und Energie-Systeme mit Bedacht gewählten Formulierungen aus:

- als bewältigbar erscheinende Herausforderungen und
- als nicht bewältigbar erscheinende Negativ-Ereignisse wie Bedrohungen, Verlust, Trauma etc.

Solche Negativ-Ereignisse erscheinen oft nur als nicht bewältigbar, sie sind aber mit therapeutischer Hilfe bewältigbar. Hier helfen insbesondere die Kognitiven Psychotherapien, zu deren Entwicklung Martin Seligman mit wichtiger Grundlagenforschung und als Psychotherapeut beigetragen hat. Erforscht hat er, was er »innere Dialoge« nennt – ausführlicher dargestellt in Kapitel XV.

Ebenso helfen auf Spezialgebieten wie Angst- und Panik-Störungen Verhaltenstherapien. Ein Mensch mit Panik-Problemen, etwa einer Spinnen-Phobie, fürchtet sich zum Beispiel vor »nach normalem Menschenverstand« völlig ungefährlichen Tieren wie einem Weberknecht.

Ein Verhaltenstherapeut sucht dann ein Bild oder ein lebendes Tier, das keine Panik erzeugt. Dann wird ein »Reiz« gesucht, der einer Spinne oder einem Weberknecht etwas näher kommt. Zeigen sich negative Reaktionen, werden sie sofort abgebaut; eines der Mittel dazu sind Entspannungsübungen. Dieses Vorgehen wird so lange durchgeführt, bis der Patient zum Beispiel das Bild einer Fliege, anderer »spinnenähnlicher« Insekten oder Spinnen angstfrei ansehen kann.

Systematische Desensibilisierung heißt diese therapeutische Methode, die im günstigen und nicht seltenen Fall, dazu führt, dass ein Mensch mit einer Spinnen-Phobie einen Weberknecht und vielleicht sogar eine giftige Kreuzspinne angstfrei über seinen Arm krabbeln lassen kann.

Gegen Stress vorbeugen

In der öffentlich weit verbreiteten psychologischen Meinung taucht ein Wort immer wieder auf: »umgehen« – in Sätzen wie »Damit kann ich umgehen« oder als Rat »Du musst lernen, mit Problemen umzugehen«. Dies »Umgehen« betrifft den eben skizzierten therapeutischen Weg – ein wichtiger Weg. Leider aber ist es auch ein Weg, der – wie alle Arten der Behandlung oder Therapie – erst gegangen wird, wenn das Kind in den Brunnen gefallen ist und der Karren im Dreck steckt.

Vorbeugen heißt: seelisch fit werden, seelisch robust werden. Und da Körper, Geist, Psyche und das Umfeld (die Mitmenschen und die

Aufgaben) ein System bilden, findet Vorbeugung auf allen der vier hier genannten Felder statt: Körper, Geist, Psyche und das Umfeld. Vielen Menschen bekannt ist, dass eine vernünftige Lebensplanung und Lebensführung hier sehr nützlich ist. Ebenso bekannt ist, dass gegen die gesundheitsschädlichen Folgen von negativen Lebensereignissen bereits auf der wichtigsten, der körperlichen Ebene, vorgebeugt werden kann. Gute körperliche Fitness ist zum Beispiel ein guter Schutz gegen depressive Symptome.

Den meisten Menschen aber nicht bekannt ist, dass es eine gesunde seelische Abhärtung gibt. Negative Lebensereignisse sind eine »seelische kalte Dusche«. Und dagegen kann man sich abhärten. Wie, ist Thema des nächsten Abschnitts.

Abschnitt 14

Abhärtung – die nachhaltige Stress-Vorbeugung

Abhärtung ist ein Wort, das viele psychologisch gebildete Menschen nicht gerne lesen werden. Es erinnert an Nazi-Sprüche wie »Gelobt sei, was hart macht«, erinnert aber auch an den »Charakterpanzer«, den Wilhelm Reich (der ein überzeugter Kommunist war) beschrieben hat.

Psychologie steht für den einfühlenden Umgang mit Menschen, Positive Psychologie hat die Prävention von seelischem Leid im Blick – und man mag es mögen oder nicht: Neue Forschung zeigt, dass ein Wort wie »Abhärtung« gut erklären kann, worum es geht. Positive Psychologie ist ideologisch-politisch nicht festgelegt, ist aber (außer im Bemühen um objektive Forschungsergebnisse) alles andere als wertfrei, ist also wert-orientiert. Kulturelle Werte und ihre Erforschung für das Well-Being sind eine der Säulen, auf denen die Positive Psychologie ruht, um von dort aus heilsame Unruhe zu stiften. Seelische »Abhärtung« heißt nicht, seelisch abgestumpft zu sein, sondern

- einfühlend und feinfühlig auf die Welt zu regieren, aber zugleich
- Kräfte haben, rasch wieder seelisch ins Lot zu kommen.

Nicht verschwiegen werden soll, dass einige Menschen mit mehr Abhärtung auf die Welt kommen als andere. Sie werden »weniger sensibel« geboren. Die von Geburt aus seelisch feinfühligeren Menschen aber können Widerstandskraft aufbauen – das klingt besser als von Abhärtung zu reden, aber dies Wort bleibt abstrakt, solange es als ein Ziel genannt, aber nicht angegeben wird, wie dies Ziel erreicht wird – unter anderem durch Abhärten.

So können wir seelische widerstandsfähiger werden

Das Prinzip der seelischen Abhärtung wird durch Wortpaare deutlich, die sich ergänzen. Zwei deutliche Wortpaare sind:

- Hochleistung *plus* Geborgenheit oder
- Ins Wasser werfen *plus* retten

Das »*plus*« ist wichtig.

Wenn jemand einfach nur »ins Wasser geworfen« wird und sich kaum über Wasser halten kann, führt diese Anspannung zu dem, was Wilhelm Reich als »Charakterpanzer« beschrieben hat. Nicht alles, was hart macht, ist zu loben. Und das »Friss-Vogel-oder-stirb«-Prinzip der Erziehung, das »Ein guter hält's aus«, ist ebenfalls nicht zu loben. Zu loben ist das »*plus*«, Hochleistung *plus* Geborgenheit oder Ins Wasser werfen *plus* retten.

Das Prinzip »Ins Wasser werfen *plus* retten« kennen Sie aus Kapitel III, Abschnitt 6, aus dem Bericht über die Stress-Forschung von Curt Richter mit Ratten in einem Schwimmbecken. Richter holte hoch verängstigte Ratten, von denen er wusste, dass sie sich selbst aufgeben würden, in den ersten Minuten des Schwimmens mehrfach aus dem Becken, gab ihnen einige Minuten Geborgenheit, und die Tiere stellten sogar neue Langstrecken-Schwimmrekorde auf. Die Versuchstiere hatten gelernt, mit einer belastenden, einer stressreichen Situation fertig zu werden.

Krisen-Intervention stärkt gegen schädlichen Stress

Erkennen Sie die Parallelen zur psychologischen Krisen-Intervention?

Oft wirft das Leben »uns ins Wasser« – Unfallopfer, Opfer von Katastrophen und großen Krisen sind Beispiele. Wie Curt Richter die verängstigten Versuchstiere aus dem Wasser geholt, sie gut behandelt und sie sich erst einmal hat ausruhen lassen – das war Krisenintervention. Aber Richter hat mehr getan.

Er hat die Tiere die Situation, die sie so verängstigt hatte (den schwarzen Sack) spielerisch erforschen lassen. Dieses »Training« und mehrfach positive Zuwendung (mehrfach aus dem Wasser holen) hat die Tiere dann zu Rekordschwimmern werden lassen. Richter hat also bei den Tieren, die zuvor nach Minuten bereits sich selbst und ihr Leben aufgegeben hatten, eine Art seelisches Fitness-Training durchgeführt, dass ihnen ermöglicht hat, danach ihre angeborene Kompetenz zu schwimmen in weit über dem Durchschnitt liegender Weise unter Beweis zu stellen.

Die weitere Stressforschung hat gezeigt, dass solch ein Härte-Training nicht nur in einer konkreten Situation wirkt, sondern »Breitenwirkung« entfaltet. Menschen mit guter körperlicher Fitness, jeder weiß es, sind vor negativen Stress-Folgen besser geschützt. Wichtig ist zu bedenken, dass das Prinzip der umfassenden und auch »das Seelische« mit einschließenden Fitness aus zwei Komponenten besteht: ins Wasser werfen *plus* retten.

Es ist also keine Methode im Sinne gängiger Sprüche wie »Was uns nicht umbringt, macht uns stärker«, »Friss Vogel oder stirb« oder (gern von herzlosen Eltern, Großeltern oder anderen Erziehern gebraucht) »Ein Guter hält's aus, und um einen Schlechten ist es nicht schade«. Bei solchen Methoden wird ins Wasser geworfen – aber es wird nicht gerettet.

Es wird auch keine mentale Orientierung gegeben, wie sie sogar die Ratten von Prof. Richter bekommen hatten, als sie den schwarzen Sack spielerisch erforschen und sich so »mit einer bedrohlichen Situation vertraut machen« konnten. Es fehlt zudem die wichtige, liebevolle Anfangs-Unterstützung, die Richter den Tieren gegeben hat, indem er sie mehrfach aus dem Bassin herausgenommen hat.

Wenn solche Punkte berücksichtigt sind, kann ein seelisches Fitness-Training weiträumig und umfassend helfen. Es hilft unter anderem bei als schwierig oder bedrohlich empfundenen

- geistigen Leistungen: bei »Konzentrations- und Motivations-Problemen«,

- sozialen Situationen: bei »Schüchternheit«,
- komplizierten beruflichen Aufgaben: bei Überforderung.

Der amerikanische Psychologe Richard A. Dienstbier[46] von der Universität Nebraska, einer der Pioniere auf diesem Gebiet, erklärt: Menschen können in die Lage versetzt werden, aus einer unbewältigbar erscheinenden Bedrohung eine bewältigbar erscheinende Herausforderung zu machen: im Leistungsbereich und im mitmenschlichen Bereich. Wie kann das erreicht werden?

Seelisch stärkende Erziehung und Selbsterziehung

Die Psychologie macht Menschen Dienstleistungsangebote. Therapien und Trainings gehören dazu. Und da mit der Dienstleistung Geld verdient werden soll, kommt immer auch Verkaufstechnik hinzu. Was als »Assertivitäts-Training« angeboten wird, ist oft nicht mehr als die Vermittlung einfachster Benimm-Regeln. Lässt man den »Hype« weg und konzentriert sich aufs Wesentliche, wird klar, dass Psychologie im Kern weniger eine medizinische als eine pädagogische Disziplin ist. Ein gutes »psychologisches Training«, das Kinder gegen Stress abhärtet, führen viele Eltern automatisch durch – alle Eltern nämlich, die autoritativ erziehen. Vier wesentliche Erziehungsstile gibt es, drei geistig-seelisch eher ungute und einen guten:

- Autoritäre Erziehung. Fordern, wo's lang zu gehen hat, und dann heißt es: »…um einen Schlechten ist es nicht schade.«
- Laisser-faire-Erziehung: weder etwas fordern noch sich kümmern.
- Verwöhnende Erziehung: sich ganz viel kümmern, aber bloß nichts fordern.
- Autoritative Erziehung: viel fordern, zeigen, wo's lang geht – und sich dann liebevoll-unterstützend kümmern.

In diesem Sinne autoritativ ist Curt Richter mit den Laborratten umgegangen. Er hat

- viel gefordert – im Prinzip sollten die Tiere ja so lange schwimmen, wie ihre Kräfte reichten, denn es gab aus dem Schwimmbecken kein Entrinnen;

- Richter hat die Ratten aber emotional unterstützt, hat sie bei ersten Schwäche-Anzeichen aus dem Becken geholt, gestreichelt und sie »zu sich kommen lassen«;
- in gewisser Weise hat Richter den Tieren sogar gezeigt, »wo es lang geht«. Er hat ihnen also auch kognitive Hilfen gegeben, denn er hat ja die Tiere den dunklen Sack, in dem ihnen Angst eingejagt worden war, erkunden lassen.

Übertragen auf eine typische Familiensituation – ein Kind macht Hausaufgaben, tut sich aber schwer und kann sich nicht konzentrieren – heißt das:

- sehr wohl fordern, dass die Hausaufgaben gemacht werden;
- sehr wohl aber auch kognitive Hilfen geben: die wichtigen Anfangserklärungen bei Schwierigkeiten, vor denen Kinder sonst scheuen wie das Springpferd vor einer zu hohen Hürde;
- sehr wohl emotionale Hilfen geben – das Kind nicht beleidigen, nicht stressen, nicht unter Druck setzen, sondern für eine ruhige Arbeitsatmosphäre sorgen.

Genau das ist, was viele Eltern, Lehrer und viele Menschen, die mit Menschenführung betraut sind, tatsächlich auch tun. Sie gehen davon aus, dass der Mensch Geborgenheit braucht. Aber sie fordern Leistung. Denn Leben besteht aus dem, was wir leisten. Und sie achten darauf, dass die Forderungen immer eine Herausforderung bleiben, also bewältigbar sind – und keine unbewältigbar erscheinende oder tatsächliche Bedrohung. Sie folgen ihrem Herzen, ihrer Menschlichkeit. Und sie darin durch wissenschaftliche Forschung zu bestärken, ist der schönste Teil der Positiven Psychologie.

Ein Stress-Resistenz-Training wird daraus, wenn das Prinzip »Leistung fordern *plus* zeigen, wie es geht, *plus* positiv gestimmt zur Seite stehen« ein ständiger Teil des Lebens wird.

Abschnitt 15

Haben Sie den Mut, sich eine heile Welt zu wünschen?

Immer noch schütteln viele Menschen den Kopf, wenn sie das Wort »heile Welt« hören. Vermutlich, weil sie Gedanken an Biedermeier, an falsche Idylle abschütteln wollen. Warum eigentlich aber heute noch? Nach dem 11. September 2001? Wünschen wir uns ein Leben in Bedrohung, Terror und Trauma? Wollen nicht alle Menschen ihren Traum leben – und nicht ihr Trauma?

Denken Sie einmal zurück an Ihre Kindheit. Woran erinnern Sie sich – außerhalb jener manchmal traumatisierenden (auch das Wort »Trauma« wird inzwischen inflationär verwendet) Negativ-Erfahrungen, die jeder Mensch gemacht hat. Und an denen längst nicht alle Menschen zerbrechen!

Meine heile Welt

Denken Sie an die Menschen, die Ihnen damals wichtig waren – und warum sie es waren. Wie haben diese Menschen gelebt? Wie sah ihr Tag aus? Wo haben sie Freude gespürt, Zufriedenheit gefunden? Woran hat sich ihr Interesse am Leben immer wieder neu entfacht? Das Interesse an ihrer Arbeit, an ihren Eltern, Kindern, Freunden, Nachbarn? Oft sind die wirklich prägenden Bilder aus der frühen Kindheit nur im Kopf vorhanden. Fotografiert wird ja meist nur das Außergewöhnliche und nicht das Typische, das Prägende, das ganz einfache, ganz normale Leben eben.

Die ersten Jahre meines Lebens, an die ich mich erinnern kann, habe ich auf einem Bauernhof im Oldenburger Land gelebt – eine vielen Menschen heute nicht mehr bekannte geordnete Welt: Man hatte nicht viel. Aber niemand spürte einen Mangel. Es gab viel Arbeit. Aber niemand beklagte sich darüber.

Der gute Grund dafür, wie ich heute glaube, ist, dass jedes Tun auf dem Bauernhof einen Sinn hatte.

Arbeit und Leben waren eins. Man sorgte für die Tiere und die Pflanzen im Garten und auf dem Feld und sorgte so auch für *sich und sorgte sich weniger als heute* um *sich. Das Leben drehte sich – auch wenn der Satz jetzt selbst etwas verdreht klingt – um das Leben, und die Menschen drehten sich nicht um sich selbst.*

Das Wort »Feierabend« – heute verspottet – hatte noch seinen Sinn.

Abends saß eine Großfamilie um einen Tisch. Geredet wurde über den Tag. Was war geschafft? Was nicht?

Der Tag klang aus mit Erzählen, Dorfklatsch zumeist. Im Sommer saß der alte Onkel mit uns Kindern – ja, eine Idylle – auf der Gartenbank. Wir sahen oft einfach nur zu, wie die Sonnen untergeht – und nicht »Gute Zeiten, Schlechte Zeiten« oder andere Erfahrungs-Fertigprodukte.

Spektakuläres gab es selten zu erfahren – Highlights waren ein Landregen, Rehe auf dem Feld, Schwalben, die tief flogen – eigenartig: danach kam ein Gewitter –, Mäuse in der Scheune, Schweine in einem Teil des Gartens. »Use Mutt hätt Fargen kregen, de kehm ut'n Morslock rut«, sagte der Bauerssohn über eins der Großereignisse. Er war dabei, als die Sau geferkelt hatte und hatte da etwas missverstanden.

Ein Wort wie »Freizeit« oder »Urlaub« kam in Gesprächen nicht vor. Unglücklich war niemand darüber.

Warum? Wie ich heute glaube: Weil jede und jeder wusste, was er und sie zu tun hatte. Und wann. Und jeder war wichtig. Durch seine Leistung – und nicht durch das, was man sich leisten konnte. Jede Hand wurde gebraucht. Sogar die von uns Kindern.

Im Sommer etwa suchten wir Eier, die die Hühner irgendwo gelegt hatten. Die Hühner liefen überall rum. Dass sie »freilaufend« waren… – niemand kannte solch ein Wort.

Tempi passati, vorbei die Zeiten. Bauer bin ich nicht geworden, kein Blick zurück in Nostalgie auf eine Zeit, in der keiner gejoggt oder ein Jahres-Abo im Fitness-Center gehabt hat. Keiner hat sich für Zen-Buddhismus, für FengShui oder TCM, die »Traditionelle Chinesische Medizin«, interessiert, für ökologischen Landbau auch nicht, denn der hieß damals einfach noch Landwirtschaft, wie denn sonst?

Recht haben die Menschen gehabt. Sie haben gelebt, haben gearbeitet. Und um die Arbeit herum hat sich ihr Leben geregelt. Es war ein zufriedenes Leben – zufriedener als das Leben vieler Menschen, denen es materiell an nichts fehlt.

Entsorgung von seelischer Schlacke

Macht unser geplantes, zeit- und ziel-orientiertes Leben zufriedener? Vielleicht – aber oft hängt der Mensch an seinen Plänen und Ideen wie ein abgewiesener Liebhaber. Obwohl er weiß – oder wissen könnte –, dass er nicht erhört wird, versucht er immer wieder sein Glück dort zu finden, wo er es garantiert nicht bekommt.

In der heilen Welt meiner Kindheits-Erinnerungen lebten die Menschen nach einem natürlichen Rhythmus. Es gab einen festen Tages-Rhythmus, einen festen Wochen-Rhythmus – am Sonntag wurden nur die Tiere versorgt, aber es wurde sonst nicht gearbeitet – und einen Jahres-Rhythmus.

Gegen Ende des Winters, in den Wochen vor Ostern, halfen wir Kinder beim großen Frühjahrsputz.

Das war keine Ajax-Blitz-Blank-Aktion. Sondern alles wurde in die Hand genommen. Sorgfältig. Ist es noch gut? Kann man es noch gebrauchen? Muss etwas repariert werden? Einiges wurde weggeworfen – das, was wirklich nicht mehr gebraucht wurde, was nicht mehr zu richten war, oder wenn es, was selten vorkam, wirklich etwas Neues gab, was das Alte überflüssig und das Leben leichter gemacht hat.

Was vom Alten wollen wir mit in die Zukunft nehmen?

Die Bilder des Guten, des Geborgenen, das wir einmal erlebt haben, hängen uns nach. Kapitel VI zeigt, wie das einmal erlebte Gute tiefe Spuren in uns hinterlässt – so etwas wie ein positives »Trauma«. Die Bilder aber sind dem kritischen, intellektuell-hinterfragenden Menschen nicht recht. Und so verhält ER oder SIE sich abweisend wie ein Mensch, dem Liebe lästig ist und wird zu einem abweisenden Lover.

Mut gehört dazu, sich eine heile Welt zu wünschen. Aber was ist mit den Bildern vom »ground zero«, aus Afghanistan, Palästina, Israel? Die AIDS-Kranken in Afrika? Die Landminen-Opfer? Die bedrohten Tierarten? Die durch den Menschen bedrohte Art, Mensch zu sein? Das schmelzende Eis am Pol und an den Alpengletschern? Man muss sie nicht verdrängen, wenn man seelisch in einer heilen Welt lebt. Im Gegenteil, erst dann kann man sie für wahr nehmen. Den Verdrängern seien die folgenden Verse gewidmet. Sie stehen an einer Wirtshauswand oberhalb des Rheinfalls bei Schaffhausen. Die »Schrift an der Wand« reimt sich. Auf manches:

»Wanderer hier ist eine Quelle
wo das gramgebeugte Haupt
selbst das intellektuelle
wieder an die Zukunft glaubt«

Zukunft. Nicht »Sintflut«. Wir brauchen für Geborgenheit und Lebensfreude einen optimalen Mix aus Pessimismus und Optimismus. Ein ordentliches Rezept finden Sie in Kapitel XV, Abschnitt 38.

Kapitel VII

Liebe

Abschnitt 16

Über den anderen Menschen zu sich selbst finden

Was ist Liebe?

Wir leben in einer Zeit, in der Emotionen oft für wichtiger genommen werden als Gedanken, und so wird Liebe selbst als eine Emotion beschrieben, als die schönste, intensivste, definiert wird aber nicht, was Liebe ist. Wer Liebe gespürt hat und sich in das Liebesgefühl erneut einfühlen und sich mit Bildern aus dem eigenen Leben in das, was Liebe ist, einblenden kann, braucht keine Definition von Liebe. Gefühle aber schwinden – auch das schöne, intensive Gefühl der romantischen Liebe. Und wenn das passiert, lohnt es sich, genauer zu wissen,

- was einem fehlt,
- warum der Schmerz über den Verlust so groß ist,
- wonach man suchen soll, wenn man neue Liebe sucht, und
- womit man sorgsamer umgehen soll, wenn man neue Liebe gefunden hat.

Wer Liebe sucht, sucht in aller Regel einen Menschen, der einem jenes unbeschreibliche Gefühl gibt. Aber ist Liebe wirklich etwas, was das Schicksal uns zuteil werden lässt (oder auch nicht), was ein anderer Mensch uns gibt (oder auch nicht), und wofür wir selbst nichts tun können? Sehen Sie Liebe einmal mehr von der Verhaltensseite her. Was macht ein Mensch, der liebt. ER oder SIE strengt sich an, setzt Denken, Fühlen, Wollen, Intelligenz, Kreativität, Zeit, Geld, Fleiß, Kraft, Interessen in Bewegung, um den anderen Menschen glücklich zu machen. Schon deshalb fühlen wir uns niemals wieder so wohl in unserer eigenen Haut und in unserem Leben wie in der Zeit der großen Liebe. Wir sind »at our best«.

- Was also fehlt uns, wenn die Liebe schwindet? Wir »funktionieren« nur noch wie ein Auto, das statt auf vier auf drei Zylindern läuft.
- Warum ist der Schmerz über den Verlust so groß? Wir haben keine so große Freude mehr an uns selbst.
- Wonach man suchen soll, wenn man neue Liebe sucht? Praktisch gesehen: nicht unbedingt nach dem einen und einzigen Menschen, der uns die schönsten, intensivsten Gefühle wieder gibt. Vielmehr sollten wir »im Training« bleiben und alle unsere Stärken – Denken, Fühlen, Wollen, Intelligenz, Kreativität, Zeit, Geld, Fleiß, Kraft – einsetzen, verteilen, verbreiten. Ohne Ansehen der Person. Denn der Mensch der liebt, ist attraktiv. Auch und gerade für sich selbst.
- Und womit soll man sorgsamer umgehen, wenn man Liebe gefunden hat? Mit dem anderen Menschen und mit sich selbst und genau darauf achtend, wann der andere und wann man selbst zu faul wird, Stärken zu zeigen.

Transzendenz

Die negative Psychologie des vergangenen Jahrhunderts hat leider dazu beigetragen, ein falsches Bild des Menschen – und auch ein falsches Selbstbild, also die Art, wie wir uns selbst sehen – in unseren Köpfen zu verankern. Der Mensch wird gesehen als ein Behälter, eine Wundertüte, als ein Sack voller Merkmale, Talente und Eigenschaften. Beigetragen dazu hat die Kunst der Diagnose. Man untersucht, und wer untersucht, der findet – Eigenschaften zum Beispiel. Nicht dass es sie nicht gäbe, nicht dass sich Menschen in Eigenschaften, Talenten, Wünschen, Begierden, Verlangen, Leistungen et cetera nicht unterschieden! Alles aber gegen das Bild des Menschen, das sich hier erschließt: nämlich dass der Mensch die Summe seiner Bestandteile wäre, ein Sack voller Eigenschaften. Aber der Mensch ist kein »geschlossenes System«.

Nehmen Sie als Beispiel, dass ein Mensch als »schüchtern« bezeichnet wird. Übersehen wird dabei, dass dieser Mensch nicht in allen Lebenswelten schüchtern ist. Derselbe Mensch kann auch Mut und Stärke beweisen. In der Psychologie ist dieses »es liegt im Menschen« nur die halbe Wahrheit. Und hier sind halbe Wahrheiten ganze Lügen. Sie lauten etwa:

- Ich habe Probleme, Krisen: Also ist mit mir etwas falsch. Oder ich bin seelisch krank.
- Ich habe mit einem anderen Menschen Probleme: Also ist mit diesem Menschen etwas falsch. Oder der andere ist seelisch krank.

Wenn so gedacht wird, ist rasch der Ehemann »krankhaft eifersüchtig«; die Ehefrau ist »frigide«; das Kind ist »hyperaktiv«; die Schwiegermutter ist »Melancholikerin«; der Boss ist »Choleriker«; ein Mann ist in psychiatrischer Behandlung, sein Bruder ist manchmal auch recht komisch – bei dieser Familie liegt also »etwas in den Genen«; ich kann mich nicht konzentrieren, also habe ich »Motivations-Schwierigkeiten« oder »Burn-out«; das Kind ist schlecht in der Schule, also liegt ein »Intelligenz-Defizit« vor; der Dickleibige ist »oral gestört«, der Ordnungsliebende »anal fixiert«.

Halb wahr und deshalb ganz falsch ist der Glaube, man könnte einen Menschen bereits durch das verstehen, was »in« IHM oder in IHR stattfindet. Das ist nur die halbe Miete – die andere Hälfte besteht aus den Einflüssen der Umwelt. Sigmund Freuds einstiger Lieblingsschüler Alfred Adler (1870–1937) hat den Satz aufgestellt, dass die Wahrheit des Menschen nicht *im* Menschen liegt, sondern letztlich *in der Gemeinschaft.* Und der Philosoph Karl Jaspers (1883–1969) erhebt das Gemeinschaftliche zum Kernbegriff seiner Existenzphilosophie, die auf dem Begriffen der Kommunikation und der Transzendenz aufbaut.[47] Das Menschsein zeigt sich erst im Umfeld des Menschen und nicht im Blick nach innen.

Deshalb ist Liebe so wichtig. Sie zeigt den Menschen in seiner ganzen Schönheit, die ER oder SIE eben nur in der Transzendenz zur Geltung bringen kann: im Überschreiten der Begrenztheiten, die gelten, wenn der Mensch vor allem auf sich selbst fokussiert ist.

Gefühle – der unwichtigste Aspekt bei der Liebe

Die Bilder, die unsere Kultur – insbesondere die heutige »Pop-Kultur« – uns von der Liebe liefert, betonen den Gefühls-Aspekt der Liebe: das Entflammen der Herzen, Menschen, die Feuer für einander gefangen haben, die in Liebe entbrannt sind. Es sind stark positive Gefühle. Gefühle sind – das wird in Kapitel VIII deutlicher – Signale der Wahrnehmung. Positive Gefühle signalisieren uns: »Hier kommt etwas Gutes«, und gut ist im Leben und Zusammenleben immer das, wovon mehr als ein Mensch allein profitiert. Und dass die Natur uns bei der Liebe mit einem so starken Signal ausgestattet hat, kann – salopp gesagt – heißen: »Übersieh das Gute nicht! Lass alles andere stehen und liegen!«

Das Gefühl der Liebe ist von der Intensität also ähnlich »penetrierend« wie Gefühle von Angst oder Ekel auf der negativen Seite der Gefühle. Angst und Ekel warnen uns vor Lebensgefahr (tatsächlicher oder eingebildeter). Die Emotion der Liebe »stößt uns mit der Nase« auf die Möglichkeit der Freude am Dasein. Immer aber bedeutet es eine Verkennung der Realität, wenn man das Signal, das Zeichen, für die Sache selbst hält. Als Beispiel: Das Gefühl der Angst ist ein Abbild der Welt in uns. Wir müssen spontan darauf reagieren, um möglicherweise Leib und Leben zu retten. Wir sollten aber immer wiederkehrende Angst-Signale mit möglichst wachem Verstand prüfen, um zu sehen, ob Angst gerechtfertigt ist (wenn wir vor dieser Prüfung zurückscheuen, sollten wir andere Menschen um Hilfe bitten, und wenn wir solche Menschen nicht finden, ist Psychotherapie ein richtiger Weg).

Ähnlich ist es mit dem Gefühl der Liebe. Auch hier sollte das Anzeichen – so angenehm es ist – nicht mit der Sache selbst verwechselt werden. Auch wenn es menschlich noch so verständlich ist: Der Kick, das Lust-Gefühl, ist nur Zeichen dafür, dass eine gute Sache im Raum ist. Die Sache selbst erschließt sich uns nur durch Tun, nicht durch Konsumieren.

Wer das Gefühl sucht, statt der Sache, gerät in den Bannkreis einiger der schlimmsten Geißeln der Menschheit – um zwei zu nennen, die mit der Liebe eng verbunden sind:

- Aus der ursprünglichen Neugier auf einen anderen Menschen wird Gier: das Habenwollen, das Besitzenwollen;
- aus der ursprünglichen Leidenschaft für den anderen Menschen wird Eifersucht: die Überzeugung, ohne den anderen Menschen wäre das eigene Leben wertlos (und viele Eifersüchtige sind eher in der Lage, den geliebten Menschen umzubringen als von ihrer Eifersucht zu lassen).

Letztlich handelt es sich hier um Abhängigkeit, also: Sucht. Der angeblich geliebte Mensch wird als »Dealer der guten Gefühle« angesehen. Den Menschen haben, besitzen, wollen, heißt: Der »Nachschub« an dem Stoff, aus dem die eigenen guten Gefühle entstehen, soll sichergestellt werden. Eifersucht heißt so etwas wie: »Der Dealer der guten Gefühle vollbringt die größte Form der Grausamkeit und gibt anderen – möglichst gar noch in meinem Beisein – den Stoff, aus dem die guten Gefühle entstehen.«

Wer auf Liebe aus ist – auf die gute Sache selbst und nicht auf das Zeichen, dass Liebe im Raum ist –, wird etwas Wichtiges an sich bemerken: Sobald wir lieben und uns selbst und unsere Stärken einbringen, treten die »good feelings« in den Hintergrund – und zwar genau in der Art und Weise, wie Mihaly Csikszentmihalyi sie beim Flow beschrieben hat, als optimale Erfahrung (siehe Kapitel V, Abschnitt 11). Die optimale Erfahrung – der beste Geistes- und Gemütszustand, den wir erreichen können – findet jenseits der Selbstwahrnehmung durch unser »reflexives Bewusstsein« statt und jenseits der Gefühle: in einer Art Trance-Zustand. Ähnlich wird im Zen die optimale Erfahrung beschrieben: der offene – aber von allem Denken, Fühlen oder Wollen entleerte – Geist.

Wo immer das Drängen der Gefühle gespürt wird, sind wir in einem anderen, einem vor-optimalen, Geistes- und Gemütszustand, einem Zustand der Sehnsucht nach den uns durch positive Emotionen signalisierten guten Dingen, die da kommen können. In Kapitel X sind die Schaltungen im Gehirn, die solch einer vor-optimalen Erfahrung zugrunde liegen, genauer erklärt. Es sind genau jene Schaltungen, die auch einer Sucht, einer Abhängigkeit zugrunde liegen. Man kann sie ein »positives Trauma« nennen.

Abschnitt 17

Die Abhängigkeits-Erklärung: Warum wir Bindung brauchen

Ur-Vertrauen in Menschen ist wichtig, manchmal sogar: überlebenswichtig. Das zeigen zwei klassisch gewordene psychologische Studien aus der Zeit direkt nach dem Zweiten Weltkrieg.

- 1946 hat der englische Psychologe Prof. John Bowlby eine Studie über »44 jugendliche Diebe« veröffentlicht. Seine zentrale These war: Kinder und Jugendliche, die früh und auf längere Zeit von Eltern oder anderen Menschen, die sie umsorgt haben, getrennt worden sind, haben ein hohes Risiko, emotionale Turbulenzen und Verhaltensstörungen zu erfahren. Die 44 Nachwuchs-Diebe gehörten zu dieser gefährdeten Gruppe.
- Ebenfalls im Jahr 1946 hat der aus Deutschland geflohene Psychoanalytiker René Spitz seine klassische Studie über »anaklitische Depression« veröffentlicht (»anaklitisch« ist abgeleitet von dem griechischen Wort für »anlehnen«, gemeint ist jener »Rückzug vom Leben«, der eintritt, wenn ein Kind in den ersten Lebensmonaten ohne stabile Beziehung zu mindestens einer Pflegeperson leben muss – und dieser Rückzug kann tödlich sein: Manche Babys sterben.

Die Grunderkenntnis von Bowlby und Spitz war: Wir Menschen brauchen in jedem Alter Bindung und »soziale Unterstützung« – »social support« eben, das englische Wort klingt eleganter und klingt nicht nach Amtsdeutsch. Wir wissen, was gemeint ist: tätige, praktische Nächstenliebe, Aufmerksamkeit, Zuwendung, Da-Sein – all die guten Dinge, durch die jeder Mensch aufblüht. Den seelischen Mangel durch mangelnde Bindung agieren älter gewordene Kinder, Jugendliche und Erwachsene durch Kriminalität aus, wie Bowlby sie beschrieben hat, und im Baby-Alter kann es, so Spitz, ohne Bezugsperson zu schwersten Depressionen kommen. Mögliche Folge: der Tod als radikalste Form des Rückzugs von der Teilnahme am Leben. Angst und bange werden müsste jedem Menschen, der sieht, wie in unserer Welt heute mit der jungen Generation umgegangen wird.

Bindung schützt Kinder gegen Depressivität

Grundlegende Geborgenheit ist ein Bedürfnis von Menschen aller Kulturen und ist ebenso bei Tieren zu finden, bei unseren nächsten Verwandten, den Menschenaffen, und sogar bei Ratten, der Psychologen liebste Haustiere. Das zeigen klassisch gewordene Tierexperimente des amerikanischen Ehepaares Harry und M. K. Harlow, 1962 in der populärwissenschaftlichen Zeitschrift Scientific American veröffentlicht.

Die Harlows – aus ihrem Kreis kommt auch die bekannte Menschenaffen-Forscherin Jane Goddall – haben mit wenig tierliebenden Experimenten die Frage geklärt, ob die »Mutter-Bindung« nur das Ziel hat, beinahe hätte ich gesagt: menschliche Wärme, zu erhalten. Sie haben die jungen Äffchen von ihrer Mutter genommen und ihnen ein Schmusetier, eine »Stoffmutter«, die ähnlich aussah, wie ein Affe, als Ort für Nestwärme angeboten.

Aufwachsend bei einer Stoffmutter und isoliert von anderen Artgenossen zeigten die Tiere art-untypische Verhaltensweisen, also Verhaltensstörungen, die sich bis ins ihr Erwachsenenalter fortgesetzt haben:

- Sie waren nicht »willens und in der Lage«, das übliche Sozialverhalten zu zeigen, waren entweder hoch furchtsam oder hoch aggressiv. Und die ohne Bindung aufgewachsenen Tiere haben sich zum Beispiel nicht an jener hygienischen oder psycho-hygienischen Maßnahme beteiligt, die im Volksmund in dem Spruch »mich laust der Affe« enthalten ist.
- Mehr noch: Auch das Sexualverhalten war gestört. Und weibliche Tiere, die später Nachkommen hatten, waren – jedenfalls bei den Erstgeborenen – schlechte Mütter. Evolutionsbiologisch gesehen, geht fehlende Bindung also »ans Eingemachte«. Der eigentliche Lebens-Sinn ist nach Charles Darwin ja die »Erhaltung der Art«. Und dafür sind Sexualverhalten und Fürsorge für die »Brut« bekanntlich nicht unwichtig.

In seinem Standardwerk über Bindung[48] erklärt John Bowlby, warum kleine Kinder ohne Ur-Vertrauen jenes Verhalten zeigen, das Eltern und anderen Pflegepersonen so unangenehm ist und sie leider oft dazu verleitet, sich dem Kind weiterhin oder noch konsequenter zu entziehen. Bowlby berichtet zum Beispiel Ergebnisse einer Studie an Kindern, die in psychologischen Experimenten von der Pflegeperson kurzzeitig verlassen wurden und sich selbst überlassen blieben:

- Etwa 70 Prozent der Kinder halten diese Situation für eine Weile aus – die Kinder mit guter emotionaler Bindung.
- Kinder, die das Allein-gelassen-Werden gewohnt waren, zeigten keinen Stress, zeigten aber auch keine Freude, als die Pflegeperson wieder zurückkam. Das heißt: Kind und Pflegeperson ignorieren sich im Prinzip gegenseitig.
- Andere Kinder suchten den Körperkontakt, sie wollten auf den Arm genommen werden, zugleich aber wehrten sie sich gegen den Körperkontakt und gaben deutliche Anzeichen dafür, wieder losgelassen werden zu wollen.
- Wieder andere Kinder nahmen die Zeit der Trennung »emotionslos« und eher »depressiv« hin. Diese Kinder suchten Kontakt mit der Pflegeperson nach ihrer Rückkehr, aber gingen ihr zugleich aus dem Weg. Sie handelten »durch Unterlassen«. Auf den Arm genommen werden wollten sie meist nicht.

Und dies scheinen die Kinder zu sein, um deren Gedeihen man sich die meisten Sorgen zu machen hat. Es sind die emotionslos-depressiven Kinder. Dies sind die Kinder, die auf sich selbst zurückgeworfen sind, die den Weg in die Gemeinschaft der Menschen nicht wirklich gefunden haben.

Abschnitt 18

Positive Erziehung von Anfang an – auch für Eltern ist das gut

Was bekommen die Mütter, die Väter und andere Pflegepersonen für ihre, ja nicht geringe, Liebesmüh'? Kinder geben mehr zurück, als wir ihnen geben können. Wenn sie Sicherheit, Geborgenheit und Bindung bekommen, können Kinder unser Leben neu erschaffen. Sie geben Eltern, die das annehmen können, Lebens-Sinn. Und wenn das Leben auch den Eltern Sinn, Sicherheit und Geborgenheit bietet, erscheint jede Bedrohung (siehe Kapitel VI, Abschnitt 13) als positive Herausforderung – als Chance für Kinder und Eltern und nicht als Krise.

Wir sollten die menschlichen Stärken der Kinder erkennen und fördern und so mit ihnen eine positive Grundhaltung sich selbst gegenüber und den Menschen gegenüber einüben. Möglichst früh. Am besten, vom Anfang des Lebens an – noch bevor man sich mit den Kindern unterhalten, noch bevor man sie belehren kann. Und bevor sie eine negative Grundhaltung den Menschen und dem Leben gegenüber entwickeln können. Nur so lernen und behalten Kinder jenes »positive Trauma«: das Ur-Vertrauen.

Ur-Vertrauen, Bindung aufbauen – das alles klingt gut, klingt aber auch ziemlich abstrakt. Wie macht man es konkret? Der Mensch braucht Liebe und Zuneigung. Aber wie schenkt man Liebe? Wer Kinder hat, kann es lernen und üben. Und ein Leben lang beibehalten. Vom ersten Tag des Lebens an braucht ein Baby (und im übertragenen Sinne jeder Mensch):

- warme Hände, die es anfassen;
- zärtliche Hände, die es sehr oft streicheln – ob wir gemocht werden, begreifen wir sehr gut über die Haut, auch als Erwachsene noch;
- immer wieder ein Lächeln – besonders beim »Wiedersehen« – also: bei einem wachen Neugeborenen alle paar Sekunden. Dies Sich-immer-wieder-neu-und-positiv-Begegnen, dies körpersprachlich »Hallo«-Sagen, gibt dem Baby Vertrautheit mit der Welt. Das Wiedererkennen der Pflegeperson ist eine der ersten sozialen Leistungen des Babys – ein wichtiger Schritt zur Emotionalen Intelligenz.
- Wenn Babys wach sind: ständigen Zuspruch, ständige Ansprache;
- wichtig ist die Stimme und nicht, was sie sagt.
- Konsequente Antwort ist wichtig, wenn das Baby sich äußert: Es lernt dadurch, dass das Zusammenleben der Menschen ganz wesentlich aus Rede und Antwort besteht.
- Der Mensch braucht vom ersten Tage an die Nähe einiger weniger Menschen: Die Mutter alleine reicht als Bezugsperson, aber

aus rein praktischen Gründen ist eine Dreierbetreuung das sinnvollste: Mutter, Vater, eine weitere Pflegeperson oder Mutter und zwei weitere Pflegepersonen. Nach Möglichkeit sollten also zwei Dinge vermieden werden: eine höhere Fluktuation bei der Betreuung, damit das Kind menschliche Ordnung spürt, aber es sollte auch die Mutter nicht mit dem Baby allein gelassen werden, weil sie sich dann isoliert und verlassen fühlt.

- Es braucht absolute Vertrautheit mit diesen drei Menschen. Sie müssen dem Kind im Wesentlichen auf die gleiche Weise begegnen und zum Beispiel auf die gleiche Weise auf Schreien, Weinen oder Lachen reagieren.
- Regelmäßigkeit in der Kommunikation ist essenziell. Konkret: Es ist für das Baby nicht gut, wenn manchmal jemand bereits nach dem ersten Piepser kommt – und ein anderes Mal erst abgewartet wird, bis es laut brüllt oder bis es sich müde gebrüllt hat.
- Wenn Mutter und Vater in ihrer Zärtlichkeit unterschiedlich sind, sollten sie einen Ausgleich für besondere »Portionen« an Zärtlichkeit schaffen (es gibt auch Frauen, die einfach nicht so gefühlvoll sind, dass sie ständig schmusen und knuddeln wollen – und wenn sie sich dazu irgendwie zwingen, spürt das Baby das »durch die Haut«).
- Reaktionen des Babys sollten auf gleiche Weise bewertet werden. Die Mutter sollte dem Vater und einer möglichen dritten Pflegeperson genau die Sprache des Babys erklären: wann also ein großes Unbehagen ausgedrückt wird – das erfordert eine sofortige Reaktion der Pflegepersonen –, und wann sie das Baby einfach ein bisschen »rufen« lassen würde.
- Die Mutter sollte sich versichern, ob der Vater oder andere Pflegepersonen das Gesicht des Babys richtig »lesen«. Babys bringen als genetische Grundausstattung verschiedene Gesichtsausdrücke mit auf die Welt, die zeigen, ob es traurig, fröhlich oder kommunikationsbereit ist.
- Wichtig für das Baby ist überschaubare Betreuung in der Nacht (nicht: einmal im Bett der Eltern, weil es gerade so gemütlich ist, und dann wieder allein schlafen lassen. Nicht: anfangs beim ersten Muckser zum Baby laufen und später gar nicht mehr).

- Gebraucht wird Abwechslung zwischen laut und leise – zum Beispiel ein ruhiger Platz zum Schlafen (nicht immer leicht zu finden in Großstadtwohnungen) und Orte für »action« (ein höherer Geräuschpegel erhöht die Adrenalinproduktion und damit die allgemeine Wachheit).
- Es muss einen Ort der Ruhe geben, an dem ein Erwachsener mit dem Baby ohne Ablenkung allein sein kann.
- Eingehen auf die Persönlichkeit des Babys sollte von Anfang an das Verhalten leiten. Grundzüge der Persönlichkeit zeigen sich bereits gleich nach der Geburt. Manche Babys sind ruhig und ausgeglichen, andere sind unruhig. Hier müssen die Pflegepersonen in gleicher Weise reagieren. Das ruhige, mit sich selbst zufriedene Baby darf nicht von übermotivierten Betreuern ständig hochgenommen werden, das unruhige Baby darf nicht von einem Menschen (Mutter) immer in den Arm genommen werden, sobald es sich regt, von einem anderen (Großmutter mit alten pädagogischen Ansichten) aber bewusst sich selbst überlassen werden. Solche Wechselbäder sind negativ für die Entwicklung.

Eltern müssen nicht perfekt sein

Die Auflistung bisher klingt nach Perfektionismus – so als ob Eltern keine Fehler machen dürften. Die Liste ist deshalb zu ergänzen durch zwei »Entwarnungen« für junge Eltern.

Ein Baby braucht eben auch:

- Eltern, die sich auch einmal einen Fehler verzeihen. Der Grund: Eltern, die hundertfünfzigprozentig motiviert sind, neigen meist dazu, das Kind zu überfordern, zu viel zu erwarten (etwa bei Sauberkeit, regelmäßigen Schlafzeiten etc.), statt darauf zu warten, dass das Kind sich nach seinen eigenen inneren Anlagen von allein weiterentwickelt;
- Eltern, die die Zeit, in der sie mit dem Baby zusammen sind, ganz dem Baby widmen – statt in Gedanken oft woanders zu sein. Auch bei Müttern gibt es dies Problem. Manche fürchten, mit dem Baby für Jahre ihre persönliche Unabhängigkeit verloren zu

haben. Sie sollten von Anfang an Freiräume für sich schaffen: Zeiten, an denen sie bereits ihr wenige Tage altes Baby einer anderen Pflegeperson überlassen.

Was bekommt man dafür, dass man Liebe gibt?

Was Eltern bekommen, wenn sie Kindern die Geborgenheit und Liebe geben, die sie brauchen? Wir leben heute in einer Zeit der wirtschaftlichen Vernunft. Jede Leistung ergibt eine Gegenleistung, jeder Handel einen Mehrwert (und die Mehrwertsteuer), das »quid pro quo« – das »was (bekomme ich) wofür« regiert unser Denken. Das hat seinen Charme. Lufthansa-Flugkapitäne fordern im Frühjahr 2001 statt 330000 Mark 470000, aber dafür müssen sie auch ganz oft fliegen. Und damit er nicht fliegt, hat sich jener Herr Esser, der Mannesmann an Vodafone verkauft hat, seinen freiwilligen Abflug mit 60 oder noch mehr Millionen abkaufen lassen.

Im Privatleben allerdings versagt diese merkantile Vernunft. Eltern wissen es, denen vorgerechnet wird, was ein Kind kostet, bis es das Haus verlässt. Man könnte dafür bereits selbst ein kleines Haus kaufen. Ökonomisch macht es wenig Sinn, Kinder zu haben und zu erziehen. Aber es gibt einen Lohn – nur lässt er sich nicht in einer finanziellen, wohl aber in einer Glücksbilanz aufzeigen.

Nein – Kinder zu haben macht per se nicht glücklich, das »Haben« allein macht nie glücklich. Ein Kinderlächeln ist auch nur ein schwacher Lohn für viel Mühe. Und Kinder können auch keine Ehen retten, wohl aber zerstören, denn die beiden typischen Zeitpunkte, an denen Eltern-Ehen zerbrechen, hängen mit den Kindern zusammen: Wenn das erste Kind geboren wird und das letzte das Haus verlässt. Eltern müssen zu beiden Zeitpunkten ihr Leben dramatisch umstellen – erst auf das volle, dann auf das leere Nest. Und Eltern, Väter sind hier leider immer noch die Anpassungsverweigerer, sind hoch scheidungsgefährdet, wie zum Beispiel Prof. Wassilos Fthenakis, Leiter des Staatsinstitutes für Frühpädagogik in München, nicht müde wird zu betonen.

Wie also sieht die Glücksbilanz für Eltern aus?

Positiv-psychologische Forschung hat vier wesentlichen Dinge gefunden, die wir zu unserem Glück beitragen können.[49] Es sind in vier Stichworten:

1. Kompetenz spüren;
2. in eine Gemeinschaft eingebettet sein;
3. Selbst-Wert aus eigenen Leistungen – und nicht aus der Befriedigung eigener Ansprüche – gewinnen;
4. starke Individualität und Unabhängigkeit haben.

Zu allen vier Punkten gibt ein Kind uns die Inspiration. Der wahre Lohn für Eltern ist, dass sie selbst zu kompetenteren Menschen werden. Zu wahren Führungspersönlichkeiten – und vielleicht öffnet die Wirtschaft gerade deshalb den Frauen immer mehr Führungspositionen. Viele Männer spüren dies bereits. Und immer mehr Männer wollen sich selbst mehr um Kinder kümmern und die Inspiration der Kinder auf sich wirken zu lassen.

Kapitel VIII

Unabhängigkeit

Abschnitt 19

Die persönliche Unabhängigkeits-Erklärung

Geborgenheit – das war der zentrale Gedanke von Kapitel VI – ist der Ausgangspunkt der guten Momente im Leben: Aus der Geborgenheit heraus entsteht der Mut und der Wille, die Aufgaben des Lebens als Herausforderung – als Challenge, wie wir mit einem Lehnwort aus dem Englischen sagen – anzunehmen und anzupacken. Ohne Geborgenheit werden diese Aufgaben entweder übersehen (»nicht einmal ignoriert«) oder als Bedrohung angesehen. Bedrohungen machen aus der Teilnahme am Leben entweder einen Kampf ums Dasein – das ist die aggressive Variante – oder sie verleiten uns – in der regressiven Variante – zum Rückzug vom Leben. In beiden Fällen nehmen sie uns die Freude am Dasein.

Zentraler Gedanke von Kapitel VII war, dass Liebe unsere Stärken herausfordert und dass wir diese Stärken ins Leben einbringen. Liebe also bewegt uns zur Teilnahme am Leben – aber nicht in der Art und Weise, dass wir uns in einem Kampf ums Dasein engagieren. Im Gegenteil: Wir engagieren uns in Nicht-Nullsummenspielen – also in Aktivitäten, von denen alle profitieren. So wird aus dem *Kampf ums* Dasein *Freude am* Dasein. Zugleich brechen wir aus dem »Gefängnis des eigenen Ich«, aus dem »Ins-Leben-geworfen-Sein«, aus der Begrenztheit unserer Existenz aus – eben weil wir unsere Stärken für den oder die geliebten Menschen mobilisieren. Liebe macht also aus einem Einzelmenschen einen kompletten Menschen, und der ist ein Gemeinschafts-Lebewesen.

In Geborgenheit und Liebe können wir den Weg durchs Leben gehen. Gehen aber müssen wir diesen Weg selbst. Kein anderer

Mensch geht ihn für uns. Leichter wird dieser Weg, wenn wir »Ur-Vertrauen in uns selbst« haben, wenn wir nicht nur leiblich, sondern auch seelisch auf den eigenen Beinen stehen und zugleich in uns selbst ruhen – »geerdet sein« heißt das manchmal. Dieses »Ur-Vertrauen in uns selbst« ist Thema von Kapitel VII bis Kapitel X. Kapitel VII, das sie gerade lesen, handelt davon, wie wir seelisch auf die Beine kommen, wie wir mehr von dem werden, was wir sind.

Ich-Erweiterung

Ein Kind lernt laufen. Es bewegt sich immer weiter weg vom ursprünglichen Ort der Geborgenheit. Dieses Bild – auf die seelische Entwicklung übertragen – zeigt, was Unabhängigkeit meint. Wann beginnt es? Die Psychologie lernt immer wieder neu, dass dies immer früher beginnt als noch vor kurzem geglaubt.

Geglaubt hat man lange, dass kleine Kinder im ersten Lebensjahr und auch darüber hinaus vor allem durch Nachahmen der Erwachsenen fürs Leben lernen. Beobachtungs- oder Imitations-Lernen heißt das. Ein bahnbrechendes Experiment eines internationalen Psychologen-Teams um Dr. Harold Bekkering, Forscher am Münchner Max-Planck-Institut für Psychologische Forschung und jetzt an der Universität Groningen, zeigt, dass bereits mit 14 Monaten ausgefeiltes Denken hinzu kommt.[50] Kinder sind viel klüger als wir denken. Ausgangspunkt war ein klassisches Experiment über Imitations-Lernen aus dem Jahr 1988:

Vor den Augen 14 Monate alter Babys drückt eine Erwachsene – ein »Verhaltens-Modell« – ihre Stirn auf die Oberseite einer geheimnisvollen Box, die daraufhin aufleuchtete. Eine Woche später durften die Einjährigen sich selbst mit der Box beschäftigen – und sofort senkten die meisten ihr kleines Köpfchen in der zuvor gesehenen Weise auf die Box herunter. Exakt 67 Prozent der Kinder in dieser Gruppe kopierten damals diese »Kopfbewegung«.

Als Erklärung dafür galt: Kinder lernen Verhalten durch Imitation. Die Psychologen am Münchner Max-Planck-Institut für Psychologische Forschung aber wollten sich mit dieser Erklärung nicht ganz zufrieden geben. Lernen Kinder ihr Verhalten eher mechanisch durch Nachmachen? Spielt der eigene Verstand keine Rolle? Diesen Fragen sind sie nachgegangen.

Zuerst stellten sie das Experiment nach, und es ergab, dass 69 Prozent der Einjährigen (fast der identische Wert also wie ursprünglich) die Kopfbewegung nachahmten. In einem anderen Durchgang legte sich das Verhaltens-Modell eine Decke um die Schulter und hielt sie mit beiden Händen fest.

Jetzt imitierten nur noch 21 Prozent der Kinder die Kopfbewegung. Die meisten anderen (in Experimenten gibt es immer Teilnehmer, die »weder-noch-Ergebnisse« liefern) benutzten die Hände.

Die meisten anderen Babys haben also nicht einfach nur imitiert, was Erwachsene vorgemacht haben. Sie haben – 14 Monate alt, also lange vor Ausbildung der Sprache – logisch gedacht und den direkten Weg zum Ziel gefunden. In Worten ausgedrückt, könnten sie sich gesagt haben: *»Warum soll ich eine so ungewöhnliche Kopfbewegung machen, wo ich doch meine Hände frei habe. Das Verhaltensmodell hatte eine Decke um die Schulter gelegt, da waren die Hände nicht frei. Aber meine Hände sind frei. Also nutze ich das.«* Bekkering erklärt: »Damit haben wir einen weiteren Beweis, dass Kleinkinder wirklich viel schlauer sind, als man denkt.« Die Kinder im Alter von 14 Monaten haben logisch gedacht.

Intelligenz als Kern der menschlichen Entwicklung

Was kann ein kleines Experiment mit kleinen Kindern Großes sagen? Sehr Großes, wenn man den großen Zusammenhang sieht.

Die Entwicklung des Menschen besteht aus Loslösung und zunehmender Eigenständigkeit – also wachsender Unabhängigkeit. So weit, so bekannt. Das Experiment der Max-Planck-Forscher ist eins von vielen, die zeigen, dass diese Entwicklung sehr viel früher einsetzt, als normale Weisheit uns sagt. Kinder können denken, bevor sie richtig sprechen können. Viele Erwachsene – auch Eltern, auch Kindergärtnerinnen, auch Psychologen – haben sich das bisher so nicht vorgestellt.

Und das zeigt: Die intellektuelle Entwicklung ist von hohem Stellenwert für die menschliche Entwicklung insgesamt – nicht etwa nur für den »IQ« oder die Frühförderung jener limitierten Form der Intelligenz, die mit IQ-Tests gemessen wird, sondern für die gesamte Entwicklung. Denn aus Leistungen der Art, wie die Max-Planck-Forscher – und viele andere Psychologen – sie bei Kindern in den ersten Lebensmonaten demonstriert haben, entsteht jenes Phänomen, das »Selbstwert-Gefühl« genannt wird.

»Selbstwert-Gefühl« ist ein Mode-Begriff, der zu großer Begriffs-Verwirrung geführt hat. Im nächsten Abschnitt soll erklärt werden, was dahinter steht.

Abschnitt 20

Selbstverwirklichung – das 50-Jahre-Missverständnis

Selbstwert-Gefühl und Selbst-Verwirklichung sind seit einem halben Jahrhundert Leitbegriffe für das Selbst- und das Welt-Verständnis von vielen Millionen Menschen geworden. Was wird nicht alles auf mangelndes Selbstwert-Gefühl zurück geführt! Ein hohes Selbstwert-Gefühl gilt zum Beispiel bei Persönlichkeitsprüfungen im Wirtschaftsleben als allerwichtigstes Auswahlkriterium. Inzwischen besteht bei vielen Menschen, die über Jobs und Lebensschicksale anderer Menschen entscheiden, ein geradezu naiver Glaube daran, dass ein hohes Selbstwert-Gefühl ein Garant ist für

- gute Anpassung ans Leben,
- gute Integration in die Gesellschaft,
- klares, ordentliches Verhalten und Denken oder
- dafür, dass ein Mensch vor kriminellen Neigungen gefeit ist, oder
- dass ein Mensch, der kriminell geworden ist, nicht rückfällig wird, wenn er ein hohes Selbstwert-Gefühl hat.

So sagt es die amerikanische Psychologin Lauren Slater.[51] Von einem schlecht ausgeprägten Selbstwert-Gefühl hingegen glaubt man, es zeuge von Problemen aller denkbaren Art, zum Beispiel:

- kriminelle Neigungen,
- Anfälligkeit für Alkohol und Drogen,
- verantwortungslose Sex-Praktiken,
- schlechte Leistungen

- und sogar Mordlust,
- Tendenz zu Vergewaltigungen,
- Terrorismus.

Was als Auflistung sogar etwas erheiternd klingen mag, hat in der Realität hohe Dramatik, denn mit »Tests« über das Selbstwert-Gefühl wird zum Beispiel darüber entschieden, ob jemand einen Job bekommt oder aus dem Gefängnis auf Bewährung entlassen wird. Dahinter steht die sich seit mehr als 100 Jahren im gesellschaftspolitischen Denken durchsetzende Auffassung, dass der einzelne Mensch für sein Verhalten weniger verantwortlich ist als »die Gesellschaft«, dass ungünstige Lebensumstände das Selbstwert-Gefühl des Menschen zerstören, dass aus diesem so gestörten Selbstwert-Gefühl Übeltaten entstehen und dass eine Resozialisierung von Übeltätern durch Stärkung des Selbstwert-Gefühls zu erreichen ist.

Das hat zum Teil zu absurdem Verhalten geführt. Das Credo vieler Menschen, die Verantwortung für Menschen haben, lautet: die Persönlichkeit eines Menschen muss gestärkt werden, Menschen müssen gelobt, vor Kritik geschützt werden, Anforderungen an Charakter und Leistung müssen zurückgeschraubt werden – damit nur nicht das Allerheiligste, Sankt Selbstwert, kompromittiert wird. Selbstwert-Förderungs-Programme gibt es inzwischen, in denen Menschen mit Lob gepäppelt und gepampert werden.

Wie aber wird der Selbstwert getestet? In aller Regel nicht von Psychologen und mit geradezu läppischen Fragen. Wenn Ihnen also einmal ein Fragebogen mit Aussagen, wie den folgenden, begegnet, sagen Sie sturheil »Ja« – auch wenn Sie selbst viel differenzierter denken und empfinden. Gerade dann!

- Ich bin im Großen und Ganzen zufrieden mit mir selbst.
- Ich habe viele gute Eigenschaften.
- Ich bin mindestens so gut (so begabt, so einsatzfreudig etc.), wie die meisten anderen Menschen – und eigentlich besser.
- Ich bin mindestens ein so wertvoller Mensch wie die anderen Menschen – und eigentlich besser.
- Ich habe eine positive Meinung über mich.

Und weisen Sie es strikt von sich, wenn Ihnen Gegenfragen wie die folgenden begegnen:

- Manchmal glaube ich, ich tauge nicht viel (eigne mich nicht für sehr viel et cetera).
- Ich habe nicht sehr viel, worauf ich stolz sein könnte.
- Manchmal fühle ich mich nutzlos.
- Ich wünschte, ich könnte mehr Respekt vor mir selbst haben.
- Eigentlich halte ich mich eher für einen Versager.

Selbstverwirklichung – das Problem, das sich als Lösung ausgibt

Viel Konfusion hat eine missverständliche und missverstandene »Humanistische Psychologie« hier angerichtet. Carl Rogers, einer der bedeutenden Denker, Erzieher und Psychotherapeuten des 20. Jahrhunderts, hat als Ziel seiner nicht-direktiven Psychotherapie die Übereinstimmung zwischen Selbstbild und Idealbild ausgegeben. Eine brillante Einsicht, hilfreich, empfehlenswert – allerdings nicht für Menschen, deren Idealbild nicht mit den Werten des Lebens und Zusammenlebens übereinstimmt.

Der missverstandene Rogers ist zu einem Säulenheiligen der New-Age-Bewegung geworden, auf deren Panier das Wort »Selbstverwirklichung« stand und steht. Opfer dieser Bewegung sind zum Beispiel Ehepartner und Kinder geworden, denen das erste Gebot der Selbstverwirklichung verkündet wurde: »Ich muss für mich das meiste aus dem Leben heraus holen.« Und Vater oder Mutter oder Ehepartner machten sich aus dem Staub mit lyrischen Worten wie: »Dies ist keine Entscheidung GEGEN DICH, sondern eine Entscheidung FÜR MICH.« Auch so kann man sich eingegangener Verantwortung entziehen. Das wurde und wird aber nicht etwa als verantwortungslos angesehen, sondern als verantwortungsvoll, denn die Selbstwert-Religion fordert bedingungslosen Gehorsam vor dem Gesetz der Selbstverwirklichung. Ich trau' mich. Nicht meine Leistung zählt, sondern mein Anspruch. Seelisch gesund ist das nicht.

Der Psychologe Prof. Roy Baumeister von der Case Western Reserve University – einer, der sich zu den Positiven Psychologen zählt – hat einmal genauer hingeschaut und gesehen, dass viele Verbrecher zum Beispiel nicht etwa einen Mangel, sondern ein Zuviel an positiver Selbsteinschätzung besitzen.[52] Und der Sozialforscher Nicholas Emler von der London School of Economics sagt: »Es gibt absolut keinen Hinweis in der Forschung dafür, dass ein niedriges Selbstwert-Gefühl schädlich ist – schon gar nicht für akademische Leistungen.« Die etwas Schüchternen strengen sich meist etwas mehr an.[53]

Baumeister sagt: »Nicht niedriges, sondern hohes Selbstwert-Gefühl kann andere Menschen verletzen und töten.« Baumeister hat gezeigt, dass Menschen mit hohem Selbstwert-Gefühl in einem psychologischen Experiment, das an das Milgram-Experiment[54] erinnert, anderen Menschen höhere gehörschädigende Töne zuzumuten bereit sind als Menschen mit niedrigem Selbstwert-Gefühl.

Andere neue Forschung hat ebenfalls gezeigt, dass die überaus Selbstbewussten – und eben nicht die Zurückhaltenden – die große Gefahr für andere Menschen darstellen. Haben etwa die Terroristen des 11. September an zu geringem Selbstwert-Gefühl gelitten? Das Mohammed Atta zugeschriebene Testament zeugt von der Selbstsicherheit, nach seiner Mordtat ins Paradies zu kommen[55] – ein Zeichen von Demut, Bescheidenheit oder Rücksicht ist das nicht. Und was im Großen gilt, gilt auch im Kleinen. Es sind nicht die Schüchternen, die andere Menschen terrorisieren. Bereits Viktor Frankl[56] hat versucht, Lehrern ihre »Paranoia« zu nehmen, sie dürften nur ja die zarten Seelchen der Klassen-Flegel nicht durch Kritik oder – Gott bewahre – Leistungs-Forderungen verunsichern. Man muss gerade die bösen Buben mit Samthandschuhen anfassen, sonst könnten sie Opfer einer nicht-einfühlenden Gesellschaft, eines Herrschaftssystems werden und könnten zu weiß Gott was verleitet werden, woran dann natürlich die Gesellschaft die Schuld hat.

Wer ist Opfer?

Mehr als 2000 »Ratgeber«-Bücher, sagt Lauren Slater, sind inzwischen allein in den USA veröffentlicht worden, die den Opfern der Gesellschaft, der Umstände, der frühkindlichen Erziehung, des Patriarchats et cetera, et cetera zu mehr Selbstwert-Gefühl verhelfen sollen. Es gibt »Therapeuten«, so Slater, die »Soziopathen« (Menschen, die mit den gesellschaftlichen Werten über Kreuz sind) eintrainieren, sich ständig zu sagen: »Ich bewundere mich selbst, ich bewundere mich selbst, ich bewundere mich selbst…« Was aber ist die Folge, wenn diese Menschen spüren, dass dieses eintrainierte Selbstwertgefühl nicht an die von jedem Menschen geforderten Leistungen heran reicht? Dann werden sie das in die Waagschale werfen, worin sie stark sind. Körperkräfte zum Beispiel. Gepaart mit fehlender Rücksicht auf andere Menschen, speziell auf Schwächere und Wehrlose.

Die braunen Hooligans werden systematisch »auf mehr Selbstwert-Gefühl gedrillt«. Wenn es bei ihnen nicht einmal dazu reicht, Zuhälter zu werden, können sie immer noch wehrlose Menschen verletzen und töten. Schiller sagt in seinem Gedicht »Hoffnung«: »Im Herzen kündigt es leis' sich an, zu was Bess'rem sind wir geboren.« Leis' ankündigen mag angehen. Aber laut brüllend und vagabundierend durch die Straßen ziehen?

Kapitel IX

Emotionen

Abschnitt 21

Was sind Emotionen?

Wir leben in einem Zeitalter, das den Emotionen hohen Wert beimisst, aber es eigenartigerweise nicht für nötig hält zu definieren – sich also klar zu machen –, was Emotionen sind. Plausibler Grund dafür ist ein höchst ehrenwerter romantischer Protest gegen den technischen Machbarkeits-Wahn unserer heutigen Zeit, der zum Beispiel Pflanzenfresser wie Rinder zu Fleischfressern macht und das Polareis schmelzen lässt und dann Krokodilstränen darüber weint, dass die Natur sich nicht alles gefallen lässt.

Im Gefühl wird Rettung gesehen – aber auch der Bereich der Emotionen ist in die Hände der Macher geraten, Beispiele: Inzwischen sind sogar Fernsehsender und Autos angeblich *»powered by emotion«*. Sind Emotionen Antriebskräfte? Nein. Sie gehören in der »Architektur der Seele« (Kapitel V, Abschnitt 10) zum Bereich der Motivation, der Intentionen, des Wollens, der Ziele, der Pläne.

In dieser Architektur sind Emotionen als »Gefühlsregungen, die immer auch zu intellektueller Tätigkeit anregen, zu Worten, Selbstgesprächen, Diskussionen, Denken, Sinnieren et cetera« beschrieben und sind so gegenüber »tieferen« wie »höheren« mentalen Kompetenzen abgegrenzt worden. Als »Höhenmesser«, der über »tief« und »hoch« entscheidet, war dabei der intellektuelle, der Sprach- und Denk-Anteil gewählt worden. Emotionen stehen demnach geistig über Stimmungen (»Grobeinschätzung unserer körperlichen wie unserer Befindlichkeit unter den Menschen«) und Affekten (»Gefühlsregungen, die ihren Ausdruck eher im Verhalten als in Worten finden«).

Emotionen sind ganzheitliche Wahrnehmungen, »Situations-Erfassungen«, Erkenntnisse unterhalb des Niveaus der Ratio und der gedanklichen Verarbeitung. Denken ist stark an Worte gekoppelt, Fühlen nicht. Deshalb sind Emotionen wortlos, sprachlos – weitgehend jedenfalls. Etwas »intuitiv erkennen« und uns rasch Signale geben, wenn die Zeit oder der Kenntnisstand für eine genaue Analyse der Situation nicht reicht – das ist die Aufgabe der Emotionen. Beispiele können das unterstreichen:

- Die Emotion »Ekel« sagt uns: »Das könnte schädlich sein, wenn du es isst oder sonstwie an dich heran lässt, deshalb gilt: Was der Bauer nicht kennt, dass isst er nicht.«
- Die Emotion »Eifersucht« sagt uns: »Vorsicht, da wildert jemand in deinem Revier und mindert – im Licht der Evolution gesehen – deine Fortpflanzungschancen (männliche Variante) oder mindert (weibliche Variante) deine Chance, deine Brut optimal aufzuziehen, weil der Erzeuger der Brut fremd geht und sich nicht um den Nachwuchs kümmert.«
- Die Emotion »Wut« sagt uns: »Gefahr ist im Anzug – jetzt hilft nur noch, alle Körperkräfte zu mobilisieren.«
- Die Emotion »Trauer« sagt uns: »Die Ereignisse sind mächtiger als deine Kräfte, jetzt musst du den Powertrip aufgeben, dich kleinmachen, zusammenrollen und dich in das Geschehene – zum Beispiel: in den Verlust eines Menschen oder einer wertvollen Sache – fügen.«

Leider buchstabieren die Emotionen ihre Botschaften nicht – wie eben versucht – in Langform und Klartext aus. Vieles wäre dann weniger rätselhaft. Klar aber ist immerhin: Emotionen haben in dem akuten Moment, in dem sie sich melden und uns ihre Botschaft geben, einen guten Sinn – oft einen Überlebenssinn. Andererseits sind Emotionen bereits so stark in die weiteren kognitiven Prozessen integriert, dass sie Worte und Gedanken generieren – Warum-Fragen zum Beispiel, etwa: »Warum musste meine Frau mich betrügen?«

Und das führt den Stachel der negativen Emotionen immer wieder neu ins Fleisch. Die Emotion der Eifersucht wird chronisch. Und großes Leiden beginnt – bei allen negativen Emotionen, die chronisch werden.

Geschieht dies, verwandelt sich der Stoff, aus dem die Träume sind, zum traumatischen Leben. Irgendwann kann Psychotherapie angesagt sein. In der psychologischen Literatur des vergangenen, des 20. Jahrhunderts sind die negativen Emotionen zentrales Thema gewesen. Thema der Positiven Psychologie des 21. Jahrhunderts aber ist die Frage: Warum gibt es eigentlich positive Emotionen?

Abschnitt 22
Warum können wir uns eigentlich freuen?

Wie wichtig positive Gefühle sind, hat eine amerikanische Psychologin, Barbara Fredrickson, in einer im März 2000 erschienenen Forschungs-Arbeit aufgeklärt.[57] Sie steht fast noch am Anfang einer bereits erfolgreichen Universitätskarriere und ist, das möchte ich Ihnen nicht vorenthalten, »Behilflicher Professor von Psychologie, Universität von Michigan« (so eine maschinelle Übersetzung ihrer Vita mit der Angabe »Assistant Professor of Psychology« im Internet). In der Wissenschaft macht diese Arbeit inzwischen Furore. Fredrickson hat dafür den höchst dotierten Forschungspreis für Psychologie bekommen, 100 000 Dollar. Viel Geld. Wofür?

Barbara Fredrickson hat mit einer wirklich nicht neuen Erkenntnis begonnen, mit Charles Darwins Vermutung, dass alles, was der Mensch hat und kann und was wir im Laufe der Evolution von unseren Vorfahren an biopsychologischem Erbe durchgereicht bekommen haben, einen Sinn haben muss: einen Überlebenswert im »Kampf ums Dasein«, wie der englische Philosoph und Darwinist Herbert Spencer (1820–1903) das Leben zu nennen beliebt hat. Über negative Gefühle und ihre negativen Auswirkungen weiß die Psychologie ja so ziemlich alles: Angst, Ärger und Trauer, die »Großen Drei« negativen Gefühle, hängen mit Bedrohungen zusammen – und wenn sie zum seelischen Dauerzustand werden,

- steigert Ärger die Gefahr, zum Beispiel einen Herzinfarkt zu bekommen – oder einen zweiten,
- führt Trauer – das Gefühl fehlender Energie – zu depressiven Verstimmungen, und

- hängt Angst mit vielen psychosomatischen Krankheiten zusammen.

Bei den negativen Gefühlen, weiß man auch sehr gut, wie sie sich im Alltag auswirken. Sie machen uns – salopp gesagt – beschränkt. Beispiel Angst: Bei Gefahr reduziert sich unser Denken auf meist nur zwei Gedanken, Flüchten oder Fighten?

Warum hat Gott die positiven Gefühle geschaffen?

Warum aber haben wir eigentlich positive Gefühle? Das hat Fredrickson gefragt. Wo liegt der Überlebenswert? Fredrickson fand, dass die positiven Gefühle so etwas wie Antagonisten der negativen Gefühle sind. Die »Großen Drei« positiven Gefühle sind Freude, Zufriedenheit und Neugier aufs Leben – gleich, was das Leben an uns heran trägt oder von uns fordert.

- Freude gibt uns eine Situationseinschätzung im Sinne von: »Es lohnt sich etwas zu tun, aktiv zu werden.« Unser Organismus schaltet um von Lethargie auf Unternehmungslust. Wir »kriegen die Hummeln«, wir wollen einfach etwas machen. Oft können wir noch nicht einmal genau sagen, was.
- Zufriedenheit gibt uns eine Situationseinschätzung im Sinne von: »Gib Ruhe. Du hast genug gemacht und getan.« Zufriedenheit also nimmt uns Aktivität. Der mit sich selbst und der Welt zufriedene Mensch muss nichts tun, um weiteres Glück zu suchen, denn ER oder SIE spürt es bereits.
- Interesse – oder »Neugier aufs Leben« – gibt uns eine Situationseinschätzung im Sinne von: »Aufgepasst. Hier passieren möglicherweise spannende Dinge.« Das führt zu erhöhter Aufmerksamkeit für die Menschen, die Dinge und die Aufgaben.

Alle drei positiven Emotionen fördern die Teilnahme am Leben und die Freude am Dasein. Es geht also nicht einfach nur um »Good Feelings« und »gut drauf sein«. Das zeigt der Vergleich mit der Wirkung der negativen Gefühle:

- Negative Emotionen schränken unser Denken, Wollen, Fühlen und Handeln ein. Sie fokussieren alle mentalen Aktivitäten und auch das Verhalten auf tatsächliche oder mögliche oder eingebildete Gefährdungen.

- Positive Gefühle hingegen schränken unser Denken nicht etwa ein, sondern erweitern es. Gute Ideen kommen wie von selbst, und wir werden richtig kreativ, wir denken, planen, und nicht nur im Kopf, sondern auch im Verhalten zeigt sich solch eine Erweiterung und Beschleunigung. Wir grübeln nicht lange rum, sondern packen zu, weil wir plötzlich erfasst haben, was zu tun ist – und wie. Wir greifen zum Telefon, wir holen den Vorgang, der ganz unten auf dem »Stapel für wichtige Dinge« schmort, hervor. Unternehmungslust und Tatkraft – diese beiden guten alten Worte zeigen, was positive Gefühle uns geben. Was im Körper dabei passiert, ist noch nicht genau erforscht. Aber es gibt Hinweise: Der Neurologe und Bestsellerautor Antonio Damasio[58] hat nachweisen können, dass das Fühlen von grundlegenderer Bedeutung ist als das Denken. Menschen, deren Gefühlszentren im Gehirn sehr schwer geschädigt sind, können oft noch ordentlich denken – aber sie können keine ordentlichen oder überhaupt keine Entscheidungen mehr treffen.

Neurologen können ebenfalls belegen, dass Menschen mit sehr schweren Lebenserfahrungen – Missbrauchsopfer oder Soldaten aus dem Vietnamkrieg – Störungen in einer wichtigen Gefühlsregion im Gehirn, dem Hippocampus, erleiden. Der Hippocampus ist wichtig, um Zusammenhänge zu erkennen – so der Magdeburger Psychoneurologe Thomas Münte im Frühjahr 2001 auf der Lindauer Psychotherapiewoche. Durch negative Erfahrungen und negative Gefühle seelisch schwer geschädigte Menschen haben deshalb Schwierigkeiten, Situationen realistisch einzuordnen. Ebenfalls haben Sie Schwierigkeiten, Probleme »tiefer zu hängen« und sie weniger ernst zu nehmen. Ihre überschießende Reaktion auf auch nur kleinste Hinweise auf die große Krise, die sie durchlebt haben, kann alle Schrecken und Ängste der Krise neu und »aus dem Stand heraus« und von vielen Menschen unkontrollierbar reaktivieren. Das nennen wir: seelisches Trauma.

Freude: der Motor von Entwicklung und Lernen

Was nutzen positive Gefühle? Im normalen Leben? Barbara Fredrickson hat es erklärt:

Freude schafft »freie Aktivation«, verleitet uns zum Beispiel dazu, zu spielen – und Spiel ist alles andere als eine sinnlose Tätigkeit. Bestes Beispiel: ein Baby, das mit den Fingern spielt. Es übt dabei zugleich – und zwar freiwillig, ohne Druck, ohne Anleitung – Fingerfertigkeit ein. Und die ist wichtig für die Gehirn-Entwicklung, für die Körper-Koordination und sogar für die Sprach-Entwicklung. Bei Freude geht es also um sehr viel mehr als einfach nur *»Fun«*. Es geht um Lebens-Kompetenz – körperlich, geistig, seelisch, im Verhalten und im Sozialen. Denn wenn der Körper und der Verstand gut beisammen sind, wird ein Mensch zum Beispiel auch fähig, Freundschaft und Bindung einzugehen.

Neugier: der Motor der Kreativität

Freude entsteht, wenn andere Menschen uns Geborgenheit geben – so wie gute Eltern ihrem Baby. Wenn uns in diesem Zustand Aufgaben gestellt werden, entwickeln wir Neugier und Interesse. Nur dann. Und wenn die Aufgaben von der Art sind, dass sie unseren Verstand weder langweilen noch überfordern, behalten wird Neugier und Interesse – nur dann. Parallelen zu Mihaly Csikszentmihalyis Beschreibung des Flow fallen ins Auge – ebenso die gute Chance einer guten Erziehung und einer erfolgreichen Menschenführung, denn bei negativer Stimmungslage zeigen wir nämlich Ablehnung und Abwehr.

Der amerikanische Psychologe Carroll E. Izard[59] beschreibt Interesse als »ein Gefühl, das man nachforschen will, involviert werden will, sich einbringen will, das eigene Selbst erweitern will durch neue Information und neue Erfahrungen mit den Menschen, den Dingen oder Situationen, die das Interesse stimuliert haben«. Dies Gefühl ist tagtäglich wichtig – auch im Job und unter Menschen. Und deshalb ist es für unsere gesamte Entwicklung wichtig. Vom ersten Tag an brauchen wir Geborgenheit, Freude und dann Herausforderungen, die neu sind. So erweitern wir Wissen und Können und kommen in die Lage, immer schwierigere Aufgaben zu lösen – vor allem auch: von Mensch zu Mensch. Freude und Neugier sind also wichtig für unsere soziale Intelligenz. (Irgendwann werden auch die Bildungspolitiker darauf kommen, dass die konkrete Lern-Erfahrung der Ansatzpunkt jeder Bildungsexplosion ist und nicht die große Reform des Bildungssystems.)

Zufriedenheit: der Motor für Ausgeglichenheit

Zufriedenheit entsteht ebenfalls in Situationen, die wir als sicher empfinden. Wenn sie uns keine Anstrengungen abfordern, lehnen wir uns – äußerlich passiv – zurück, aber innerlich ist der zufriedene Mensch sehr aktiv. Gedanken und Gefühle kommen unkontrolliert in uns hoch. Oft ist es »krauses Zeug«. Wer sich davon nicht aus der Ruhe bringen lässt, erlebt mit den Minuten – aus denen manchmal eine Stunde werden kann, wenn wir seelisch auf Hochtouren laufen und erst überhaupt einmal zur Ruhe kommen müssen – etwas Wunderbares: Die negativen Gedanken und Gefühle verlieren an Kraft. Sie verlieren ihre Wirkung auf uns. Sie können sich leer laufen, wenn wir sie nicht mit schnellen Gedanken und schnellen Verhaltensreaktionen zum Mittelpunkt des Interesses machen.

Dann tritt eine entspannte Ruhe ein, wie sie sonst nur von Menschen erreichbar ist, die Meditations-Techniken geübt haben. Und ganz ähnlich wie in einer Meditation bleiben wir wach und aufmerksam – ohne jede Nervosität.

Positive Gefühle sind also für unsere Entwicklung allgemein und für unsere tagtägliche Leistungsfähig wichtig. Freude und Neugier aufs Leben machen aus uns einen kompetenten Menschen. Und Zufriedenheit ist ein guter Schutz gegen Stress, Angst, Unruhe, schlechte Stimmung und sogar depressive Verstimmungen. Barbara Fredrickson sieht auch große Chancen für eine neue Art der Seel-Sorge, wenn positive Gefühle gezielt eingesetzt werden (siehe den nächsten Abschnitt).

Abschnitt 23

Den Anteil positiver Gefühle steigern

So wichtig, wie die positiven Gefühle sind, so wenig sehen viele Menschen sich in der Lage, sie zu finden. Neun Punkte geben praktische Orientierung:

1. Teilen Sie Ihren Tag in zwei Teile. Es gibt Stunden, die nicht von Ihnen selbst bestimmt werden. Das ist die Pflicht. Und es gibt Stunden, die Sie selbst bestimmen können.
2. Machen Sie einmal pro Tag einen klaren Bruch zwischen dieser fremd bestimmten Pflicht-Zeit und der freien Zeit – möglichst aber zu einer festen Zeit, etwa wenn Sie, wie die Bauern in Kapitel VI, Abschnitt 15, zu Abend essen.
3. Dieser Bruch heißt: Die Pflicht des Tages kommt zu einem Ende. Wenn das Wort »Feierabend« nicht so abgewertet wäre… aber vielleicht hilft die Langform: eine Feier am Abend.
4. Planen Sie dafür nicht Minuten ein, sondern Zeit mit offenem Ende.
5. Wenn Sie in dieser Zeit mit Menschen zusammen sind, schauen Sie nicht auf die Uhr. Menschen-Zeit heißt: reden, wie der Schnabel gewachsen ist – ohne Zweck und Ziel. In Afrika gibt es ein schönes Wort für das, was gemeint ist: »Gott gab Schwarzen die Zeit. Und den Weißen die Uhr.«
6. Wenn Sie allein mit sich sind: Setzen Sie sich in Gedanken auf eine Wolke: Schauen Sie auf sich herab, schauen Sie mit Wohlwollen auf sich. Was habe ich gemacht? Was mache ich jetzt? Der Rest ergibt sich von selbst.
7. Gewöhnen Sie sich für Ihre Pflichten des Tages eine »meditative Haltung« an: »In der Ruhe liegt die Kraft.« Nicht nachdenken. Einfach nur machen. Keine Erregung aufkommen lassen, keinen Ärger, auch wenn er noch so berechtigt ist. Negative Emotionen machen uns viel zu wach, zu »nervös« für all das, was einfach nur abgearbeitet werden muss.
8. Planen Sie die vor Ihnen liegende Zeit nicht als festes Schema für die Zukunft, sondern als Bestandsaufnahme der Gegenwart. Am

Abend vorsortieren, was am nächsten Tag zu tun ist – gerade die unangenehmen Dinge – ist ein gute Idee.

9. Machen Sie es – die Woche betreffend – wie der liebe Gott am siebten Tag der Schöpfung. Ruhen sie. Dann sortiert sich Ihr »Mind« von selbst.

Der Sinn der Regeln? Sie zeigen, wie wir jeden Tag Freude, Interesse und Zufriedenheit finden können.

So können wir jeden Tag Freude finden

Freude kann man am einfachsten von anderen Menschen bekommen. Freude springt über. Das ist wie beim Auto, wenn der Motor mal streikt und ein freundlicher Mensch mit einem Starterkabel kommt. Wer »down« ist, kann sich selten aus eigener Kraft hochziehen. Aber das ist eigentlich das falsche Bild. Was ein Mensch mit zu viel Trauer im Herzen am wenigsten braucht, ist jemand, der ihn mit Frohsinn platt macht. Hilfreicher ist ein Mensch, der uns dahin führt, wo wir immer noch Freude finden können – egal, wie tief drin wir in der Sch... sind.

Immer gibt es Orte, die von allen Problemen unberührt bleiben. Auch wenn der Partner zickt und der Boss mit Kündigung droht – wir können immer noch gute Musik hören, auf einen Spielplatz gehen und einfach den Kindern zuschauen, gut essen oder uns das alte Leibgericht aus den Kindertagen kochen oder kaufen: einfache Butternudeln oder ein Eis. Wir können Power-Walken oder Joggen, ganz langsam, ganz lange. Da liegt der Wert von Fitness und Wellness. Muskeln und Waschbrettbauch sind gut für die Badesaison. Aber die seelischen Wirkungen des Körpers, der unsere Aufmerksamkeit und Pflege bekommt – die sind gut an jedem Tag des Jahres. Diese vom Negativen unberührten Gebiete verlieren wir Menschen im Alltags-Stress oft aus den Augen.

So können wir jeden Tag Zufriedenheit finden:

Zufriedenheit fühlen wir, wenn wir auf den Tag, den wir gerade gelebt haben, zurückblicken und jenen Stolz spüren, den ein Sportler empfindet, der weiß, dass er sein Bestes gegeben hat – auch wenn er verloren hat! (Viele Menschen haben ja nicht einmal den Mut oder die Kraft, auf den Tag zurückzublicken. Sie schauen lieber im Fernsehprogramm nach, was es nach der Tagesschau gibt und sagen sich selbst vielleicht allerhöchstens Sätze wie: »Warum bist du eigentlich so kaputt? Was hast du den ganzen Tag eigentlich getan?«)

Zufriedenheit kann sich auf Knopfdruck einstellen – aber man muss den Knopf ziemlich lange drücken, manchmal eine Stunde und sogar mehr. Zufriedenheit spüren wir am ehesten, wenn wir so gut wie gar nichts tun. Dasitzen auf der Gartenbank – wie die alten Leute am Abend vor hundert Jahren oder wie die Menschen in den Dörfern rund ums Mittelmeer, die wir sehen, wenn wir unser Super-Fun-und-Action-Hotel Richtung landeinwärts hinter uns lassen, oder abends am Hafen – wo die Touristen wegbleiben, weil es keine Disco-Action gibt.

Also: Abends den Fernseher gar nicht erst einschalten. Einfach nur dasitzen. Den eigenen Gefühlen freien Lauf lassen. Dann läuft erst einmal unser »inneres Kino«. Der Tag läuft in uns ab – zuerst mit all seinen negativen Gefühlen und Erfahrungen. Da müssen wir durch. Dazu braucht man manchmal sogar Mut. Nach einem guten, ruhigen Essen mit sanften Gesprächen und ein, zwei Glas Rotwein geht es besser, weil wir dann schon mal etwas abgeregter sind. Dann aber stellen sich wie von selbst leichte Gedanken und Gefühle ein. Zufriedenheit ist ein zartes, ein softes Gefühl. Wer meditiert, der weiß, was gemeint ist.

So können wir jeden Tag neues Interesse am Leben finden

Interesse am Leben spüren wir, wenn wir vorausschauen: auf den Tag, der kommt – aber der ist aus unserer Sicht meistens noch weit weg. Besser ist, auf das zu schauen, was direkt anliegt, was also als Nächstes erledigt werden soll. Was tun, wenn wir hier etwas Unangenehmes spüren – das Gegenteil von Neugier oder gar Begeisterung?

Viele Menschen belassen es dann bei einem: »Alles wird gut.« Das ist positives Denken. Gut so. Aber nicht gut genug. Es gibt etwas Vertracktes mit dem »positiven Denken«. Es weckt keine Lebensgeister. Die optimistisch klingenden Worte kommen aus dem Kopf und reichen nicht tiefer, nicht bis ins Herz hinein – und schon gar nicht erreichen sie die Herzen anderer Menschen. Irgendwie springt kein Funke über, der sich in Lebensfreude, Begeisterung, Tatkraft äußert.

Interesse am Leben entsteht auf dem Weg, der im Zen beschrieben wird: durch Aufmerksamkeit. Die Sinne öffnen, die Augen, die Ohren oder den Geruchs- und Geschmackssinn beim Essen und Trinken. Was sehe ich? Was schmecke ich? Oder – ganz wichtig: Was höre ich? Höre ich überhaupt zu, wenn ein anderer Mensch etwas zu mir sagt? Offene Sinne sind ein Gegengewicht zu Gedankenflügen, zu Tagträumereien – all diesen uneinfangbaren »geistigen Regungen«, die uns auf unserem Seelentrip mal hierhin, mal dorthin führen – ins Irgendwo und Nirgendwo, aber selten zu uns selbst. Interesse an der Teilnahme am Leben erfordert, uns in den emotionsfreien Zustand des Flow zu bringen. Wie das geht, ist in Kapitel V, Abschnitt 11 beschrieben worden.

So funktioniert die Spirale nach oben

Barbara Fredrickson hat ihre und die Forschungen anderer Psychologen über positive Emotionen unter zwei Begriffen zusammenfasst: die »broaden-and-build«-Theorie – »broaden« heißt erweitern, »build« heißt aufbauen. Negative Emotionen verengen das Denken und das Verhalten. Die kreativen Leistungen gehen gegen null. Positive Emotionen bewirken das Gegenteil. Und das gilt nicht nur kurzfristig. Positive Emotionen haben nämlich eine Langzeitwirkung. Die hier entscheidenden wissenschaftlichen Experimente sind wie folgt abgelaufen[60]:

Menschen wurden gebeten, an zwei mehrere Wochen auseinander liegenden Zeitpunkten Bericht über ihren Seelenzustand zu geben: über ihre Gefühlslage und darüber, wie sie sich gerade den Aufgaben, Problemen und negativen Ereignissen stellen – hier geht es um »coping«, das Wort bürgert sich auch im Deutschen langsam ein, »cope« heißt »bewältigen« oder »fertig werden mit negativen Ereignissen«.

Zwei Arten, Probleme zu bewältigen, lassen sich unterscheiden, jeder Mensch kennt sie an sich selbst und hat sie bereits an anderen Menschen beobachten können:

- Die erste ist gekennzeichnet durch: engstirnig sein, sich in eine Idee oder einen Plan verrennen, mit dem Kopf durch die Wand wollen.
- Die zweite Art ist viel kreativer: man geht locker mit dem Problem um, hat viele Ideen für Lösungen – der geistige Horizont ist also sehr viel weiter als bei der ersten, der engstirnigen Art des Coping.

Ergebnisse waren:

1. *Eine negative Gefühlslage zum Zeitpunkt I zeigte, dass die befragten Menschen zum Zeitpunkt II, fünf Wochen später, an ihre Aufgaben und Probleme in engstirniger Weise herangingen. Und genau das Gegenteil war zum Zeitpunkt II der Fall, wenn fünf Wochen zuvor ein positiver Gemütszustand vorlag.*
2. *Weitere Daten-Auswertungen zeigten, dass positive Emotionen und kreatives Coping sich gegenseitig fördern.*

Das ist der Aufbau-Effekt von Fredricksons Lehre der Emotionen. Konkret und leicht nachvollziehbar: Kreatives Coping bringt bessere Lösungen als engstirnig mit dem Kopf durch die Wand zu rennen. Wer bessere Problem-Lösungen erreicht, fühlt sich auch besser und ist positiv gestimmt, Freude und Zufriedenheit werden gespürt. Das wiederum heißt – da positive Emotionen ja zu besserem Coping führen: neue Aufgaben und Probleme werden in gutem Geiste angepackt. Das bringt erneut bessere Lösungen – und damit erneut Freude und Zufriedenheit …

… und so fort. Das ist die Spirale nach oben. »Die Katze beißt sich also nicht etwa nur in den Schwanz«. Sie bewegt sich nicht etwa nur im Kreis. Sie »rotiert« nicht. Schon gar nicht rotiert sie um sich selbst. Sie tritt auch nicht auf der Stelle. Denn erfolgreiches Coping ist ein Schritt nach vorn!

Hinzu kommt: Erfolgreiches Coping ist eine selbst erbrachte Leistung. Das gute Gefühl, das entsteht, hat also eine solide Basis in dieser eigenen Leistung. Es ist damit ungleich stabiler und gefestigter als jedes verschwommene, verblasene Selbstwert-Gefühl (siehe Kapitel VII, Abschnitt 20).

Die Spirale nach unten funktioniert ähnlich – nur in Gegenrichtung: Wie oft rotieren wir bei Aufgaben und Problemen um uns selbst! Wir treten auf der Stelle. Wir kommen nicht weiter. Wie oft sehen wir Menschen dasselbe tun!

Fredricksons Forschung zeigt, wie wir aus dem fürchterlichen Gedanken-Kreisen und aus dem »Schleichen um den heißen Brei« herauskommen können – diese fürchterliche Situation, die sich immer weiter verschlimmern kann. Wir sind blockiert. Uns fällt nichts Vernünftiges ein. Deshalb werden die Problemlösungen schlecht und die Aufgaben werden unter unserem Niveau bewältigt – oder gar nicht.

Dadurch fühlen wir uns schlecht. Negative Emotionen bestimmen unseren Seelenzustand. Kommen neue Aufgaben und Probleme auf uns zu, bewirkt die negative Seelenlage, dass wir erneut unkreativ und engstirnig drangehen … und so fort. Das ist die Spirale nach unten. Es ist nicht einfach nur ein Teufelskreis, sondern es zieht uns herunter – und manchmal so tief herunter, dass das Leben zur Hölle werden kann.

Wie kann man bei Problemen helfen?

Wer anderen Menschen helfen will, hat im Prinzip zwei Möglichkeiten: Der Weg des Herzens mit liebevoller Zuwendung ist eine Möglichkeit, die zweite heißt: mit dem Kopf, mit dem Verstand vorgehen.

Der Weg des Herzens wird bei der Krisenintervention (Kapitel VI, Abschnitt 13) beschritten. Da wird zu allererst der Mensch in der Krise so, wie SIE oder ER gerade ist, angenommen. Das gibt Geborgenheit. Unterstützt wird der Mensch in der Krise durch In-den-Arm-Nehmen oder durch einfach nur Da-Sein.

Andere Menschen, die helfen wollen, möchten klar sagen, was Sache ist: »Ich erklär's dir noch einmal. Kapiert? So! Jetzt reiß dich zusammen. Du kannst es doch«. Dies ist die autoritäre Methode. Sie ist wenig hilfreich. Hilfreich ist das autoritative Vorgehen mit einem Cocktail aus Geborgenheit geben, reinen Wein einschenken und dann den Weg aus einem Problem heraus aufzeigen. Auf die Reihenfolge kommt es an:

- Zuerst die Krisen-Intervention und
- erst dann – dann nämlich, wenn Geborgenheit besteht – erklären und fordern.

Geborgenheit ist eben die Basis für positive Gefühle. Positive Gefühle öffnen den Verstand. Und erst dann ist ein Mensch bereit und in der Lage, Erklärungen aufzunehmen – im Affekt ist das schwer oder gar nicht möglich.

Viele hoch begabte, gut meinende Menschen vergessen leider Schritt eins! Deshalb funktioniert Schritt zwei nicht, denn die Erklärungen und Ermunterungen gelten einem sowieso bereits verunsicherten Menschen, der negative Emotionen spürt, deshalb blockiert ist und so noch weiter blockiert wird.

Andererseits hilft liebevolle Zuwendung allein – die verwöhnende Methode mit »eia popeia, putschi-putschi und rasch noch ein Verstärkerli« bei den meisten Problemen nicht. Auf diesem Weg lassen sich zwar positive Emotionen künstlich verabreichen: durch Verwöhnen, Wünsche erfüllen etc. – das verschafft *»good feelings«*. Aber sie verfliegen genau so rasch, wie sie herbeigeflogen sind, wenn sie nicht genutzt werden, um dem nicht mehr verängstigten, beengten Geist Nahrung zu geben.

So einfach ist Positive Psychologie. Sie deckt sich mit der Lebenserfahrung. Aber leider verlässt uns unsere Lebenserfahrung oft genau dann, wenn wir sie am nötigsten bräuchten: in kritischen Situationen. Warum? Weil wir dann selbst durch negative Emotionen blockiert sind.

Barbara Fredricksons Forschungsergebnisse sind gute Helfer für viele Alltags-Probleme – etwa bei Schülern, die »Motivations- und Konzentrations-Probleme« bei Hausaufgaben haben. Die »broaden-and build« Theorie erklärt, was hinter diesen Problemen steckt, und wie sie angegangen werden können. Die Theorie gibt aber nicht nur Orientierung für die Tagesprobleme, sondern auch für größere Krisen, wenn wir als Therapeuten gefordert sind. Auch dann heißt es: Zuerst die Krisen-Intervention und dann erklären und fordern – dann nämlich, wenn der Mensch, der, wie es scheint, nicht hören WILL, hören KANN.

Die Forscher aus der Positiven-Psychologie-Richtung, zu denen

Barbara Fredrickson gehört, gehen noch einen Schritt weiter. Zur Zeit laufen intensive Forschungen, die die Psychotherapie revolutionieren werden.

Erste Ergebnisse werden in Kapitel XXI berichtet. Und Sigmund Freuds Psychoanalyse betreffend zeichnet sich ab: Die Couch ist möglicherweise wichtiger als die psychoanalytische Theorie, denn die Couch gibt Geborgenheit. Und Geborgenheit ist die Voraussetzung für die Spirale nach oben. Die konkrete Leistung des Menschen auf der Couch muss hinzu kommen: das Coping. Das aber lässt sich dann durch Rat und gezielte Trainings fördern – besser als durch »Analyse« tatsächlicher oder mehr oder weniger richtig erinnerter Träume.

Kapitel X

Creativität

Abschnitt 24

Der kreative Moment

Ein Mensch auf dem Gipfel des Lebens. ER oder SIE sagt sich: »So weit bin ich gekommen«, genießt den Augenblick und genießt den bisher zurückgelegten Weg.

Der Mensch sieht sich kämpfen und lieben, sieht sich geborgen, aber auch einsam und allein und sieht, wie das Alleinsein immer auch zwei attraktive Seiten gehabt hat, die Möglichkeit, nichts anderes als gut zu sich selbst zu sein und sich selbst Gutes zu tun, und die Möglichkeit, auf sich selbst gestellt, die besten Seiten an sich selbst – die Talente und Stärken – zur Geltung zu bringen.

Der Mensch sieht sich ängstlich, sieht sich trauern, sieht, wie ER oder SIE sich immer wieder einmal von der aktiven Teilnahme am Leben zurückgezogen hat, sieht wie Wünsche und Hoffnungen manchmal wie Sand zwischen den Händen zerronnen sind. SIE oder ER sieht sich aber auch sich trauen und vertrauen, erkennt Mut, erkennt eine positive Aggressivität, ein »Zupacken auf das Leben«; sieht aber auch, wie das »Zupacken« manchmal so hart und kräftig ausgefallen ist, dass das, was SIE oder ER halten wollte, geklammert worden oder zerbrochen ist. Meist aber ist der »Zugriff« gelungen.

Psychologie-erfahrene Menschen wissen, dass solch ein »Blick vom Gipfel« eine psychologische Imaginations-Übung ist. Sie kann den Blick öffnen, der in der normalen Hektik des Lebens oft eng ist: fixiert auf das Tagesgeschehen, auf Probleme, Pflichten und Aufgaben, die zu bewältigen sind – und davon gibt es bei aktiven Menschen meist mehr als in einen Tag hinein passen.

Zwei Arten, den Tag zu bewältigen, lassen sich unterscheiden, jeder Mensch kennt sie an sich selbst, hat sie bereits an anderen Menschen beobachten können:

1. Die erste ist, wie gesagt, gekennzeichnet durch engstirnig sein, sich in eine Idee oder einen Plan verrennen, mit dem Kopf durch die Wand wollen.
2. Die zweite Art ist kreativer. Man geht locker mit dem Problem um, hat viele Ideen für Lösungen – der geistige Horizont ist sehr viel weiter als bei der ersten, der engstirnigen Art des Coping, des Fertigwerdens mit den Pflichten, Herausforderungen und Bedrohungen.

Wer die engstirnige Art aufgeben kann, erlebt die kreativen Momente des Lebens und sieht sich als Gestalter, als Schöpfer des heute gelebten und morgen zu lebenden Tages.

Wie wird diese Art der Kreativität erreicht? Darum geht es in den nächsten beiden Abschnitten.

Abschnitt 25

Das Leben als Spiel

Die einfachste Art, die kreative, die schöpferische Haltung dem Leben gegenüber zu beschreiben, ist, Arbeit und Spiel zu vergleichen. Kinder spielen, Erwachsene arbeiten. Worin sind Kinder anders als Erwachsene? Einige Beispiele:

- Erwachsene wissen alles. Kinder wollen noch wissen.
- Kinder haben Fantasie. Erwachsene denken rational.
- Erwachsene können über den Sinn des Lebens nachdenken, wenn sie keine Lebensfreude spüren. Kinder *haben* Lebensfreude. Das Leben erscheint ihnen sinnvoll, solange ihnen die Freude am eigenen Tun nicht ausgetrieben wird.
- Kinder sind eine Körper-Geist-Seele-Einheit. Sie »funktionieren« spontan, sie sind rascher im »Flow«. Denken, Wollen, Fühlen und Handeln stehen schneller und öfter miteinander im Einklang. Erwachsene differenzieren, sie spalten sich zwischen Denken, Wollen, Fühlen und Handeln auf.
- Kinder können sich selbst leiden – außer es wird ihnen durch Er-

ziehung ausgetrieben. Erwachsene – viele jedenfalls und jeder Erwachsene öfter als ihm lieb ist – sind das älter gewordene Kind, dem man die Selbstliebe ausgetrieben hat.

Nimmt man als Maßstab, wer mehr Glück auf Erden verspürt und versprüht – nun ja, da kann man als Erwachsener schon mal ins Grübeln kommen.

Was ist eigentlich Spiel?

Was wir den Tag über tun, ist entweder Arbeit oder Spiel. Bei Arbeit geht es um ein Ziel, das nennen wir: Arbeitsergebnis. Beim Spiel geht es um die Freude an der Tätigkeit selbst. Nicht um das Ergebnis. Die Übergänge zwischen Arbeit und Spiel sind fließend, die Begriffsverwirrung ist groß:

- Wenn es beim Tennis um Spiel, Satz und Sieg geht, ist das Arbeit, denn das Ergebnis steht im Vordergrund.
- Wenn sich beim Liebesspiel das gewünschte Ergebnis nicht so recht einstellen will, erinnern sich Paare oft an den Rat rührendrühriger Sexforscher und Sexratgeber des vergangenen Jahrhunderts: Vergessen Sie das Vorspiel nicht – und dann folgen Anleitungen, an welchen Körperteilen der Dame ein guter Lover mit welcher Aussicht auf Lustgewinn Hand anzulegen habe. Auch das ist Arbeit. Für beide. Denn wieder geht es weniger um die Freude an der Tätigkeit selbst, sondern wieder steht das Ergebnis im Vordergrund.
- Wenn hingegen ein Künstler – wie von Mihaly Csikszentmihalyi beschrieben (siehe Kapitel V, Abschnitt 11) – sich selbst, die Welt um sich herum vergisst und sein Werk gestaltet und das Ergebnis seiner Tätigkeit, wenn es da ist, im Prinzip vergisst, dann war das Spiel – auch wenn dabei gearbeitet worden ist.
- Berufliche Arbeit wird zum Spiel, wenn man sich selbst sagt: »Ich mache meinen Job so gerne, dass ich mich jeden Ersten erneut darüber wundere, warum die mich dafür auch noch bezahlen.«

Spiel ist jede Sache, die man um ihrer selbst willen macht, bei der das Tun selbst als lohnend empfunden wird, und für die deshalb keine Belohnung verlangt wird. Spiel macht müde, aber nicht kaputt. Spiel ist aber alles andere als eine Nebensächlichkeit. Neue Studien zeigen, dass Spiel bereits im frühen Alter zu größerer Kreativität und größerer Lebenskompetenz führt. Sogar bei Tieren.

Warum verbringen junge Tiere so sehr viel Zeit mit Aktivitäten, die ganz offensichtlich keinem anderen Zweck dienen als Freude an ihrem Spiel zu haben? Junge Hunde rasen, toben, balgen, hetzen und jagen… wie die jungen Hunde eben. Der englische Psychologe Dr. Peter Smith (University of London) glaubt: aus demselben Grund, aus dem auch Kinder spielen. Es dient ihrer geistigen, körperlichen und sozialen Entwicklung[61]. Hunde üben mit ihrem Spiel ein, was sie in der freien Wildbahn, wo es ja kein Chappi zu kaufen gibt, zum Überleben brauchen würden, Jagen, Flüchten, Beute machen. Und Katzen üben immer noch das Anschleichen ein, lernen so immer noch, Mäuse zu fangen – obwohl ihnen der Appetit daran oft vergangen ist, weil sie lieber Whiskas kaufen lassen. Kinder üben zum Beispiel alle körperlichen Fertigkeiten ein, die ihnen in der Schule durch erzwungenes Stillsitzen dann wieder ausgetrieben werden.

Leiblichkeit und Sinnlichkeit

Was Kinder von Erwachsenen unterscheidet, hat einer der großen deutschen Pädagogen, Andreas Flitner, in klaren Worten zusammengefasst:[62]

»Die Leiblichkeit und Sinnlichkeit der Kinder ist anders als der Kümmerleib des erwachsenen Zeitgenossen, von der intensiven Freude des Einsatzes von Gliedern und Sinnen bestimmt, dem unerschöpflichen Erkunden und Schauen.

Unerschöpflich auch ihre Bereitschaft, ihrem Körper etwas hinzuzutun, ihre Organe zu verlängern und sich mit Prothesen aller Art – mit Schlappen oder Stiefeln der Erwachsenen, mit Rollschuhen, Stelzen, Skiern oder Schlittschuhen – zu versehen, auf Balken, Baumstämmen oder Gartenmäuerchen zu balancieren, zu gleiten, ihre Geschicklichkeit zu üben, ihre Kräfte zu steigern…

Kinder wollen dabei sein. Kinder wollen die Möglichkeiten des eigenen Leibes erfahren, verlängern, trainieren. Sie wollen Wälder und Felder, Müllhalden und Bauplätze erforschen, über Zäune klet-

tern, Abkürzungswege finden. Sie schlagen sich durch fremde Gärten. Bauplätze oder Materialien sind Anziehungspunkte von hohem Reiz. Kletterbäume und Baumgehäuse sind ihr Revier. Überall möchten sie Zeugen sein, bei Feuerwehreinsätzen, Verkehrsunfällen, bei Umzügen und Versammlungen, beim Einsatz großer Baumaschinen. Unersättlich ist ihr Bedürfnis nach Verkleidung, Maskierung, Auftritt und Traum, nach Tanz, Szene und Bewegung«.

Flitner greift das Thema auf, ob wir »für die Schule oder für das Leben lernen« sollten, und spricht erst gar nicht von der Schule oder von allerhöchsten Werten des Lebens, sondern von Menschen, von Kindern und spricht von Leiblichkeit und Sinnlichkeit, von den Bereichen also, in denen das menschliche Leben seine Wurzeln hat, verankert ist und aus denen heraus es sich immer wieder neu bildet.

Was Flitner direkt beschreibt, sind zwei der »Großen Drei« positiven Gefühle: Freude und Interesse am Leben, und wenn er den Abend eines solchen Tages mit beschrieben hätte, wäre das Dritte, die Zufriedenheit, noch hinzu gekommen. Oder sehen Sie dies anders?

Emotionale Kreativität

Beobachten Sie einmal oder erinnern Sie sich daran, wie Kinder spielen. Kinder leben in einer magischen Welt. Ein Holzblock ist plötzlich ein Haus. Ein paar Stöckchen sind Menschen. Ein Teller in der Hand, der aus der Spülmaschine in den Schrank getragen werden soll, wird zum Steuer eines Autos. Die Arme ausgebreitet, und das Kind wird ein Flugzeug. In Sekundenbruchteilen springen sie aus der realen Welt der Erwachsenen in die Welt hinein, die nur als Bilder in ihrem Kopf existiert.

Kinder füttern ihren Teddy, erziehen ihre Puppen und Playmobilfiguren, sagen dem Apfel auf dem Schrank, den sie nicht greifen können: »Komm runter«, sehen den Fußball, den sie treten, schon im Tor, sie sprechen mit ihren Sport- und Spielgeräten, wie es die Erwachsenen beim Bowling und Billard auch noch tun.

Besonders die sozialen Fantasiespiele, wie »den Teddy erziehen«, sind für die Entwicklung des Menschen wichtig. Der Harvard-Entwicklungspsychologe Paul Harris betont die Bedeutung des Rollenspiels.[63] Auch wenn Dreijährige zum Beispiel noch nicht deutlich zwischen Fantasie und Realität trennen können – in Rollenspielen üben sie »Empathie« ein – also: erfassen, was in anderen vorgeht. Es geht ihnen aber nicht darum, dies möglichst präzis und punktgenau zu erfassen, wichtiger ist die Emotionale Kreativität. Der Teddy trinkt ja nicht wirklich aus dem Fläschchen, und Kinder wissen das auch. Aber sie spielen ganze Szenen durch, sie fragen den Teddy zum Beispiel:

- »Hast du keinen Hunger?« Dann wird kurz durchgespielt, was in diesem Fall zu tun ist – etwa: zum Mittagsschlaf hinlegen.
- »Bist du traurig?« Dann wird getröstet.
- »Bist du böse?« Dann gibt's schon mal einen Klaps auf den Po.

Durch Emotionale Kreativität lernen Kinder, sich in eine große Bandbreite von Verhaltensweisen einzufühlen. Und sie lernen Verstehen, noch bevor sie »richtig« – also gekoppelt an Sprache und Sprachlogik – denken können.

Moral-Spiele

Der Psychologe Marc Bekoff von der University of Colorado hat über das Spielen von Wölfen geforscht.[64] Bekoff fand das Erwartete: Junge Wölfe üben in ihren »Raufspielen« ein, was soziale Bindung ist, wo Grenzen der Individualität und Unabhängigkeit sind und welches Verhalten sozial akzeptabel ist. Beobachtungen von Tieren nutzt Bekoff in Sozialen Trainings für Kinder und Jugendliche. Er zeigt, was Spielregeln sind, dass sogar Raubtiere sie brauchen und Menschen auch: »So lernen sie, was falsch und richtig ist, was anderen zugemutet werden kann und was ein reibungslos funktionierendes Zusammenleben heißt«.

Kreativ-Spiele bei Tieren

Noch etwas hat Bekoff an Tieren und ihren Spielen beobachtet: Kreativität. Diese Beobachtung entgeht sogar manchem Tierfreund, und sie widerspricht jenen Lehrformeln, nach denen »das Tier« durch »die« Instinkte beherrscht wird. Bekoff erklärt: Im Spiel mixen junge Hunde und Wölfe unterschiedlichste Verhaltensweisen in oft unvorhersehbarer Weise. Zufällig. Chaotisch. Niemals wird man sehen, dass das, was Sigmund Freuds Fantasie so sehr erregt hat: der »Aggressions-Trieb« oder der »Sex-Trieb«, in seiner anfangs noch unbeholfen exekutierten Art und Weise fein säuberlich getrennt von anderen Kompetenzen eingeübt und so in seinen Abläufen verfeinert wird.

Die jungen Tiere »behüpfen« sich (da geht es also um »Sex«). Ansatzweise. Weniger als eine Sekunde später »beißen« sie sich (da geht es also um »Aggression«). Rasch darauf rasen sie los, stehen still, rasen hintereinander her – oder ein Tier bleibt stehen. Sie »schnuffeln«, wedeln – Freundschaftsgesten? Nicht immer, denn ein Wedler wird auch schon mal direkt an der Kehle gepackt.

Was dieses Verhaltens-Chaos bringen soll? Kreativität in Wahrnehmung, Interpretation von Wahrnehmungen und Verhalten, glaubt Bekoff. »Es ist ein Training für das Unerwartete. Und es schützt die Tiere davor, je in einem (angeblich instinktiv) vorgegebenen Verhaltens-Muster stecken zu bleiben«.

Artgerechte Tierhaltung und »artgerechte Menschenhaltung«

Was geschieht, wenn die »junge Brut« nicht ausreichend spielen darf? Beckoffs Gedanke kann erklären, warum es so schwer ist, Zoo-Tiere oder Free Willy die Freiheit zu geben, sie »auszusetzen«, was heißt: dem aussetzen, was nach der Lehre von den Instinkten ja ihr größtes Verlangen sein müsste. Sie sind in der Gefangenschaft so eingeengt und so früh verwöhnt worden, dass sie die lebenswichtigen Anlagen und Begabungen nicht weiterentwickelt haben. Wenn das nicht geschieht, wird es zu einem »Weg in die Depression«. Und »Depression« ist Rückzug von der Teilnahme am Leben. Damit Tiere im Zoo heute nicht depressiv werden, wird die artgerechte Tierhaltung großgeschrieben, denn bei Tieren im Käfig gibt es diesen »melancholischen Blick« – vielen Menschen spürbar, je ähnlicher das Tier dem Menschen ist.

Für die so genannten Nutztiere in jeder Form der »Käfighaltung« gilt das entsprechend. Und es gilt auch für uns, für den Menschen. Spiel – wie hier beschrieben – ist »artgerechte Menschenhaltung«.

Warum spielen Kinder eigentlich? Einige Gründe haben sie eben gelesen. Spiel ist eine wichtige Entwicklungsaufgabe. Und Kinder spielen auch nicht nach psychologischen Prinzipien von Lob und Belohnung. Der deutsche Psychologe Prof. Karl Bühler (1879–1963) hat sich hier mit einem Begriff beholfen, den er »Funktionslust« genannt hat. Gemeint ist die Freude an der Sache selbst.

Diese Freude ist es, durch die Kinder »motiviert« werden – nicht die Freude an Lob, Beifall, Erfolg, Belohnung und anderem Pi-Pa-Po, wie viele sich selbst so nennenden Motivations-Experten es uns weiszumachen versuchen. Und aus dieser Freude am Spiel wird – gleichsam als Gewinnmitnahme – etwas fürs Leben gelernt: Moral, Kreativität, Sozialverhalten, Geschicklichkeit. Ganz wie bei unseren Artgenossen, den Tieren.

Abschnitt 26

Der kreative Mensch und die Kunst, ganz bei sich selbst zu sein

Eine der eindrucksvollsten psychologischen Langzeitstudien, die überhaupt gemacht worden sind, hat der amerikanische Psychologe Lewis Terman in den 1920er-Jahren begonnen. Terman hatte sich von Lehrern Schulkinder mit hoher Begabung nennen lassen, hat daraus mit Hilfe von IQ-Tests eine Gruppe von etwas mehr als 1500 herausgefiltert, die einen Intelligenzquotienten von 135 oder darüber hatten. Das ist die Region, für die der IQ-Test-Psychologe das Wort »genial« gebraucht.

Über Jahrzehnte sind diese ehemaligen Schulkinder von Psychologen in ihrem Lebenslauf beobachtet worden. In aller Regel haben die »Genialen« ein kommodes Einkommen und einen hohen Lebensstandard erreicht. Viele sind in Führungspositionen gekommen, aber wirklich außergewöhnlich kreative Leistungen hat kein

Einziger von ihnen erbracht. »Kreativ« im Sinne von »Picasso, Einstein oder besser« – war keiner. Wenn also nicht Genialität, wie sie mit hoch feinen psychologischen Messinstrumenten, den IQ-Tests, fassbar ist, was ist Kreativität dann?

Ellen Langer, die Harvard Psychologin, nennt Kreativität »unsere Fähigkeit, uns an Veränderungen anzupassen«. Mit dieser Definition wird Kreativität herausgehoben aus dem Bereich größerer Geistesprodukte. Sie wird zu einer einfachen und von jedem Mensch zu beherrschenden Lebensart. Ein anderer Psychologe, Jerome Bruner, ebenfalls von der Harvard University, hat Kreativität bezeichnet als »über die vorliegende Information hinaus gehen«. Dies heißt: Das Beherrschen gesicherter Erkenntnisse allein kann kaum kreativ sein, das Herunterspulen eingespeicherter Programme ebenso wenig, das Befolgen einmal aufgenommener Regeln schon gar nicht. *»Creativity is breaking the rules.«*

Die kreative Persönlichkeit

Eigenschaften einer kreativen Persönlichkeit hat Ellen Langer aufgezählt:

- sich frei machen von alten, vorgegebenen und besonders von bewährten Denkstrukturen,
- offen sein für neue Information (gleich, woher sie kommt),
- offen sein für Überraschungen,
- offen sein für Zusammenhängen,
- Konzentration auf Prozesse und nicht auf Ergebnisse.

Aus diesem Stoff sind kreative Leistungen. Das Wichtigste aber (und ihrem 1989 erschienen Buch über Kreativität hat sie dieses Wort als Titel mitgegeben[65]) ist das, was Ellen Langer »Mindfulness« nennt. »Achtsamkeit«. Achten worauf?

Auf die Realität, auf die Dinge, wie sie sind und nicht wie wir wünschen, dass sie sein sollten. Und um Menschen dies beizubringen, macht Ellen Langer in ihren Kursen einige einfache Übungen.

Sie bittet Menschen, morgens ihren Orangensaft nicht einfach hinunterzuschütten, sondern ihn zu schmecken, sich die Frage zu stel-

len: »Ist dieser Saft wirklich, was ich trinken will? Oder will ich etwas anderes? Was will ich dann? Und woher bekomme ich es?«

Oder sie bittet Menschen, morgens auf dem Weg zur Arbeit statt nach rechts einmal nach links abzubiegen, dadurch überhaupt die Straße zu erkennen, die ansonsten – mit den Augen auf das Pflaster »geheftet« – hinuntergetrottet wird.

Erinnern Sie sich an die Frage in Kapitel IV, Abschnitt 9: »Wie bin ich heute zur Arbeit gekommen?« Im normalen Trott des Tages müssen wir das nicht wissen. Aber wenn wir einen Weg suchen, aus dem Alltags-Denktrott auszubrechen, hilft es, die Routine-Abläufe durch neue Achtsamkeit zu einer neuen Erfahrung zu machen. »Mindfulness«, sagt Langer, »ist genau wie Kreativität nichts weiter als ein Zurück zu dem, der du bist. Die eigenen Reaktionen auf die Welt zu erkennen – dadurch wird sich ein Mensch wieder selbst kennen lernen. Wird lernen, was ER oder SIE fühlt, will und tun will.«

Meditativer Realismus

Das Brechen von Regeln bedeutet also gerade nicht ein kapriziöses Anderssein. Es geht tiefer. Es bedeutet auch nicht einfach irgend einen Regelverstoß. Es bedeutet eine Abkehr von unserer Fixierung auf Regeln allgemein und auf das Beachten der Einhaltung von Regeln im Besonderen.

Stattdessen soll erst einmal »einfach nur beachtet werden«, soll aufmerksam gelebt werden – und dann entstehen in einem kaum zu beschreibenden Prozess jene neuen Einsichten, die sich übrigens in aller Regel als eine Regel formulieren lassen. Kreativität, so verstanden, wird enthoben aus allen Bereichen des »Spinnertums« und wird zu einem Teil einer realitätsgerechten Lebenshaltung: zu unserer »artgerechten« Lebens-Haltung.

Der kreative Vorgang – im Großen wie im Kleinen – erfordert zusätzlich Mut. Ausgetretene Pfade müssen verlassen werden. Das macht den kreativen Menschen einsam, denn unsere Erziehung und die Organisation unseres Arbeitslebens behindert Kreativität. Wir werden auf Regeln gedrillt. Von den normalen Regeln abzuweichen, macht vielen Menschen Angst davor, die Geborgenheit in der

Gruppe zu verlieren. Aber Kreativität besitzt jeder Mensch. Unsere Bewunderung für die großen Kreativ-Talente dieser Welt hat uns dazu verleitet, zu vergessen, dass jeder Mensch singen, tanzen, spielen, denken und kreativ sein kann.

Kapitel XI

Kompetenz

Abschnitt 27

Sich-selbst-Vertrauen und aktiv am Leben teilnehmen

Ein wesentlicher Baustein zum Well-Being ist Kompetenz – gemeint damit ist die Selbsteinschätzung:

Was immer das Leben mir bringt oder von mir fordert – ich werde nicht immer Erfolg haben, aber ich kann mich auf mich verlassen! Darauf, dass ich mein Bestes gebe. Darauf, dass ich meine Stärken und Talente einbringe.

Well-Being hängt also mit Sich-selbst-Vertrauen zusammen. Verhaltenstherapeutische Angebote schließen häufig ein Selbstvertrauens-Training mit ein, und auf dem freien Psycho-Markt sind Seminare und Trainings über Selbstvertrauen regelrecht ein »Renner«. Darüber wird viel warmer Wind gemacht. Und manchmal heiße Luft. Es beginnt bereits damit, dass nicht von »Selbstvertrauen« gesprochen wird, sondern von »Assertivität«, also der ziemlich buchstabengetreuen Eindeutschung des entsprechenden englischen Wortes »assertiveness«.

Selbstvertrauen betreffend, sind wir heute etwas schizophren. Wenn es um Ansprüche geht, schlägt unsere Selbstwert-Gefühl Kapriolen: »Ich bin DER oder DIE Größte, ich könnte eigentlich alles, wenn ich wollte…« Wenn auf der anderen Seite Verantwortung gefragt ist, wird ein anderes Bild gezeichnet: »Meine Möglichkeiten sind schlecht. Ich bin Opfer der Umstände, der Gesellschaft, der historischen Situation, der Fehler, die in meiner frühkindlichen Erziehung gemacht worden sind, Opfer von Missgeschick, Opfer meines Partners/meiner Partnerin…« Die Liste kann sehr lang werden, wenn Verteidiger vor Gericht zum Beispiel in diese Art der psychologischen und soziologischen Argumentation einsteigen, um auf »mildernde Umstände« oder Schuldunfähigkeit zu plädieren:

- »Mein Mandant war in einer momentanen Krise, deshalb hat er schon mittags Alkohol getrunken, musste dann aber als geschiedener Vater seine Kinder von der Schule abholen, und so ist es leider zu dem Autounfall gekommen.«
- Helmut Kohls Aussagen in der Flick-Affäre waren nicht etwa Lügen, sondern er hat einen »Black-out« gehabt, wie Heiner Geissler damals psychiatrisch zu diagnostizieren wusste.
- »Meinem Mandanten sind aufgrund der herabsetzenden und sein Selbstwert-Gefühl verletzenden Beleidigungen seiner Frau, leider, wie man so sagt, und das ist ja auch nachvollziehbar, die Sicherungen durchgebrannt. So ist es zu dieser Tat im Affekt gekommen«.

Und so werden aus Tätern Opfer gemacht!

»Selbst-Wirksamkeit«

Erforscht wird der Bereich der Lebens-Kompetenz heute zunehmend unter dem englischsprachigen Stichwort *»Self-Efficacy«*, darin steckt »effektiv«, und gemeint ist, wie gut wir unsere geistig-seelischen Kompetenzen einsetzen. Eindeutschung dieses Wortes: »Selbst-Wirksamkeit«. Hohe Selbst-Wirksamkeit meint, dass ein Mensch sich effektiv »ins Leben einbringt« – und ohne anderen zu schaden, was ja Gegenreaktionen zur Folge haben könnte, die der eigenen Effektivität schaden könnten. Die Forschung auf diesem Gebiet – beginnend mit dem Psychologen Prof. Albert Bandura[66] – hat ergeben, dass Selbst-Wirksamkeit ein Füllhorn guter Dinge über uns ausschüttet[67] – zum Beispiel

- Optimismus und Hoffnung in schwierigen Lebenssituationen;
- Widerstandsfähigkeit, wenn unser Well-Being gefährdet ist;
- Glaube an uns selbst – wichtig, denn wer sich selbst grundsätzlich in Frage stellt, wird seine geistigen, seelischen und andere Reserven nicht mobilisieren;
- Kreativität bei Problemlösungen;
- klare Sicht unserer Gedanken, Gefühle und Intentionen;

- gutes Selbst-Management;
- positive Auswirkungen auf Körper, Geist und Seele;
- die Fähigkeit, zukünftige Entwicklungen klarer zu sehen;
- die Fähigkeit, unterstützende Netzwerke aufzubauen;

Diese Forschung hat auch gezeigt, dass hohe Selbst-Wirksamkeit einhergeht mit der Aktivation der Catecholamine – das sind für die Stress-Verarbeitung wichtige Neuro-Transmitter –, speziell, wenn Lebensaufgaben nicht mehr den Charakter von Herausforderungen haben, sondern als Bedrohung empfunden werden. Nicht jede Krise ist ja eine Chance – auch wenn man diese Formel noch so intensiv durch die Gebetsmühle dreht.

Andererseits versetzt hohe Selbst-Wirksamkeit uns in die Lage, Bedrohungen als Herausforderung anzupacken, denn weitere Forschung hat gezeigt, dass hohe Selbst-Wirksamkeit einhergeht mit

- gesunder Lebensart;
- dem Aufgeben ungesunder Lebensart;
- weniger riskantem Sexualverhalten (und damit Schutz vor AIDS, vor anderen sexuell übertragenen Krankheiten und auch vor Schwangerschaften, denen sich weder Mutter noch Vater gewachsen fühlen);
- weniger Alkohol- und Tabak-Konsum;
- besserer Kooperation mit Ärzten und anderen Therapeuten im Falle von Krankheit;
- besserer Vorsorge gegen im Frühstadium vermeidbare Krankheiten.

Allgemein gesagt: Menschen mit hoher Selbst-Wirksamkeit haben ihr Leben besser »im Griff«.

Hohe Selbst-Wirksamkeit – wie macht man das?

Self-Efficacy oder Selbst-Wirksamkeit klingt – bei der hohen Aufnahmefähigkeit des Psycho-Marktes – nach der neuen Wunder-Psychotechnik (Daniel Golemans »Emotionale Intelligenz« ist ja irgendwie »out« – warum, steht in Kapitel XX, Abschnitt 47). Nach dem heutigen Stand der Forschung ist die Frage, wie Selbst-Wirksamkeit erworben werden kann, aber noch nicht ordentlich beantwortbar, weil es – anders als beim Thema Optimismus – noch keine wissenschaftlich evaluierten Selbst-Wirksamkeits-Trainings gibt. Gemeint sind mit diesem Wort »Training« ja nicht irgendwelche Veranstaltungen, bei denen irgendwer sein Bestes gibt, sondern kurze, kostengünstige und in ihrer Wirkung wissenschaftlich kontrollierte Verfahren, die so klar sind, dass Studenten und andere Interessenten darin als Trainer geschult werden können.

Ganz ahnungslos ist die Positive Psychologie hier aber nicht. Das Ziel lässt sich mit einem verständlicheren Wort angeben: »Sich-selbst-Vertrauen«. Es geht um den durch persönlichen Einsatz begründeten Glauben an sich selbst – und dies auf jenen Gebieten, die wir unter unserer Kontrolle haben.

Der Philosoph Epiktet hat sie umschrieben: nicht Siege und Erfolge zum Maß aller Dinge machen, sondern auf das bauen, »was in unserer Macht steht«, also: das Denken, das Handeln, das Verlangen und das Meiden. Das sind unsere Produktionsmittel fürs Lebensglück.

Abschnitt 28

Wie Kompetenz unterdrückt wird

Einer der bekanntesten Werbesprüche unserer Tage ist: »Leben Sie – wir kümmern uns um die Details«.

Mit diesem Slogan wirbt die zweitgrößte deutsche Bank, die Hypo, seit Jahren um Zugang zu den Finanzmitteln der Menschen, die für Banken etwas übrig haben – nämlich Geld. Was aber ist das für ein Leben, das uns die Werbung nahe zu bringen versucht? Forever young. Forever Fun. Das wird propagiert. Vor allem in den bunten Bildern, die die Slogans untermauern.

Werbung, die sich an die älteren Generationen richtet, zeigt meist eine hübsch verpackte Horror-Vision vom Leben. Gezeigt werden graumelierte oder haar-getönte ständig gut gelaunte Dauer-Grinser, deren Interesse am Leben darin zu bestehen scheint, flott zu wandern, flott zu radeln oder sich flott-flott in Swimming-Pools und Meereswogen zu stürzen. Und anschließend empfehlen sie sich gegenseitig bevorzugt frei verkäufliche Medikamente oder schwer verkäufliche Geldanlagen.

Am tatsächlichen Leben aber nehmen diese Menschen nicht teil. Lebenserfahren, wie sie sind, stellt die Hypo-Werbung sie als unfähig dar, sich um ihr schwer verdientes Geld zu kümmern. »Leben Sie! Wir kümmern uns um die Details?« Oder sollte es nicht besser heißen: »Wir geben Ihnen den Rest?« Oder: »Wir nehmen Ihnen den verbliebenen Rest Ihrer Finanzen?« Geben und Nehmen hängt nach Wirtschafts-Logik ja irgendwie eng zusammen. Wer kann heute wissen, wann die »unsichtbare Hand«, die nach einem Vorstellungsbild der Ökonomie die Märkte regiert, einem nicht in die Tasche greift, wenn das Regieren der Märkte so leicht von der Hand geht, dass die unsichtbare Hand sich nicht ausgelastet fühlt?

Lustige, lustvolle Werbung für Lebens-Unlust

Werbung, die sich an die jüngeren Generationen richtet, zeigt im Prinzip das Gleiche – nur schneller und überdrehter.

Ganzkörpergeduscht, unter den Achseln deodoriert, ein paar Tröpfchen auf die Haut, die richtige Uhr am Arm, die Hand am richtigen Lenkrad, und schon öffnet sich einem – wird jungen Männern suggeriert – das Leben so weit wie die Bluse der Beifahrerin. Im Badeanzug ins Geschäft. »Wie wollen sie bezahlen?« Griff unter den Badeanzug an die Po-Backen. Hervor kommt die richtige Kreditkarte. Irgendwie erinnert das Sujet an das böse Wort – war's Lichtenberg? War's Tucholsky? –, wo die Ehre der Frau liegt.

Freche Mädchen mit der richtigen Kreditkarte oder dem richtigen Mann mit der richtigen Kreditkarte an ihrer Seite kommen überall hin. Die Männer müssen sich zuvor mit der richtigen Klinge rasieren und müssen sich vielleicht noch mit Mountain-Bike oder Snowboard ein paar Abhänge herunterstürzen, bevor sie mit dem richtigen Bier in der Linken den rechten Arm um das fish-and-chips-blonde Vorstadt-Luder legen dürfen. Sei's drum.

Werbung zeigt einen vom Publikum erwünschten Endzustand, aber nicht den manchmal beschwerlichen Weg zum Glück. Deshalb zeigt sie nicht das Leben, sondern zeigt die Menschen – die alten, wie die jungen – in ständiger Lebens-*Erwartung*. Aber das ist noch nicht leben, und wenn andere sich »um die Details kümmern«, wird es regelrecht lebensgefährlich. Das zeigt eine frühe Studie von Ellen Langer.[68] Zusammen mit Dr. Judith Rodin (heute Präsidentin der University of Pennsylvania) hat sie Frauen in Altersheimen psychologisch untersucht: Menschen, denen man fürsorglich alle »Details« abgenommen hatte. Sie lebten rundum-versorgt wie die Zimmerpflanzen, und nicht einmal ihre eigenen Zimmerpflanzen gießen durften sie selbst.

Solch ein Leben ist Mord auf Raten. Denn Frauen, für die Langer und Rodin durchsetzen konnte, dass sie zumindest die Blumen in ihren Zimmern selbst (»eigenverantwortlich«) gießen konnten – diese eine Maßnahme (!) – lebten länger. Leben, das zeigt diese Studie, hat etwas mit sorgen zu tun: für sich sorgen, für andere sorgen, für die Blumen sorgen und sich selbst um viele andere »Details« kümmern. Sonst entsteht Lebens-Unlust. In jedem Lebensalter.

Die intensivste Form der Lebens-Unlust nennen wir Suizid. Selbstmord ist – darauf hat Viktor Frankl, der Psychiater aus Wien, der Auschwitz überlebt hat, bereits vor mehr als 30 Jahren hingewiesen – die zweithäufigste Todesursache junger Menschen. Frankl hat die Motive von 60 Studenten untersucht, die einen Selbstmordversuch überlebt haben:

In 85 Prozent der Fälle ergab sich, dass die Betroffenen in ihrem Leben keinen Sinn mehr sehen konnten«. Es erscheint Frankl deshalb denkbar, dass viele dieser Selbstmordversuche unterblieben wären, hätte nur der betreffende Mensch im Leben, vielleicht sogar noch in seinem Leiden, einen Sinn gesehen. Wie sagt doch C. G. Jung: »Sinn macht vieles, vielleicht alles ertragbar«. Oder, um mit Nietzsche zu sprechen: »Wer ein Warum zu leben hat, erträgt fast jedes Wie«.[69]

Depressivität als »Lebensverzicht«

Im Zusammenhang mit Viktor Frankls Überlegungen bekommt die bekannte Mahnung von Albert Camus (1913–1960) – einzige Aufgabe der Philosophie sei zu begründen, warum man keinen Selbstmord begehen soll – mehr als 40 Jahre nach Camus' Tod neue Bedeutung.[70] Depressivität kann ebenso wie (ja vergebliche) Versuche, sich gegen alle Widrigkeiten und Überraschungen des Lebens abzusichern, als Rückzug von der Teilnahme am Leben angesehen werden. Und in dieser Sichtweise wird das ebenfalls bekannte Bibelwort, dass die Liebe stärker ist als der Tod, verständlich: nicht als medizinisch-biologische, sondern als psychologische Aussage.

In unserer therapieorientierten und psychopharmagläubigen Zeit ist der Hinweis angebracht, dass eine Behandlung der Zeitkrankheit Depression allein noch keinen Sinn im und damit noch keinen Grund fürs Leben gibt. Aus gutem Grund öffnet die Positive Psychologie sich deshalb den Sinnfragen des Lebens.

Abschnitt 29

Abschied vom Lustprinzip

Angeblich leben wir Menschen nach dem Lustprinzip. Lust ist gut. Schmerz ist schlecht. Der Mensch meidet Scherz. Der Mensch nimmt jedes Lustgefühl willig entgegen. Was Lustgefühle gibt, das wird gemacht. Mit diesen dürren Strichen kann man das Bild des Menschen nachzeichnen, das sowohl Freudianer als auch Behavioristen wie eine Ikone verehrt haben – obwohl sie sonst kaum Gemeinsamkeiten kannten. Betrug an der Menschheit war es in beiden Fällen. Mit Recht weist die Basler Philosophin Prof. Annemarie Pieper[71] darauf hin, dass nur ein einziger Philosoph versucht hat, das Lustprinzip zu einer umfassenden Philosophie auszubauen. Vergeblich. Und so ist der Philosoph – es war nicht Epikur, auf den sich alle Hedonisten berufen – unbekannt geblieben, Aristipp (um 425–355 v. Chr.) hieß er.

Alle zwei Sekunden ein Lustgefühl

Rund 50 Jahre ist es her. 1954 haben die Psychoneurologen J. Olds und P. Milner[72] Ergebnisse eines Rattenexperimentes veröffentlicht, das die Wissenschaft fasziniert hat – die Versuchstiere allerdings noch mehr. Olds und Milner hatten »das Lustzentrum« entdeckt. Oder so glaubten sie. Ratten wurden Elektroden ins Gehirn eingeplanzt, durch Drücken einer Taste konnten sie sich selbst einen kleinen Stromstoß geben – und die Sache muss so lustvoll gewesen sein, dass manche Tiere sich 1920 Stromstöße pro Stunde gegeben haben – mehr als ein Lustgefühl alle zwei Sekunden.

Für eine Psychologie des Lebensglücks hat diese Studie allerdings keine Auswirkungen gehabt. Sehr wohl aber für ein besseres Verständnis von Sucht und Abhängigkeit – und darum geht es meist in Wirklichkeit, wenn über Lust geredet wird.

Lebensglück hat mehr mit Lebenskompetenz als mit Lustgefühlen zu tun. Sich als lebenskompetent erweisen, ist eine wesentliche Voraussetzung für Well-Being und – subjektiv gesehen – für das Empfinden von Glück. Kompetenz zeigen, ist nach Forschungen des Psychologen Prof. Kennon M. Sheldon[73] eins der Basis-Motive des Menschen. Ähnlich ist die Sichtweise der Autoren eines Sammelbandes über »Emotionale Gesundheit«, herausgegeben von der Redaktion der Zeitschrift »Prevention«, dem größten Gesundheitsmagazin der Welt.[74] Was wir für »Emotionale Gesundheit«, also Well-Being, tun können, wird in den drei Buchstaben »CCC« zusammengefasst, die für drei englische Begriffe stehen:

- Challenge – also: Anforderungen und Aufgaben im Leben als Herausforderung annehmen und nicht als Bedrohung ansehen, vor der man entweder in die Knie geht oder flüchtet;
- Commitment – also: im Engagement bei Herausforderungen persistent bleiben und nicht nach der Methode »rin in die Kartoffeln, raus aus die Kartoffeln« vorgehen;
- Control – also: kein Spielball der Ereignisse sein, sich schon gar nicht als solcher sehen, sich nicht als Opfer der Umstände betrachten, sondern – wo immer möglich – die Sache selbst in die Hand nehmen.

Genau das ist mit Kompetenz zeigen gemeint. Und auf diesem Hintergrund wird deutlich, warum und wann traumatisierende Lebensereignisse unsere emotionale Gesundheit negativ beeinträchtigen – immer dann, wenn sie uns zum Spielball machen, wenn wir Kontrollverlust erfahren. Das gilt in der Situation selbst, gilt aber auch für »Flashbacks«. Aus der negativen Psychologie, die Krisen und Probleme erforscht, wissen wir, wie ein seelisches Trauma sich nachhaltig äußert: ein Trauma ist eine Katastrophenerfahrung, deren Spuren – Bilder, Eindrücke, Stimmungen und sogar Geruchswahrnehmungen – sich in unseren Geist und unsere Seele eingraben. Und die Szenerien von Horror und Schrecken können durch optische, akustische oder auch olfaktorische Spuren immer wieder neu belebt werden.

Das »lustvolle Trauma«

Ähnliche »Gehirn-Mechanismen« aber wirken auch unter lustvollen Vorzeichen. Nicht nur Horrorszenarien, sondern auch lustvolle Bilder und Erfahrungen prägen sich uns ein, und auch sie können die Kontrolle über unser Empfinden und Verhalten erlangen – ähnlich, wie viele Menschen sich der Überwältigung durch Trauma-Erinnerungen nicht erwehren können.

Immer wieder fallen wir zurück auf im Gehirn gespeicherte Richtwerte lustvoller Erfahrungen – und hier streben wir auf der Suche nach Lust ein »encore« an, ein »play it again, Sam«, ein »man müsste noch mal 20 sein und so verliebt wie damals«. Die einmal erlebten »good feelings« hängen uns nach. Jeder weiß es. Gute Gefühle erreichen wir zum Beispiel durch

- etwas Schönes anschauen,
- Musik hören,
- Schokolade essen.

Aber leider auch durch

- Glücksspiele,
- Börsenspekulation oder
- Drogenkonsum.

Dies sind einige der Themen, die die Neuropsychologie in den letzten Jahren erforscht hat.[75] Gemeinsam ist den hier aufgezählten unterschiedlichen Aktivitäten eine mögliche oder auch vorhandene Sucht-Komponente. Gefunden haben die Hirnforscher, wie Sucht entstehen und warum sie wider besseres Wissen aufrechterhalten werden kann.

Nehmen sie als Beispiel Fußball-Fans. Warum zieht es viele Männer (und neuerdings immer mehr Frauen) auf den Fußballplatz, auch wenn sie wissen, dass das Spiel aller Wahrscheinlichkeit nach langweilig und das Eintrittsgeld nicht wert sein wird? Die Hirnforscher glauben, dass es um den vielleicht ja doch möglichen Torschrei geht, die erlösende Gefühlsäußerung, die in uns eingespeichert ist, und die wie das Dornröschen in seinem verwunschenen Schloss auf Befreiung wartet. Durch Beschreibung dieser in uns eingespeicherten lustvollen Erfahrungen gibt uns die Neuropsychologie ein frisches Verständnis von Lust und Laster.

Bildgebende Verfahren der Gehirnforschung zeigen, welche Gehirngebiete durchblutet, also: aktiviert sind. Ein Neuronenschaltkreis in der Gehirnmitte ist zum Beispiel aktiv, wenn Tiere wie Menschen eine positive Erwartung auf eine Belohnung haben und auch wenn eine erwartete Belohnung nicht gegeben wird. Dieser Schaltkreis ist unter anderem von Dr. Wolfram Schultz, einem Neurowissenschaftler an der Universität Cambridge in England, erforscht worden.[76] Schultz hat Affen mit Apfelsaft belohnt, wenn sie bei Aufgaben, die er ihnen gestellt hat, das erwünschte Verhalten gezeigt haben. Festgestellt hat er dabei:

- Wenn die Belohnung höher als üblich ausfiel, registrierten die Messgeräte hohe Gehirnaktivität.
- Wenn die erwartete Belohnung ausblieb, zeigte sich dieser Mangel durch geringere Gehirnaktivität – wichtig hier: Das Gehirn »zeigte Wirkung«.
- Wenn die Belohnung hingegen wie üblich ausfiel, war keine auffällige Gehirnaktivität feststellbar. Erklärung: Wenn etwas so läuft, wie gewohnt, ist keine besondere Gehirnaktivität notwendig, das Neuronensystem des Gehirns arbeitet weiter wie bisher, gleichsam »business as usual«.

Programmiert auf bestimmte »good feelings«

Unser Gehirn ist also darauf programmiert, das Außergewöhnliche, die Abweichung von der Regel zu erkennen. Bedeutende Glücks-Erfahrungen werden als Erwartungen in uns gespeichert – etwa der

Gewinn, den ein Glücksspieler irgendwann einmal realisiert hat, und diese Glückserfahrung möchte der Gambler noch einmal erleben. Also spielt er. Kleinere Gewinne bedeuten ihm keinen Lustgewinn. Überhaupt kein Gewinn macht den Mangel an Lust auf prägnante Weise deutlich. Was immer also geschieht: Es treibt ihn zu jenem innerlich gespeicherten großen Kick.

Wer Sucht und Abhängigkeit verstehen will, findet hier ein Erklärungsmodell dafür, warum der Alkoholabhängige den nächsten Rausch sucht, der Musikfreund seine Lieblingsstücke hat, der Ess-Süchtige seine Lieblingsspeisen (oder seine Lieblingsnahrungs-Mengen). Erklärt an einem persönlichen Beispiel:

Ich habe in Las Vegas einmal Spielerglück gehabt, habe die einzige 25 US-Cent-Münze in meiner Tasche in einen einarmigen Banditen geworfen und habe hundert Dollar gewonnen. Das hat sehr lange Klick-Klick-Klick gemacht, als die Münzen aus dem Automaten kamen – ein Geräusch, das sehr viele Menschen um mich herum »wie magisch« angezogen hat. Eigenartigerweise waren sie nicht etwa neidisch auf meinen Gewinn. Sie freuten sich, weil sie dieses in ihrem »Belohnungsschaltkreis« eingespeicherte »Klick-Klick-Klick« endlich wieder einmal hören konnten. Den spielsüchtigen Menschen um mich herum muss das Klick-Klick-Klick wie Himmelsmusik geklungen haben. Dies Geräusch – in ihrem Gehirn gespeichert als »erzeugt ein sehr gutes Gefühl« – ist eine Triebfeder ihrer Spielsucht. Wenn sie spielen und das Klick-Klick-Klick ausbleibt, reagieren sie darauf nicht mit »Lass es«, sondern mit immer neuen, immer kreativeren Verhaltensweisen, wie die einarmigen Banditen zu überlisten sind – obwohl sie wissen, dass das nicht funktioniert. Aber das Belohnungssystem im Gehirn ist eben oft stärker als die Ratio.

Und die »Mechanismen«, die dann ablaufen, sind ähnlich wie die bei Kokain, Sex, Schokolade oder bei (vermutlich) allem, was süchtig machen kann. Das Bedürfnis wird unendlich groß. Es wird, jedenfalls bei einigen Menschen, größer als all ihre durchaus vorhandene Vernunft.

Einige Menschen werden, so scheint es, mit einer Disposition zu einer bestimmten Sucht geboren. So etwa besagt es die »Schlüssel-

Schloss-Theorie« der Alkohol-Abhängigkeit. Manche Menschen werden nach dem ersten oder zweiten Schluck im Prinzip alkoholabhängig, weil die Chemie des Alkohol wie ein Schlüssel in das Schloss ihrer Gehirn-Chemie passt.

Alkohol ist ein relativ präzis wirkendes Mittel, jenes gesuchte »gute Gefühl« zu erzeugen. Aber dieselben Mechanismen wirken nicht nur, wenn sich Belohnungen vorhersagbar einstellen, sondern eben auch, wenn sie sich – wie beim Glücksspiel im Casino oder an der Börse – einmal eingestellt haben, danach aber lange Zeit nicht.

- Musik wirkt in dieser Weise – nicht ohne Grund sprechen wir von »Stimmungsmusik«.
- Manche Bulimikerinnen sagen, dass sie »süchtig sind, sich zu übergeben«, weil ihnen dies ein positives – ein »warmes« – Gefühl gibt.
- Menschen fallen auf Werbung herein, die sie rational durchschauen.
- Fußball-Fans gehen auch zu vorhersehbar langweiligen Spielen. Sind sie so süchtig auf den Toooorschrei, dass Niederlagen oder null zu null ausgehende Spiele ihre Motivation, wieder auf den Platz zu gehen, nicht etwa hemmen, sondern steigern?

Der gemeinsame Nenner ist die Erwartung eines Lustgefühls. Und dies erlaubt einen neuen, genaueren Blick auf das, was in Psychologie und Psychoanalyse unter dem Begriff »Lustprinzip« gehandelt wird, denn bisher übersehen wurde die Suchtkomponente der »good feelings«. Ein Satz wie »Jeder Mensch, jedes andere Lebewesen sucht Lust und vermeidet Schmerz« wird als Naturgesetz angesehen. An Gesetze hat man sich zu halten. Wer also Lust sucht, folgt damit nur den Gesetzmäßigkeiten der Natur.

Ganz anders aber sieht die Logik aus, wenn mit einbezogen wird, das Lustgefühle süchtig machen können, weil sie im Gehirn als Erwartung guter Gefühle gespeichert werden. Dann wird das Streben nach Lustgewinn nicht mehr als »nur natürlich« angesehen werden können.

Als meine Tochter elf Jahre alt war – ein Kind, das als Einziges ständig Geld auf der Straße fand – habe ich ihr auf einer USA-Reise

Las Vegas gezeigt, habe sie in »mein« Casino mitgenommen, ihr 25 Cent gegeben und innerlich zu allen Glücksgöttern gebetet, dass ihr Wunsch nicht erhört wird. Glück habe ich gehabt, denn sie hatte kein Glück. Ihr Gehirn hätte möglicherweise Klick-Klick-Klick gemacht.

Kapitel XII

Lebens-Sinn

Abschnitt 30

Sehen, wie die Sonne aufgeht

Wie kann Zufriedenheit, Lebens-Zufriedenheit, erreicht werden?

Viele mit dem Leben unzufriedene Menschen heute finden den Weg in eine Psychotherapie. Gut so. Aber viele Psychotherapeuten heute sind damit nicht mehr ganz zufrieden.

Es gibt die »Fallgeschichte« eines erfolgreichen, eines zeit- und zielorientierten Unternehmers, der einmal zu einem Psychotherapeuten ging, weil alles in seinem Leben funktioniert hatte, Berufliches und Privates – nur hatte er irgendwann gespürt, dass er sich darüber nicht freuen konnte.

Also ging er zu einem »Fachmann fürs Seelische«, um dieses Loch in der Seele – ähnlich wie der Zahnarzt es mit dem Loch im Zahn macht – füllen zu lassen. Zur zweiten Therapiestunde brachte er einen Zettel mit. Auf dem standen die Punkte, die er bereden wollte, statt müßig auf der Therapeutencouch herumzuliegen.

Die Reaktion des Therapeuten hat ihn überrascht: »Warum genießen Sie nicht einfach die beiden Stunden in der Woche, die wir hier gemeinsam verbringen? Um Lebensfreude geht es Ihnen doch. Vom Blatt ablesen, was erstens, zweitens und drittens zu tun ist, das können Sie ja, aber es scheint Ihnen irgendwie doch nicht zu langen«.

Andere Menschen, die einen Mangel an Lebenszufriedenheit und Lebensfreude spüren, lesen psychologische Ratgeber, besuchen Seminare, Trainings, Wellness-Oasen, Fitness-Center, Meditations-Zentren, den Volkshochschulkurs über Yoga oder Autogenes Training. Oder sie gehen – wenn all das nichts nützt – in Selbsterfahrungs-Gruppen oder ebenfalls zum Psychotherapeuten. Gut so.

Dort reden sie viel – frisch von der Leber weg. Das hilft gegen Stress und Seelenschmerz. Das ist viel. Aber entsteht durch diese Entsorgung von »Seelenmüll« bereits Lebenszufriedenheit und Lebensfreude? Nicht unbedingt, das wissen viele Therapeuten. Und der »Vater der Kompanie«, Sigmund Freud, hat es ebenfalls gewusst und auf das »normale Unglück« hingewiesen, das Psychotherapie wieder herstellen solle. Ich gehe in Beratungen einen anderen Weg.

Wenn Menschen die Länge und die Quere und die Breite von Problemen berichten – wie schwer das Leben ist und wie schlecht die Menschen sind –, versuche ich, diese Tour des Leidens mit einer einzigen Frage etwas abzukürzen: Wann haben Sie sich zum letzten Mal einen Sonnenuntergang angesehen? Zwei Stunden lang. Einfach so. Wenigstens im Urlaub. Einfach so, wie auf den Kitschpostkarten.

»Einfach so« klingt natürlich nur einfach. In Wirklichkeit bedeutet es eine Lebensumstellung. Auch nur eine einzige Stunde am Tag freizuschlagen und sich einem optischen Eindruck auszusetzen, der uns Zufriedenheit spüren lässt, überfordert viele gehetzte und gestresste Menschen, die aber genau deshalb unzufrieden sind, weil sie sich keine Zeit nehmen, um Zufriedenheit zu spüren. Lieber klagen sie über Stress oder »Burn-out« oder darüber, dass ihr Leben keinen wirklichen Sinn mehr hat. Über diese Themen kann man lange und ernsthaft diskutieren. Diese Zeit aber wird abgekürzt, wenn sich manch ein Mensch tatsächlich einmal zwei Stunden Zeit nimmt und nichts weiter tut als einen Sonnenuntergang zu betrachten. Dann *fühlt* ER oder SIE Sinn des Lebens – und dieses Fühlen ist überzeugender als viel kluge Antworten auf Sinnfragen.

Abschnitt 31

Tödliche Krankheit und Lebens-Sinn

Universitätsklinik und Poliklinik für Strahlentherapie; Humboldt-Universität zu Berlin. Hier hat ein Psychologen-Team um Dr. Michael Weiss eine »Studie zum Konzept der Lebensqualität in der Psycho-Onkologie« erstellt.[77] Das Ziel war, einen etwas anderen als den bisher üblichen Weg in der Therapie und Betreuung von Krebspatienten zu gehen. Der normale Weg der Betreuung von Menschen, die mit Leiden und Tod rechnen, so Weiss und Mitarbeiter, orientiert sich verständlicherweise zunächst an dem gesellschaftlich vorherrschenden Bild des »normalen Lebens«, im Speziellen also:

- so wenig therapiebedingte Nebenwirkungen wie möglich einerseits und
- so viel Funktionsfähigkeit und Selbstständigkeit wie möglich, andererseits.

Weis und Mitarbeiter erklären dazu: *[Hier...] spiegelt sich ein ganz bestimmtes Verständnis von Lebensqualität. »Lebensqualität« bedeutet demnach vorwiegend: Selbstständigkeit in den Aktivitäten des Alltags; Mobilität; Berufstätigkeit usw.; kurz: eine möglichst weitgehende Erhaltung der normalen Leistungs- und Funktionsfähigkeit.* Neu und intensiver berücksichtigen wollten die Berliner Psychologen:

- Sinnerfahrung und Sinnerfüllung trotz der gegenwärtigen schweren Erkrankung;
- Wertempfinden und Werterleben;
- die Fähigkeit zur Selbst-Distanzierung und Selbstreflektion als Voraussetzung dafür;
- positive Grundhaltung und Lebensbejahung trotz des schweren Schicksals;
- die Qualität der sozialen Beziehungen.

Gefragt wurden die Krebspatienten zu Beginn der Therapie, am Ende der Therapie und sechs Monate nach der Therapie: »Was ist Lebensqualität für Sie ganz persönlich?« Ein Fragebogen ordnete die Antworten. Eines der Ergebnisse der Studie:

Nicht verwunderlich ist, dass das Thema »Gesundheit« auf Rang eins landet, wohl aber, dass die Themen »Sinnerfahrung«, »Sinnerfüllung« und »Werte« sowie »Soziale Beziehungen«, »Ziele setzen und Ziele erreichen« bereits auf Rang zwei lagen. Sie lagen damit noch weit vor den Themen:

- Angstfrei-Leben-Können,
- Hoffen-auf-die-Zukunft-Können, sowie

- Finanzielle Voraussetzungen.

Was war mit den konkret durch die Krankheit verursachten konkreten Beeinträchtigung? Es ging hier zum Beispiel um

- Schluckbeschwerden,
- Nichts-Essen-Können,
- Heiserkeit,
- Sprachprobleme durch ein Tracheostoma (Öffnung der Luftröhre nach außen)
- oder Gewichtsverlust.

Wie haben die Patienten diese Auswirkungen ihrer Erkrankung auf ihre Lebensqualität eingeschätzt? Nach den aktuellen Beschwerdelisten, mit denen die Befindlichkeit der Patienten normalerweise erfasst wird, bilden diese Punkte »den Hauptgegenstand der Lebensqualität«. In der Befragung aber rangierten sie an letzter Stelle.

»Lebensqualität« – das zeigt diese Studie in Übereinstimmung mit vielen anderen – wird sogar von Menschen auf einer Krebsstation nicht allein und schon gar nicht vorrangig mit den mit der Erkrankung zusammenhängenden Beeinträchigungen und Beschwerden sowie ihrer Behebung gesehen. Wenn man gezielter hinschaut und nicht nur auf die Gesundheit allgemein achtet (Rang eins), steht das Erleben von Sinn und menschlichen Beziehungen ganz oben. Danach erst folgt, was man erwarten würde: die negative Emotion der Angst (Rang vier), auf Rang fünf dann aber gleich auch die positive Emotion der Hoffnung. Und dann erst zeigen die körperlichen Beeinträchtigungen ihre Auswirkung auf die erlebte Lebensqualität.

Abschnitt 32

Lebensfreude als gespürter Lebens-Sinn

Stellen Sie sich einmal vor, es gäbe eine neue Pille. Sie hätte die folgenden erwünschten Wirkungen und keine unerwünschten Nebenwirkungen:

- Sie macht das Denken klarer, gründlicher und flexibler,
- schafft einen offenen Geist, also Offenheit für die ewig neuen und

immer wichtigen Informationen in unserer Kommunikations- und Wissensgesellschaft.

- Die Pille führt zu guten Problemlösungen,
- fördert die Kreativität,
- fördert die Motivation
- und garantiert, dass Menschen Freude an dem haben, was sie tun oder tun müssen (sogar Schüler bei den Hausaufgaben).

Im Sozialverhalten (das also, was der Freiherr von Knigge »Umgang mit Menschen« genannt hat) garantiert die neue Pille, dass die Menschen

- hilfsbereiter sind,
- freundlicher in ihrem Verhalten miteinander,
- großzügiger und
- sozial verantwortlicher handeln,
- weniger streitsüchtig sind und
- sich bei Streit schneller einigen.

Wer die Pille nutzt,

- sucht die Gegenwart anderer Menschen,
- fühlt sich mit anderen Menschen wohl,
- verbringt mehr Zeit mit anderen Menschen, ist also seltener allein,
- hat tiefe und feste Beziehungen mit Freunden, Familie und Liebespartnern,
- ist lebensfroh,
- umgänglich,
- seelisch stabil (also als weniger »neurotisch«-labil),
- hat mehr Energie – ein eher überschäumendes Temperament.

Wer die neue Pille nimmt,

- ist mit dem Leben zufriedener,
- erlebt und erinnert sich an mehr gute als schlechte Lebensereignisse,
- spürt Tag für Tag deutlich mehr positive als negative Emotionen,
- und spürt auch in schweren Zeiten und Krisen keine Lebens-Unlust, wird also nie daran denken, freiwillig aus dem Leben zu scheiden.

Stellen Sie sich als Letztes vor, die Herstellung dieser Pille würde keinen einzigen Cent kosten, und Sie persönlich hätten das Welt-

Patent auf diese Pille. Wie reich würden Sie? Vermutlich wird jetzt Ihr Vorstellungsvermögen zum ersten Mal überfordert. So reich wie Thomas Haffa heute noch ist? So reich wie Haffa einmal war? So reich wie der Pharma-Konzern Eli Lilly, der das weltweit verbreitete Anti-Depressionsmittel »Prozac« (in Deutschland: Fluctin) vertreibt? So reich wie der Pharma-Konzern Pfizer, der das weltweit verbreitete »Viagra« vertreibt? So reich wie alle Hersteller aller Psycho-Pharmaka auf der Erde? So reich wie Bill Gates – oder wer immer gerade ganz oben auf der Liste der »Fortune 500« steht.

Die schlechte Nachricht, die eine gute Nachricht ist

Wie würden die Ergebnisse der PISA-Studie mit solch einer Pille wohl ausgefallen sein? Und wie wären die »gepiesackten« Schüler, Eltern und Lehrer, Arbeitgeber und Arbeitnehmer und alle anderen Menschen auch – Ehepartner zum Beispiel – bei Laune? Die schlechte Nachricht ist natürlich, dass es eine Pille mit den beschriebenen Wirkstoffen nicht gibt. Die gute Nachricht ist: Es braucht diese Pille auch nicht zu geben, denn ihr Wirkstoff ist von der Natur in jeden Menschen »eingebaut« worden. Er heißt: Freude.

Die Aufzählung günstiger Wirkungen, die sie gerade gelesen haben, ist eine Auswahl der positiven Wirkungen, die Freude auf unsere geistigen Leistungen, unser Selbstgefühl, unsere Lebenseinstellung und auf unser Verhalten von Mensch zu Mensch ausübt, und die Wirkungen sind in vielen wissenschaftlichen Studien gesichert.[78] Jeder Mensch sollte von dem Wirkstoff Gebrauch machen – zum eigenen Nutzen und dadurch, dass alle Menschen Lebensfreude »dealen«, davon profitieren wir selbst nämlich am meisten, denn Lebensfreude ist eine ansteckende… Gesundheit.

Wer Lebensfreude ausstrahlt, wird von anderen Menschen gesucht, bekommt dann ihre positiven, ihre erfreulichen Seiten zu spüren. Über den Sinn des Lebens, den Sinn der menschlichen Existenz kann viel philosophiert und psychologisiert werden. Aber kennen Sie einen Satz, der mehr Weisheit enthält als das einfache Sprichwort »geteilte Freude ist doppelte Freude, geteiltes Leid ist halbes

Leid«? Und kennen Sie eine lebenspraktischere Definition für den Sinn des Lebens als »Lebensfreude durch Einbringen persönlicher Kompetenz – und ohne sich wie ein Süchtiger von Lustgefühlen abhängig zu machen«?

Kapitel XIII

Intelligenz

Abschnitt 33

Geistes-Anwesenheit

Dies Buch enthält einige ungewöhnliche Definitionen. »Lebenssinn als Lebensfreude jenseits der suchtartigen Abhängigkeit von Lustgefühlen« war ein Beispiel. Ein anderes zeigt sich beim Thema »Intelligenz«, die mit einem einzigen Wort – und jenseits aller IQ-Forschung und aller nassforschen Behauptungen über so etwas wie einen EQ – definiert werden soll. Lebenspraktisch gesehen, ist Intelligenz nichts anderes als Geistes-Anwesenheit. Und wenn Ihnen das gekünstelt klingt, kann es ersetzt werden durch »Intelligenz ist das Gegenteil von geistesabwesend sein«.

Geistes-Abwesenheit – der menschliche Normalzustand

Wissen Sie noch auf Anhieb, wie viel ein Viertel geteilt durch ein Achtel ist? Gewusst haben Sie es einmal. Es wird ja jedem Schulkind eingepaukt. Viele Menschen aber sagen, wenn sie solch eine Aufgabe lesen: »Mathe kann ich nicht.« Und woher die Menschen das wissen? Aus der Schule natürlich. Da lernen zu viele Kinder nicht etwa Bruchrechnen oder Algebra, sondern in Wirklichkeit eben: »Mathe kann ich nicht.« Die Psychologin Ellen Langer sieht in diesem »Mathe kann ich nicht« das Grundübel heutiger Erziehung: mangelnde Geistes-Gegenwart.

Langer ist eine gute Tennisspielerin, sie sieht sich im Fernsehen gerne Übertragungen großer Tennisturniere an, und bei der Übertragung der US-Open ist ihr einmal etwas aufgefallen: Ihr Tennislehrer hatte ihr genau erzählt, wie sie beim Aufschlag

Schläger und den Ball richtig zu halten und zu bewegen hätte. Bei den weltbesten Tennisspielerinnen und Tennisspielern in Flushing Meadows aber sah sie, dass keine einzige und kein einziger sich an die Regeln ihres Tennislehrers hielt. Die Top-Spieler der Welt spielten nach den Regeln ihres Tennislehrers schlechtes, falsches Tennis!

Diese »Erkenntnis« regte Langers Fantasie an, und sie begann darüber zu forschen, wofür wir Regeln brauchen – wenn sich die Besten der Besten nicht an die Regeln halten. Rasch wurde ihr klar, dass Regeln in Erziehung, Ausbildung und Trainings dazu da sind, Intelligenz und Kreativität zu töten. Deshalb läuft ein großer Teil des Lebens in Geistes-Abwesenheit ab.[79] Einige von Langers Beispielen für diese These:

Ein Mann betritt ein Bekleidungsgeschäft, wendet sich an die nächststehende Verkäuferin, sagt, was er wünscht, und merkt dann erst, dass er sich an eine Schaufensterpuppe, die nicht im Fenster, sondern mitten im Laden steht, gewandt hat. Der Mann hatte ein Bedürfnis, er wollte Bekleidung kaufen. Er sah etwas, das aussah, wie eine Verkäuferin, also ging er drauf zu.

Einmal ging Ellen Langer mit einer neuen Kreditkarte einkaufen. Die Verkäuferin an der Kasse merkte, dass die Karte noch nicht unterschrieben war. Also hat Langer sie vor ihren Augen unterschrieben. Als Nächstes musste sie den Rechnungsbeleg unterschreiben. Und dann hat die Verkäuferin die Kreditkarte und den Beleg nebeneinander gehalten und die beiden Unterschriften (die doch vor ihren Augen geleistet worden waren) miteinander verglichen, hat also überprüft – immer hübsch nach den einmal gelernten Regeln –, ob beide Unterschriften von derselben Person (die ja vor ihr stand) geleistet waren.

Die Prüfung fiel positiv aus!

Langer beschäftigt sich also mit dem, was in unserem Kopf vorgeht – oder vorgehen könnte. Sie hat viele Jahre darüber geforscht, wie wir Menschen tatsächlich denken. Ergebnis: zumeist rein automatisch. Wir sind zwar einerseits dauernd »in Gedanken«, andererseits und deshalb aber meist geistesabwesend. Langers Erklärung dafür: Wir reagieren in aller Regel nicht auf alle *»cues«* (ein *»cue«* ist ein Verhalten auslösender Reiz) in unserer Umwelt, sondern auf einige nur – und zwar auf die, die den gelernten Verhaltensregeln oder unserem momentanen Bedürfnis oder beidem gerade am ehesten entsprechen. Eine gut gemachte Schaufensterpuppe sieht einer gut zurechtgemachten Verkäuferin erst einmal ähnlich. Und das reicht uns erst einmal.

Und so verhält es sich auch, wenn wir mit tatsächlich lebenden Personen Umgang haben. Der englische Informatiker Ross Ashby berichtet, er hätte ein ganzes Jahr lang auf die übliche Wie-geht's-Frage bei der Begegnung mit anderen Engländern immer auf die gleiche Weise geantwortet: »Ich habe gerade meine Großmutter umgebracht.« Reaktion: »How nice. Thank you. I'm fine, too.« Es wird also nicht hingehört. Wir sind geistesabwesend.

Langer hat zur Geistes-Abwesenheit bei zwischenmenschlichen Begegnungen das in der Psychologie inzwischen sehr bekannte Fotokopierer-Experiment gemacht: Studenten mussten in der Nähe des Institutskopierers stehen und warten, bis jemand anfing zu kopieren. Dann mussten die Studenten sich vordrängen und sagen: »Darf ich den Kopierer benutzen?« Ergebnisse:

- In etwa 60 Prozent der Fälle wurde der Bitte stattgegeben. Der Mensch ist also von Natur aus nachgiebig oder zuvorkommend – selbst wenn sich jemand unhöflich vordrängelt.
- Einen fast perfekten Erfolg beim Vordrängeln – 95 Prozent – haben Langers Studenten erreicht, wenn sie zusätzlich einen Grund angegeben und gesagt haben: »Ich bin in Eile.«

Dieser »Grund« ist aber kein Grund. »Ich bin in Eile« kann jeder sagen. Aber den Menschen am Kopierer hat dieser »Grund« ausgereicht.

Langers Erklärung: Wir Menschen sind für die allermeisten Fälle des Lebens vorprogrammiert. Wir hören eine Bitte und hören so etwas, das wie eine Begründung klingt, und darauf reagieren wir: ohne nachzudenken – geistesabwesend eben.

Wie stark wir in dieser Weise programmiert sind, zeigte ein anderer beim Vordrängeln angegebener »Grund«, der ebenfalls die 95-Prozent-Erfolgsmarke erreicht hat. »Darf ich einmal den Kopierer benutzen. Ich bin in Eile« – darunter kann man sich ja noch etwas

Dringliches vorstellen. Es hat aber auch gereicht, dass der Vordrängler gesagt hat: »Darf ich einmal den Kopierer benutzen. Ich möchte ein paar Kopien machen.«

Was sonst hätte er oder sie am Kopierer wohl machen wollen? Aber es klang – vom Satzbau her – wie ein Grund. Also war es ein Grund. Wir reagieren also oft stärker auf die Syntax der an uns gerichteten Sätze als auf ihre Bedeutung. Irgendwie nachgedacht – oder zumindest die Situation etwas bewusster erfasst – haben die Menschen am Kopierer erst, wenn der Vordrängler einen großen Papierstapel unter dem Arm hatte. Da fing es dann im Kopf zu rattern an. Die normale spontane Höflichkeit wurde durch einsetzende logische Überlegungen angegriffen.

Wie man »es« richtig macht

Alltagserfahrungen, wie Langer oder Ashby sie berichten, hat jeder schon gemacht. Das Fotokopierer-Experiment bekräftigt, wie ubiquitär das Phänomen der Geistes-*Abwesenheit* ist, wir leben zumeist »in Trance« (Kapitel IV, Abschnitt 9). Ellen Langers eigentliches Forschungsinteresse aber gilt der Geistes-*Anwesenheit* (»Mindfulness«) und gilt besonders jener Institution, die wir Schule nennen (oder Universität oder Fortbildung oder Management-Seminar) – gilt also jenen Einrichtungen und auch jenen Menschen, die die Geistes-*Anwesenheit* fördern sollen: Lehrern und auch Tennislehrern. Vom ihrem Tennislehrer aber beigebracht worden war Langer ein Schema-F-Denken-und-Handeln. Schema F heißt: »Das haben wir immer schon so gedacht und gemacht. Basta! Auf deine persönlichen Bedürfnisse, auf deine Lebenssituation wird keine Rücksicht genommen.« Ist es in der Schule anders?

In der Schule sollen wir zum Beispiel Mathematik lernen. Warum wissen so viele Menschen nicht, wie viel ein Viertel geteilt durch ein Achtel ist? Jedem Schulkind wird doch die Regel eingepaukt, wie man einen Doppelbruch richtig ausrechnet. Die Regel heißt: »Mit dem Kehrwert malnehmen«. Der »Kehrwert« von ein Achtel ist »acht Eintel«. Ein Viertel geteilt durch ein Achtel ist demnach »ein Viertel mal acht Eintel«. Acht durch eins ist acht, ein Viertel mal acht ist acht Viertel, jetzt folgt die nächste Regel: »Brüche soll man kürzen«. Acht durch vier ist zwei.

»Setzen. Sehr gut.«

Genau das hört der Fünftklässler, der die beiden Regeln runterrasseln und anwenden kann – und die Regeln dann sehr schnell wieder vergisst. Und da liegt der Hund begraben: beim Einpauken, sagt Langer. Ihre wichtigste Erkenntnis: In der Schule kommen die positiven Emotionen zu kurz. Es geht um »richtig« und »falsch« – Basta! Wer etwas falsch macht, blamiert sich, bekommt schlechte Noten – mündlich, in Klassenarbeiten und im Zeugnis.

Die Folge sind negative Emotionen: Angst vor der Peinlichkeit, bloßgestellt zu werden. Und die natürliche Reaktion ist dann: »Dem, wovor ich Angst habe, gehe ich aus dem Wege.« Ich beschäftige mich damit nicht – auch innerlich nicht. Basta! Wenn die Noten zu schlecht werden, pauken Kinder sich den Lernstoff ein. Das reicht dann fürs Prüfungswissen. Und danach wird alles schnell wieder vergessen.

Warum?

Weil es keine Herzenssache ist.

Die Ich-Beteiligung fehlt. Goethe hat dieses Phänomen mit einem bekannten Wort umschrieben: »Was du ererbt von deinen Vätern, erwirb es, um es zu besitzen.« Das heißt: Spiele damit, gehe damit um, probier es aus, mach dir deinen eigenen Reim darauf. Mach es dir zu Eigen. Denn der Mensch ist, wie Karl Jaspers gesagt hat, was er ist, durch die Sache, die er sich zu seiner eigenen gemacht hat. Dazu fehlt es in der Schule aber an Zeit. Die Folge: Regeln – geistesabwesende Routinen – werden gelernt. Aber das, woran unser Herz sich nicht hängt, vergisst der Verstand.

Am besten lernt, wer früh eigene Wege geht

Noch ein Experiment? Ellen Langer hat es mit Kindern, die das Klavierspielen lernen wollten oder sollten, gemacht. Sie hat die Klavier-Eleven dabei in zwei Gruppen eingeteilt.

1. Die erste Gruppe hat die üblichen Übungsstücke eingepaukt – immer wieder –, hat also genau das getan, warum so viele Klavieranfänger wieder aufgeben.

2. Der zweiten Gruppe aber wurde gesagt: »Spielt nicht nur nach Routine. Versucht nicht, die vorgeschriebenen Etüden perfekt herunterzuspielen. Seid kreativ. Variiert euer Spiel.«

Nach einer Weile wurde Tonbandaufnahmen gemacht und von Musikexperten, die nicht wussten, aus welcher Gruppe das jeweilige Stück kam, bewertet. Ergebnis: Die zweite Gruppe wurde als »klaviertechnisch besser« und als »kreativer« eingeschätzt.

Hier liegt der Schlüssel zur Kreativität – nicht nur in der Kunst, sondern auf allen Gebieten der Lebenskunst. Die Tür zur Kreativität bleibt verschlossen, wenn man die Geisteshaltung hat: »Ich muss mich zwingen. Ich muss es richtig machen. Ich muss perfekt sein.«

Kreativ sein heißt: eigene Wege gehen. Anfangs sind es oft Irrwege und Holzwege. Aber wer sich selbst einbringt, wer – wie im Klavier-Beispiel – sein eigenes Spiel nach Lust und Intuition immer wieder variiert, wird belohnt. Nicht nur durch ein kreativeres Spiel. Sondern auch durch bessere Technik! Besser als die Gruppe, die »Klaviertechnik« geübt und immer wieder geübt hat!

Dass jemand, der zur Kreativität angehalten wird, auch kreativer wird, ist für den Normalverstand noch nachvollziehbar. Dass auf diesem Wege aber die Technik verbessert wird – und eben nicht durch technisch-routiniertes Üben – da liegt die heilsame Provokation. Man muss zu sich selbst halten und sich selbst einbringen, wenn man Kreativität und Originalität erreichen will. Und nicht auf Lob von anderen schielen. Klar. Aber dasselbe gilt auch für den Erwerb von Technik. Auch hier ist Spiel – und nicht Zwang – der Königsweg, ähnlich wie bei den in Kapitel X, Abschnitt 25 beschriebenen Spielen.

Liebe zum Wissen beginnt mit Selbstachtung

Ellen Langer sagt von sich, dass sie sehr gerne, sehr oft und nicht besonders gut singt. Ist ihr das peinlich, dass andere Menschen sie nicht für Maria Callas oder Madonna halten?

»Nein«, sagt sie. »Ich bin nicht beschämt über mein mangelndes Talent. Ich akzeptiere meine Art zu singen. Weil ich sie akzeptiere, bewerte ich mich nicht selbst. Und deshalb denke ich auch nicht darüber nach, wie toll mich die anderen finden.«

Das ist Selbst-Liebe. Selbst-Liebe beim Wissen und Lernen heißt erkennen: »So viel kann ich. Das zeige ich. Das setze ich ein. Denn wenn ich mein Talent verberge, kann ich nichts dazulernen.«

Da liegt der Schlüssel für die Tür, hinter der unser Verstand eingesperrt ist, denn mit Mathe, Geschichte, Fremdsprachen, Chemie, Buchhaltung oder der neuen Software ist es das Gleiche. Ein bisschen »singen« kann jeder auf jedem Gebiet. Man muss sich trauen – vor sich selbst und vor anderen Menschen: nett, nicht arrogant. Als Beispiele:

- Wer in einem fremden Land die wenigen Sprachbrocken, die man kennt, nicht benutzt, wird niemals dazulernen.
- Wer sagt: »Die Steuererklärung kann ich nicht«, wird nie erkennen, dass er vieles eben doch kann.

Das nennt man: Liebe zum Wissen. Wer sich Wissen wie einen Fremdkörper einpaukt, Lernstoff mechanisch wiederholt, bis er »sitzt«, wird das meiste schnell wieder vergessen, weil es ohne Liebe geschieht. Die Gedächtnisforschung hat jenseits jeden Zweifels nachgewiesen: Wir behalten vor allem Stoff, den wir lieben, an dem unser Herz beteiligt ist, den wir uns »zu Eigen« gemacht haben.

Der Grund: Was wir uns einpauken, rattern wir »automatisch« herunter, wenn wir danach befragt werden. Etwas automatisch herunterrattern aber heißt: Unser Geist – unser Denken und Fühlen – ist daran kaum oder gar nicht beteiligt. Das Wissen lebt nicht in uns. Diese Art von Wissen bleibt ein Fremdkörper. Unser »geistiges Immunsystem« stößt es wieder ab, wenn es nicht mehr gebraucht wird, also: Wenn die Prüfung geschafft ist und wenn die Schule und das Studium vorbei sind.

Gute Urteilskraft entsteht durch eine Art Meditation

Langer kritisiert die Psychologie an einem ganz wunden Punkt: Wo es um Entscheidungen geht, haben wir Psychologen seit hundert Jahren immer nur erforscht, wie man es richtig macht. Aber wir haben nicht erforscht, wie Menschen ihren Verstand tatsächlich gebrauchen. So sind Psychologen mit ganz prächtigen Ideen vor die Welt getreten, etwa, dass gute Entscheidungen entstehen, wenn wir

- möglichst viel – und am besten: alle – Informationen zusammentragen,
- die Informationen gegeneinander abwägen und dann
- eine Kosten-Nutzen-Analyse machen.

Langer hingegen sagt klipp und klar – wenn auch bewusst überzogen, weil sie gerne provoziert: Logische Analysen werden erst gemacht, wenn wir uns intuitiv bereits entschieden haben. Deshalb sollten wir unser Gefühl, unsere Intuition ernster nehmen als das logische Denken, die Argumente oder die Fakten, die uns in den Sinn gekommen sind. Albert Einstein hat auf die Frage, wie er zu seinen großen Ideen und tiefen Einsichten gekommen ist, genau das Gleiche gesagt: »Die Grundeinheiten meines Denkens sind Bilder und Körpergefühle. Worte und logische Verbindungen kommen erst später dazu«.[80]

In einer Konferenz in einem großen Münchner Industriebetrieb muss eine Entscheidung getroffen werden, die viele »Mio« kostet, und die die Unternehmenspolitik auf Jahre festlegt. Selbstverständlich muss die Entscheidung richtig sein, jeder Euro muss vor Vorstand und Controllern gerechtfertigt werden. Die versammelten Manager aber sind entscheidungsgeübt. Sie lassen deshalb Daten und Fakten erst einmal beiseite, denn sie wissen: Bei allem, was in die Zukunft hineinreicht, reichen die harten Informationen nie aus. Denn niemand kennt die Fakten, die sich erst noch einstellen werden.

Deshalb lassen sie ihrer Intuition freien Lauf. Was wollen wir? Das ist ihr wichtigstes Thema. Und erst, als darüber Einigkeit erzielt ist, stellt einer von ihnen die entscheidende Frage: »Und wie beargumentieren wir das?« Jetzt erst werden die logisch vertretbaren Argumente gesucht. Die Manager gebrauchen ihren Kopf also in der Weise, die auch Albert Einstein genannt hat: Erst die Intuition, dann das Denken.

Das ist der gute Weg.

Abschnitt 34

Das Yin und Yang des Geisteslebens

Prof. Richard Nisbett (Universität von Michigan), Sozialpsychologe und über die Grenzen des Faches hinaus bekannt für Arbeiten aus der Politischen Psychologie, hat vor kurzem Menschen aus dem westlichen und dem östlichen Kulturkreis – Amerikanern und Japanern – einen Film gezeigt, eine Unterwasserszene, in der unter anderem ein großer Fisch inmitten eines Schwarms kleiner Fische zu sehen war.[81] Gebeten zu schildern, was sie gesehen haben, zeigte sich ein Kulturunterschied in der Wahrnehmung:

- Die Japaner beschrieben diese Szene mit Worten wie: »Da gab es einen See oder einen Teich mit Fischen.« Bemerkt haben sie: »Das Wasser war grünlich.« Oder: »Der Boden war steinig.«
- Die Amerikaner hingegen konzentrierten sich in ihrer Beschreibung auf den großen Fisch.

Die Japaner haben die Szene also eher »ganzheitlich« erfasst. Sie haben das Allgemeine, die Amerikaner hingegen haben den »dicken Fisch«, also: das Besondere, gesehen. Funktioniert das östliche Auge somit anders als das westliche? Vermutlich ja. Die Abbildung der Szene auf der Netzhaut des Auges – das darf unterstellt werden – ist bei allen Menschen erst einmal gleich. Aber die Netzhaut arbeitet nicht wie der Film in einem Fotoapparat, sie empfängt also nicht einfach nur optische Information, sondern sie ist ein vorgelagerter Teil unseres Gehirns. Aufgabe des Gehirns ist, Information zu verarbeiten. Nisbetts kleines Experiment zeigt also, dass westliche und östliche Gehirne etwas unterschiedlich funktionieren, auch wenn uns das nicht bewusst ist.

Das östliche Gehirn »schaut«. Es erfasst die Totale. Das westliche Gehirn »sieht genau hin«. Es macht die Nahaufnahme, es sieht das markante Detail, »den einzelnen Baum«. Die Japaner hingegen sehen eher den »Wald«. Ein Kulturunterschied, aus dem wir Gutes über das Denken lernen können.

Ist der Fisch, der sich vom Fischschwarm entfernt, stark oder einsam?

Ein anderes kleines Experiment – wieder ging es um Fische –, das in den USA und in China durchgeführt worden ist, beleuchtet den Unterschied, den diese zwei Kulturen, West und Ost, dem Individualismus als Wert beimessen.[82] Die Psychologie-Professoren Phoebe Ellsworth (University of Mariland) und Fang Fu-Xi (Chinesische Akademie der Wissenschaften in Beijing) zeigten Viertklässlern, Siebtklässlern und Erwachsenen zwei kurze Filme: Ein Fisch entfernt sich von seinem Schwarm, und der Fischschwarm nimmt den einzelnen Fisch wieder »in die Gruppe auf«.

Die Befragten sollten dazu angeben, was der einzelne Fisch fühlt, und was die Gruppe – also: die Fische im Schwarm – fühlt.

- Häufigste Antwort der amerikanischen Erwachsenen: Der einzelne Fisch fühlt sich der Gruppe überlegen. Der Einzelne, der nicht »mit der Masse schwimmt«, wird als stark gesehen.
- Häufigste Antwort der chinesischen Erwachsenen: Die Gruppe hat den einzelnen Fisch ausgeschlossen. Jetzt wird der »Individualist« als Ausgestoßener betrachtet.

Diese kulturellen Unterschiede zeigten sich bei den Viertklässlern noch nicht. Ihre häufigste Antwort, in den USA wie in Beijing: Der einzelne Fisch hat sich geärgert. Deshalb verlässt er die Gruppe.

Kommen drei weitere Schuljahre hinzu – eine Schulung also in »östlichem« oder im »westlichen« Denken – ändert sich das. Die Siebtklässler tendieren bereits stark in die Richtung, die die Erwachsenen, die Kulturträger, vorgegeben haben. Erklärung der Psychologen: In dieser Altersstufe (etwa 13 Jahre) beginnt der Übergang ins Erwachsenenalter und deshalb die Angleichung an die Werte der Erwachsenenwelt. Chinesen aller Altersgruppen begrüßten übrigens die »Wiederaufnahme des einzelnen Fisches in den Schwarm«, während bereits die amerikanischen Siebtklässler das Herannähern des Fischschwarms als »auch bedrohlich« empfanden.

Ein weiteres kleines Ost-West-Experiment von Richard Nisbett:

Er hat koreanischen und amerikanischen Studenten einen Aufsatz über französische Atomtest im Pazifik zu lesen gegeben und den Studenten zugleich gesagt, der Verfasser dieses Aufsatzes hatte keine Entscheidung darüber, welche Meinung er zu vertreten hatte. Dennoch zeigte sich bei den Studenten aus beiden Kulturen die Tendenz, die im Aufsatz vertretene Meinung über Atomtests für die eigene Meinung des Autoren anzusehen. Ost und West denken und empfinden hier also ziemlich gleich.

Mit anderen Studenten aus beiden Ländern hat Nisbett zuvor eine »Aufsatz-Übung« durchgeführt. Sie mussten ein Thema schreiben und dabei eine strikt vorgegebene Meinung vertreten. Lasen diese beiden Studentengruppen danach den Aufsatz über französische Atomtests, zeigten sich kulturelle Unterschiede: Die Koreaner glaubten sehr viel weniger als die Amerikaner daran, dass es sich bei dem Atom-Beitrag um die ehrliche Meinung des Verfassers gehandelt hat. Die Amerikaner, in einer Kultur aufgewachsen, die der Pressefreiheit hohen Wert einräumt, glaubten eher an freie Meinungsäußerung.

Ähnliches Ergebnis in einem Diskussions-Experiment mit koreanischen und amerikanischen Studenten. Es ging um Zwei-Personen-Diskussionen, eine häufige, eine lebenstypische Situation – vergleichbar mit Diskussionen zwischen Eltern und Kind, Schüler und Lehrer, Boss und Mitarbeiter. Und wie so oft in psychologischen Experimenten haben die Versuchsteilnehmer nicht durchschauen können, was wirklich gespielt wurde.

Der Mensch, der mit den Studenten diskutierte, war zwar auch Student, war aber Mitarbeiter der Versuchsleiter – von Nisbett und seinen Kollegen aus Korea. Aufgabe dieses »V-Mannes« war, persönliche Überzeugungen bei Studenten festzustellen und diese Überzeugungen dann mit bewusst weichen, also: leicht widerlegbaren, Argumenten in Frage zu stellen.

Bei den Amerikanern führte dies zu einer Festigung der eigenen Meinung. Die Koreaner hingegen waren eher geneigt, ihren eigenen Standpunkt in Frage zu stellen und noch einmal zu überdenken. Die Amerikaner nutzten die Gelegenheit, die »weichen« Gegenargumente in Grund und Boden zu argumentieren. Die Koreaner arbeiteten eher heraus, warum auch die Gegenmeinung ihre Berechtigung haben könnte.

Auch ähnliche Experimente haben gezeigt, dass Angehörige östlicher Kulturen sehr viel weniger Interesse daran haben, Widersprüche in Diskussionen zu klären. Geboten, einen Mutter-Tochter-Konflikt zu lösen, ergriffen die Amerikaner rasch Partei für eine der Seiten, die Chinesen hingegen versuchten, das Wertvolle an den Standpunkten beider Seiten herauszuarbeiten. Und sie kamen dann zum Beispiel zu dem Schluss: Beide, die Mütter und die Töchter, haben es nicht geschafft, einander zu verstehen.

Richtig/falsch oder Yin/Yang?

Denken Sie einmal an Diskussionen, die Sie miterlebt haben oder an denen Sie beteiligt waren. Wie viel Zeit ist darauf verwendet worden, den Standpunkt des anderen zu verstehen? Und zwar so gut, dass der Andere die Gewissheit hat: »Auch wenn meine Meinung nicht geteilt wird – jetzt bin ich zumindest verstanden worden«. Wie viel Zeit ist darauf verwendet worden, den eigenen Punkt hinüberzubringen, Sach- und Denkfehler beim anderen zu erkennen und zu geißeln? Und wie viel negative Emotionen sind bei dem Versuch freigesetzt worden, den anderen von der eigenen Meinung zu überzeugen?

Wichtig ist: So, wie wir erzogen worden sind in unserer westlichen Kultur, können wir kaum etwas dafür. Wir sind einfach geschult worden auf ein Denken in »richtig und falsch«. Was richtig ist, duldet keinen Widerspruch – das wäre ja ein Denkfehler. Auf seinem Grabstein stand: »Er hatte Vorfahrt.« Christian Morgenstern hat uns das schöne Wort geschenkt: »Also schloss er messerscharf, dass nicht sein kann, was nicht sein darf.«

Recht haben scheint uns wichtiger zu sein als den Angehörigen östlicher Kulturen. Und in vielen praktischen Situationen fahren die Asiaten damit nicht schlecht! Woher diese kulturellen Unterschiede kommen, ist kaum zu erklären. Liegt es daran, dass wir Westler in der Tradition griechischer Logik erzogen worden sind und Ostler eher in einem harmonischen, Gegensätze ausgleichenden

»Yin-Yang-Denken«? Sicher ist nur, dass es sich hier um keine angeborenen Kulturunterschiede handelt, denn Koreaner in den USA übernehmen schnell die Denk-Gewohnheiten der Kultur, in der sie leben.

Logik kann dem Denken schaden

Deutlich werden die kulturellen Unterschiede auch bei der Anwendung formaler Logik – etwa bei den beliebten Syllogismen. Syllogismen sind ein intellektueller »Dreisprung«. Geklärt wird mit ihnen, ob eine Folge von Aussagen in sich schlüssig ist. Beispiel:

Satz 1: »Alle Pelztiere machen einen Winterschlaf.«
Satz 2: »Kaninchen haben Pelze.«
Satz 3: »Also machen Kaninchen einen Winterschlaf.«

Amerikanern fiel es leicht, diese Logik nachzuvollziehen. Sie folgten der »logischen Struktur«. Menschen aus asiatischen Ländern hingegen hatte hier Probleme. Sie vertrauten eher ihrer persönlichen Erfahrung. Und da sie keine persönliche Erfahrung mit *allen* Pelztieren hatten, zweifelten sie die Richtigkeit dieser Gedankenkette eher an als die Amerikaner (die allerdings auch keine Erfahrung mit *allen* Pelztieren haben – nur Erfahrungen mit einer bestimmten Art automatischen Denkens).

Automatisches Denken, Denk-Gewohnheiten, sind Strategien, mit denen Menschen Informationen verarbeiten und die Welt um sie herum in für sich selbst und die Angehörigen der eigenen Kultur (der eigenen Denk-Gemeinde) in sinnvoller Weise erklären. Unsere Logik sagt uns, dass alles, was ist und was geschieht, nicht ohne Grund ist oder geschieht. Wir denken also weitgehend in Ursache und Wirkung. Aber dieses Grundgesetz der Logik gilt nicht in allen Kulturen in gleicher Weise als unumstößliches Dogma, sondern vor allem in unserer westlichen Kultur mit ihrer Wertschätzung für analytisches Denken.

Wer analytisch denkt, trennt zwischen Subjekt und Objekt, trennt also das Objekt des Denkens von seinem Umfeld, von den Zusammenhängen. Bereits Berichte sowjetischer Psychologen aus den 1930er-Jahren in Usbekistan und neue Forschungen in Japan,

China oder Korea zeigen, dass Menschen der östlichen Hemisphäre häufiger »ganzheitlich« denken. Sie sehen die Dinge im Kontext und trauen ihrer eigenen Erfahrung – dem, was ihre Sinne ihnen vermitteln – stärker als der abstrakten Logik.

Deshalb entwickeln sie, so Nisbett, eine größere Toleranz für Widersprüche. Strenge Logik dient auf der anderen Seite dazu, Widersprüche zu eliminieren. Asiaten streben nicht die »reine Lehre« an, sondern ihre Erfahrung sagt ihnen, dass mit Widersprüchen und Gegensätzen zu leben ist.

Logik ist nicht immer ein Zeichen für Soziale Intelligenz

Wichtige Quelle für Vorurteile ist, dass Menschen an anderen Menschen nur ein einziges Merkmal wahrnehmen – Gesicht, Hautfarbe, Gewicht etc. – und daraus auf die gesamte Persönlichkeit schließen. Das aber ist kein Denken, sondern automatisches Denken.

Vorurteile, hat der Psychologe Gordon Allport gesagt, haben ihren Ausgangspunkt oft in der Bezugsgruppe eines Menschen. Allport glaubt, dass das Entstehen von Vorurteilen zur Natur des Menschen gehört, denn zu ihr gehört die normale Tendenz, einfache Konzepte und Verallgemeinerungen zu bilden.

Vorurteile kommen in zwei »Geschmacksrichtungen«:

1. Liebes-Vorurteile (die guten Seiten der Menschen in der eigenen In-Group werden übergeneralisiert), und
2. Hass-Vorurteile (die üblen Seiten der Menschen in der Out-Group werden übergeneralisiert).

Unser Leben beginnt mit Liebes-Vorurteilen, denn der Mensch braucht Bindung an Familie und Freunde, bevor er eine Out-Group definieren kann. Wer Menschen einer bestimmten Out-Group ablehnt, wird mit hoher Wahrscheinlichkeit auch Menschen anderer Out-Groups ablehnen. Allport glaubt, dass Vorurteile sich dadurch verfestigen, dass

- zuerst über sie gesprochen wird (Witze über Ausländer, Homosexuelle).
- In einem zweiten Schritt gehen wir dann zu der Out-Group auf Distanz.

- Dann beginnen wir, diese Menschen zu diskriminieren.
- Danach kommt es zu Gewalt.
- Und schließlich – auf dem höchsten, besser: niedrigsten Niveau – entsteht die Forderung, die Out-Group zu eliminieren.

Wehret den Anfängen! Und ihrer »Logik«. Ihrem Mangel an Yin/Yang.

Kapitel XIV

Charakter

Abschnitt 35

Die zukunftsfähige Persönlichkeit

Wenig im Leben ist sicher, eins aber sehr wohl, wir werden älter, Tag für Tag – und das verdammt lange. Im Bevölkerungsdurchschnitt leben wir heute nämlich etwa 25 Jahre länger als die Menschen vor hundert Jahren. Das sind 25 mal 365, also 9125 Tage, was tun in der Zeit? Flotte Sprüche übers Älterwerden füllen sie ja noch nicht aus. »Älter werde ich später«, heißt ein Buch der Schauspielerin Iris Berben. Gut gebrüllt, Salonlöwin, aber alles »Rosa Roth« sehen ergibt »Bella Block-aden«. Es gibt Besseres.

Menschliche Basiskompetenzen für das 21. Jahrhundert

Im März 2001 hat das Unternehmen DaimlerChrysler internationale Top Manager und Psychologen, deren Forschungsinteresse der Positiven Psychologie gilt, zu einem Seminar über lebenslanges Lernen zusammengezogen. Organisiert worden war das Seminar von Paul B. Baltes. Im Fokus des Interesses stand die zweite Lebenshälfte.

Die zweite Lebenshälfte beginnt, logisch, wenn die ersten 50 Prozent des Lebens vorbei sind. Für das Genie Wolfgang Amadeus Mozart (1756–1791) hat die zweite Lebenshälfte – rückblickend gesehen – begonnen, als er seinen 18. Geburtstag noch nicht gefeiert hatte. Für uns weniger bedeutende Lebenskünstler, die wir uns mit Durchschnittswerten zufrieden geben müssen, beginnt diese zweite Lebenshälfte, wenn wir,

- Frauen wie Männer insgesamt betrachtet, älter als 40 sind

- und für die Frauen, die eine etwa sieben Jahre längere Lebenserwartung haben, etwa ab Mitte 40.

Für beide Geschlechter also beginnt die zweite Lebenshälfte nach Mozarts Sterbealter, und immer mehr Menschen können damit rechnen, die runde 100 zu erreichen – im Prinzip jeder, denn »Zeit und Stunde« ist ja niemand bekannt, außer ER oder SIE betätigt sich in eigener Sache als Sterbehelfer. Die Möglichkeit und die Pflicht zu lebenslangem Lernen macht die zweite Lebenshälfte, die mit der Lebensmitte beginnt, zu einer spannenderen Zeit als die heute eintönige Suche nach FOREVER YOUNG. Dies Bild korrigiert Paul B. Baltes mit Forschungs-Fakten über die zweite Lebenshälfte:

Immer früher in den Ruhestand? Warum eigentlich?

In den westlichen Industrienationen scheiden die Menschen heute drei bis vier Jahre früher aus dem Arbeitsleben aus als noch vor 25 Jahren. »Übrigens«, so Baltes, »nicht nur in Ländern, in denen Arbeitslosigkeit ein Problem ist«. Der frühe Abflug in den Ruhestand kommt also nicht aus dem gut gemeinten Motiv heraus, dass Arbeitsplätze für die jüngeren Generationen frei gemacht werden sollten. Frühpensionierungen erscheinen dem Berliner Psychologen als absurd, denn

- die heute 60-Jährigen sind körperlich so fit wie vor ein, zwei Generationen die 50-Jährigen;
- in Wissenstests schneiden die Älteren nicht schlechter, sondern schneiden viele von ihnen besser ab als die Jüngeren, und
- in den für die heutige Kommunikations- und Dienstleistungsgesellschaft so wichtigen Dimensionen der Sozialen Intelligenz und der Regulation unserer Emotionen (von Daniel Goleman ziemlich eigenwillig unter dem Begriff »Emotionale Intelligenz« bezeichnet) werden wir mit dem Alter immer besser.

Müssen die Älteren sich von den Jüngeren überhaupt »aushalten« lassen?

Die hoch brisante Diskussion über die »Alterspyramide« und die immer neuen Horrorzahlen, wie viel »Alte« ein »Junger« bald wird »mit durchschleppen« müssen, gehen von falschen Annahmen aus. Unterstellt wird,

- dass der immer frühere Eintritt in den Ruhestand ein Naturgesetz ist,
- dass Menschen im Ruhestand nicht zum eigenen Lebensunterhalt beitragen können,
- dass Alter die Pflege von Langeweile in möglichst luxuriöser Umgebung ist, und dass diese in Watte verpackte Entmutigung, am Leben teilzunehmen,
- von immer mehr Menschen
- zu einem immer früheren Zeitpunkt angestrebt wird.

Eine sehr einfache und elegante Lösung der leidigen »Ein Junger muss bald X Alte ernähren«-Diskussion hieße: länger am real existierenden Leben teilnehmen, länger am Arbeitsleben teilnehmen und später erst in den Ruhestand gehen. Gründe: In den Industrienationen sind bereits im 21. Jahrhundert mehr als die Hälfte der Menschen 80 Jahre alt oder älter geworden. Das kann kein Sozialsystem verkraften. Ab etwa 2007 aber werden bei uns die Arbeitskräfte deutlich knapper. Warum also greift man nicht auf das gut ausgebildete, lebenserfahrene, sozial und emotional hoch intelligente Potenzial der Menschen in der zweiten Lebenshälfte zurück? Ein 70-Jähriger wie Otto Schily macht doch keine schlechte Figur.

Warum plant man stattdessen, die ärmeren Länder der Erde durch »kontrollierte Zuwanderung« ihrer leistungsfähigsten Spitzenkräfte zu berauben? Die Folge kann dann doch nur sein, dass die Menschen dieser Länder an Armut zugrunde gehen oder dass diese Länder auf Dauer von westlichen Almosen abhängig bleiben. Oder dass die angekauften Spitzenkräfte – welche humanitäre Alternative haben sie denn? – ihre Verwandten und Freunde mitbringen.

Aber statt das Humankapital der älteren Menschen bei uns länger zu nutzen, werden die Menschen ab der Lebensmitte zunehmend zur Zielscheibe von Gruppen mit rechtsradikaler Gesinnung oder Spaß-Parteien gemacht. Und ebenso die Zuwanderer, die in ihren ärmeren Heimatländern dringender gebraucht werden als bei uns.

Nichts ist heute wie früher – auch das Älterwerden nicht

Die früher selbstverständliche Einteilung des Lebens in die drei Phasen

- Jugendalter mit dem Ziel: Ausbildung in den lebenslang wichtigen und »haltbaren« Kenntnissen;
- Erwachsenenalter: die Phase des beruflichen Tätigseins;
- Alter – gekennzeichnet durch Ruhe und Nichtstun

gilt nicht mehr, sagt Baltes. Stattdessen gilt zum Beispiel, dass sich die lebenswichtigen Kenntnisse heute so rapide verändern, dass eben lebenslanges Lernen wichtig ist: im Beruf und für den Beruf, genauso aber im Privatleben. Warum? Weil die Lebensverhältnisse nicht nur in der Arbeitswelt, sondern auch in Familie, Ehe und Freizeit in einem revolutionären Umbruch sind. In diesem Sinne hat also »niemand nie« ausgelernt. Und somit ist jeder Mensch heute immer auch in der Phase des Heranwachsenden, in der Phase des Sich-weiter-Entwickelns.

Fünf Phasen des Älterwerdens

Die Lebensperiode, die man früher als »Alter« bezeichnet hat – etwa ab 50, die Zeit also, in der auf jedem Bauernhof das Austragshäusl bezugsbereit war –, wird in der heutigen Entwicklungspsychologie in fünf Phasen eingeteilt:

1. frühe Lebensmitte
2. Lebensmitte
3. späte Lebensmitte
4. frühere Altersphase
5. spätere Altersphase

Was früher generell als »Altersphase« bezeichnet worden ist – das Abkoppeln vom tätigen Leben – gilt heute am ehesten für die Phase 5, die spätere Altersphase. Das Eintrittsalter hier ist etwa 75 Jahre, und dies scheint der richtige Zeitpunkt für den Beginn des Ruhestands zu sein – und nicht etwa der Vor-Ruhestand, die Frühverrentung oder Frühpensionierungen um den fünfzigsten Geburtstag herum.

Auch sehr junge Menschen können heute sehr alt aussehen

In einer Welt, an der man nur teilnehmen kann, wenn man lebenslang lernt, können bereits biologisch junge Menschen sehr alt aussehen: die Lernverweigerer. Was aber muss man lernen? Müssen wir immer mehr Wissen in uns aufnehmen? Unser Leben lang?

Paul B. Baltes wendet sich gegen das Wort von der »Wissensgesellschaft« (Kapitel IV, Abschnitt 8), wichtiger als Wissen sind *»Life Skills«*: die Lebens-Kompetenzen. Baltes nennt unsere Gesellschaft heute die »Flexible-Persönlichkeits-Gesellschaft«: Für Glück und Erfolg in der Welt heute und in Zukunft reichen die oft betonten »Schlüsselkompetenzen« wie Rechnen, Schreiben, Lesen – die »drei R«, wie die Engländer sagen: reading, (w)riting, (a)rithmatic – nicht aus. Ebenso wenig reichen logisches Denken oder weitere IQ-Fähigkeiten aus. Und auch die heute so vielfach propagierten neuen »Literazitäten« wie Computerbildung, Kommunikationsbildung oder Umweltbildung (die materielle ebenso wie die natürliche und die soziale Umwelt meinend) sind keine Garanten für Glück und Erfolg. Die heute wichtigen Lebens-Kompetenzen, so Baltes, finden sich in den Bereichen

- Persönlichkeit,
- Emotionen und
- Motivationen.

Glück und Erfolg hängen ab

- von der Fähigkeit zu planen,
- von der Fähigkeit zur Implementation – das ist die Fähigkeit, Geplantes auch umsetzen können –,
- von der Fähigkeit, für Veränderungen offen zu sein und
- von der Fähigkeit, den Anforderungen der rapiden technologischen und gesellschaftlichen Veränderungen zu entsprechen – das ist die Fähigkeit, aus dem Offensein für Veränderungen im

Laufe des Lebens auf allen Altersstufen praktischen Nutzen zu ziehen und zu stiften.

Zwei Allzweckkompetenzen sind heute, so Baltes, interessanter als jede Akkumulation von Wissen oder technischen oder »psychotechnischen« Fertigkeiten:

1. Flexibilität und
2. »adaptive Fitness« – die Bereitschaft und die Fähigkeit, geforderte Anpassungen an neue Lebensumstände zu leisten.

Die flexible Persönlichkeit ist die psychologische »Leitwährung« der Zukunft. Wie mit der heutigen Leitwährung, dem Dollar, kommt man damit in (fast) allen Ländern der Erde und in jeder Altersgruppe durch.

Die »Architektur« einer flexiblen Persönlichkeit

Die flexible Persönlichkeit des 21. Jahrhunderts zeichnet sich durch mehrere positive Eigenschaften, die die Positive Psychologie erforscht, aus:

- Optimismus (in dem in Kapitel XV, Abschnitt 38 erwähnten Sinne);
- Self-Efficay (»Selbst-Wirksamkeit«, siehe Kapitel XI, Abschnitt 27). Es handelt sich hier nicht um ein verblasenes Selbstwert-»Gefühl« auf der Basis eines Anspruchsdenkens, sondern um jenes Sich-selbst-Vertrauen, das sich durch persönlichen Einsatz, persönliche Leistungen und durch die Sicherheit über sich selbst, stets das Beste zu geben, entwickelt;
- die Fähigkeit, richtige Entscheidungen zu treffen, ohne alle Daten und Fakten zu kennen;
- die Fähigkeit, unter verschiedenen Optionen die wichtigen zu erkennen;
- mit Menschen aus anderen Kulturen auskommen;
- die eigene Identität so auszugestalten, dass Veränderung erlaubt ist;
- Weisheit anwenden – also das eigene Leben und die konkrete Situation in einem größeren Kontext sehen.

Was ist Weisheit?

Paul B. Baltes hat weltweit Anerkennung durch die Forschungsarbeiten über Weisheit an seinem Institut in Berlin erreicht. Weisheit hängt mit Intelligenz zusammen. Bei der Intelligenz wiederum ist es sinnvoll, zwischen zwei Aspekten zu unterscheiden – ähnlich wie beim Computer zwischen »Hardware« und »Software« – genauer gesagt: »Inhalt der Festplatte« – unterschieden wird.

1. Intelligenz hängt einerseits von der Hardware ab, von einem ordentlich funktionierenden Gehirn, das Information auf ordentliche Weise verarbeitet und speichert. Unser Gehirn, unser »Bio-Computer«, leidet bekanntermaßen an »Alterserscheinungen«. In der Jugend kann neue Information, können neue Sinnesreize, oft gar nicht schnell genug kommen. Im Alter aber gelingt die Informationsverarbeitung nicht immer im Tempo der jungen Menschen. Auf dramatische Weise wird dies bei der Alzheimerschen Krankheit deutlich. Und zum Allgemeinwissen gehört, dass das Gehirn trainiert werden kann, aber auch muss, damit es »fit« bleibt. Dieser Aspekt der Intelligenz wird in der Psychologie seit langem als »fluide Intelligenz« bezeichnet. Gemeint ist die Flüssigkeit der Informationsverarbeitung. Um welche Art der Information es sich dabei handelt, bleibt offen.
2. Von der »fluiden Intelligenz« unterschieden wird die »kristalline Intelligenz«. Hier geht es eher um die Software, genauer: um das, was »auf der Festplatte« gespeichert ist. Also um Wissen einerseits, vor allem aber um Erfahrung. Erfahrung, kann man sagen, ist die Art und Weise, in der gespeichertes Wissen nicht einfach nur abgerufen, sondern mit neuen Informationen in Einklang gebracht wird – dies vor allem. Klar ist, dass mit dem Lebensalter auch der Bestand an Wissen und Erfahrung wächst.

Weisheit wird im Berliner Weisheitsmodell dem Bereich der kristallinen Intelligenz zugeordnet und wird definiert als »ein Expertenwissen, das zur Bearbeitung grundlegender Lebensfragen befähigt und sich in außergewöhnlich guten Urteilen und Ratschlägen manifestiert«. Weisheit zeichnet sich aus durch fünf Aspekte:

1. ein reiches Faktenwissen über Lebensverlauf und Lebenslagen;

2. ein reiches »prozedurales Wissen« über Lösungsstrategien für Lebensprobleme – einfacher gesagt: Lebens-Erfahrung, die hilfreich ist für die Lösung von Problemen;
3. die gute Kenntnis davon, wie sich das Leben entwickelt;
4. Relativismus;
5. Ungewissheit.

Die letzten drei Punkte müssen etwas detaillierter beschrieben werden:

- Gute Kenntnis davon, wie sich das Leben entwickelt, gehört zur Weisheit, weil nur wenige Menschen wissen, wie man sich zum Beispiel negativen Lebensereignissen stellt: Unglück in der Liebe, Pech in Ausbildung und Beruf können junge Menschen oder Menschen mit geringer Weisheit vollends aus der Bahn werfen, wie es sich an Schulmassakern oder Mord in Familien auf so grausame Art zeigt. Menschen mit Lebensweisheit aber wissen: »You win a few, and you lose a few«, mal gewinnt man, mal verliert man, aber das Leben geht weiter – und oft stellt sich ein als dramatisch empfundener Verlust längerfristig sogar als Gewinn heraus. Man wird nicht etwa aus der Bahn geworfen, sondern korrigiert den eigenen Kurs zum eigenen und zum Guten anderer Menschen ebenfalls. Nicht jede große Liebe muss ja zur Ehe führen, nicht jede neue Liebe zum Bruch der bestehenden Ehe, und nicht jeder angestrebte Schulabschluss führt einen Menschen in den Beruf, in dem er glücklich wird.
- Mit »Relativismus« meint Baltes das Wissen um den Unterschied zwischen Werten und Prioritäten. Beides miteinander zu verwechseln, kann ebenfalls zu Dramen und Katastrophen führen. Man kann sich ein Ziel setzen, also: eine Priorität. Und kann dann gegen Mauern oder mit dem Kopf durch die Wand rennen. Weisheit hingegen ist weniger auf »Machbarkeit« und mehr auf Werte gerichtet. Im konkreten Fall eines Projektes führt Weisheit irgendwann zu der Frage: »Ist mein Einsatz die Sache wert?« Im langfristigen Sinne stellt sich die weise Frage: »Entspricht dieses Ziel, diese Priorität, wirklich den persönlichen und kulturellen Werten, für die ich stehe und die meinem Leben einen Sinn geben?«

- Ungewissheit gehört zur Weisheit als »Wissen um die immer vorhandene Unbestimmtheit und Unvorhersagbarkeit des Lebens und die Art, damit umzugehen«. Auch hier führt Weisheit zu mehr Flexibilität und letztlich zu der anfangs erwähnten flexiblen Persönlichkeit. Man kann die Menschen unterteilen in die, die immer schon alles wissen und die, die noch wissen wollen. Alle Weisheit spricht dafür, dass die zweite Gruppe mehr Weisheit besitzt.

Alter begünstigt die Entwicklung von Weisheit – ganz einfach, weil Lebenserfahrung wichtiger ist als pragmatisches Vorgehen nach dem Kernsatz der pragmatischen Philosophie: *»Good is what works«*, wie der Philosoph und Psychologe William James (1842–1910) es ausgedrückt hat: »Gut ist, was sich als machbar erweist.« Ein – wie alle Lebensweisheit – durchaus zwiespältiger Satz, denn er heißt nicht nur: »Was klappt, ist richtig und gut« und damit auch »der Zweck heiligt die Mittel.« Er heißt auch nicht nur: »Was nicht klappt oder nichts bringt, taugt nichts.« Sondern er fordert uns auch auf, Ziele und Werte miteinander in Einklang zu bringen.

Abschnitt 36
Charakter zeigen

Das Böse und das Gute ist ein Wechselspiel von Verstand und Gefühl. Moralisch richtige Entscheidungen zu treffen, ist ein Zeichen großer Weisheit. Viele Menschen glauben, dass Weisheit und Moral Leistungen des Verstandes sind – dessen also, was den Menschen in besonderer Weise vom Rest der Schöpfung abhebt.

Stutzig allerdings sollte uns bereits machen, dass es sich hier um einen Glauben handelt, um ein intuitives Wissen also – und Intuition liegt irgendwo in der Mitte von Verstand und momentaner Stimmung. Und die moderne psychoneurologische Forschung zeigt, dass auch Fragen der Moral sehr viel mit den Emotionen zu tun haben. Neuropsychologische Studien zeigen zum Beispiel, dass die Schädigung einer bestimmten Gehirnregion (das Amygdala) Menschen unfähig machen kann, Gefühle anderer Menschen zu erkennen. Dieses »Gefühle anderer Menschen erkennen« wird Empathie genannt und ist Kern der Lehre von der Emotionalen Intelligenz. Gefühle anderer Menschen zu erkennen und im persönlichen Verhalten zu berücksichtigen, ist Zeichen von Weisheit und Moral, ist aber eben keine alleinige Leistung der Großhirnrinde, sondern eher die einer »tiefer« gelegenen Hirn-Region, in der Informationen in emotionaler Weise – also rasch, dafür aber oberflächlich – verarbeitet werden. Weitere Experimente geben hier weiteren Aufschluss.

Könnten Sie einen Menschen töten?

Stellen Sie sich einmal vor, Sie arbeiten bei der Bahn. Sie sind Rangiermeister, und Sie müssen eine Weiche bedienen. Ein Wagen rollt auf die Weiche zu. Hinter der Weiche gibt es zwei Gleise. Auf dem einen spielen fünf Kinder, auf dem anderen spielt nur ein einziges Kind. Sie sind einen Kilometer von der Weiche und den Kindern entfernt, Sie beobachten die Szene auf einem Monitor. Sie können die Kinder nicht warnen und nicht von den Gleisen scheuchen. Sie bedienen die Weiche per Knopfdruck. Wenn sie nichts tun, rollt der Wagen auf die fünf spielenden Kinder zu. Aber Sie haben die Entscheidung, die fünf Kinder zu retten und den Wagen auf das Gleis zu lenken, auf dem nur ein einzelnes Kind spielt.

Was würden Sie tun?

Fragen dieser Art sind in den letzten Jahren sehr vielen Menschen gestellt worden – zum Beispiel in psychologischen oder philosophischen Seminaren. In aller Regel kommt heraus, dass die Mehrzahl der Menschen sich dafür entscheidet, die Weiche so zu stellen, dass nur das allein spielende Kind von dem Wagen überrollt wird und dass die fünf Kinder gerettet werden. Gehen Sie in Gedanken jetzt einmal etwas näher an die Szene heran.

Wieder rollt ein Wagen auf Kinder zu, die Kinder haben gespielt und getobt und sind auf den Gleisen eingeschlafen. Sie selbst sind jetzt kein Rangiermeister, und Sie können keine Weiche stellen. Sie stehen auf einem Bahnsteig hinter einem riesengroßen, vier Zentner schweren Mann, der direkt an der Bahnsteigkante steht. Ihre einzige Chance, diese fünf Kinder zu retten, besteht darin, den Mann auf die

Gleise herunterzustoßen, denn seine Masse und sein Gewicht können den Wagen aufhalten. Sie selbst sind leider nur ein Hänfling, ein Leichtgewicht. Wenn Sie sich selbst vor den Wagen werfen würden, würde der einfach über Sie hinwegrollen.

Auch in diesem Fall ist die »Was-würden-Sie-tun?«-Frage vielen Menschen gestellt worden. Das moralische Dilemma ist dasselbe wie zuvor: Sie persönlich müssen entscheiden, ob fünf Menschen sterben oder ob nur ein einziger Mensch stirbt. Im ersten Beispiel haben Sie per Knopfdruck entschieden, weil sie eine Weiche stellen konnten. Jetzt aber müssen Sie selbst aktiv werden und »Hand anlegen« an den Menschen, der zu Tode kommen soll, damit fünf andere Menschen gerettet werden. Ergebnis:

Die meisten Menschen sagen – vor diese Entscheidung gestellt – jetzt: »Nein«. Sie sagen, es ist moralisch falsch, die fünf Menschen zu retten. Logisch oder moralisch ist allerdings nicht zu erklären, warum die meisten Menschen die beiden Situationen unterschiedlich einschätzen – vermutlich weil es jetzt darum geht, dass man sich selbst »die Hände schmutzig machen muss«. Aufschluss darüber, warum beide Situationen unterschiedlich bewertet werden, bringen Studien über die Funktionsweise des Gehirns. Sie zeigen: die beiden moralischen Problem werden in verschiedenen Teilen des Gehirns verarbeitet.

Ein »heißes« und ein »unterkühltes« Gehirn

Moralische Fragen dieser Art zu stellen, war Teil einer moralphilosophischen Studie, die von einem Philosophiestudenten an der amerikanischen Universität von Princeton durchgeführt worden ist, Joshua Greene. Insgesamt 60 moralische Dilemmata hat er Menschen zu knacken gegeben und hat dabei ihre Gehirnaktivitäten aufgezeichnet.[83]

Welche Teile des Gehirns bei bestimmten Aufgaben aktiviert sind, lässt sich mit modernen bildgebenden Verfahren feststellen. Diese Messverfahren zeigen durch unterschiedliche Farben zum Beispiel an, welche Gehirnregionen gerade besonders stark und welche weniger stark durchblutet sind – und gute Durchblutung ist ein sicheres Zeichen für »hier findet Gehirnaktivität statt«. Greenes Messungen zeigen:

- Einen Knopf zu drücken, um das Leben eines Menschen zu opfern, damit fünf andere am Leben bleiben, fordert Aktivität in Teilen des Gehirns, die mit Gedächtnisprozessen – also eher mit sachlich-dinglich-unpersönlichen Prozessen – zu tun haben.
- Hingegen fordert die Vorstellung, einen anderen Menschen zu Tode zu stürzen – ihn also persönlich, mit eigener Hand umzubringen – andere Teile des Gehirns zu Aktivität heraus, und zwar jene, die mit den Emotionen in Verbindung stehen.
- Bekannt ist zudem, dass Aktivität in den Emotions-Gehirnregionen die Aktivität in den Sachgedächtnisregionen unterdrücken kann.

»Experimente dieser Art geben uns Erklärungsmöglichkeiten, warum Menschen aus verschiedenen Kulturen in einem moralischen Dilemma über die Tötung zur Durchsetzung höherer Ziele zu unterschiedlichen Entscheidungen kommen können«, erklärt dazu der Psychologe Dr. Jonathan Cohen von der Princeton University im September 2001, wenige Tage nach der Terrorattacke auf das World Trade Center, der »New York Times«.

Die Mehrzahl der Menschen schreckt ja vor der persönlichen Tötung eines anderen Menschen zurück – selbst wenn es sich nur um ein Gedankenexperiment handelt und selbst dann, wenn dieser Mord sehr viel mehr Leben retten kann. Es gibt also eine emotionale Hemmschwelle gegen das Töten – während das Töten sehr viel leichter fällt, wenn hier sachlogisch und durch Bedienen von Apparaten vorgegangen werden kann, wie die Antworten zum Thema »Weiche stellen« zeigen.

Mehr noch: Diese emotionale Hemmschwelle kann überwunden werden. Ansatzpunkt dazu ist eine vorhergehende moralische Indoktrination darüber, was richtig und was falsch ist, sagt Jonathan Cohen. Wenn die spontan auftretenden Emotionen, die uns in aller Regel vor einem Mord zurückschrecken lassen, in anderer Weise organisiert und strukturiert werden – etwa: gerechtfertigt durch eine höhere Instanz: Gott oder Führer –, dann fällt die emotionale Barriere und damit auch die moralische Schranke.

Anders gesagt: Denken kann moralische Schranken durchbrechen. Charakter zeigen, findet also keine ausreichenden Stütze allein »im Hirn«. Die Basis des Charakters liegt tiefer: in den Emotionen. Und sie liegt zugleich höher: im *»common sense«*, also in den von der Werte-Gemeinschaft geteilten Werten. Charakter entwickeln heißt: die Werte der Kultur emotional so fest verankern, dass Opportunitätsdenken keine Chance hat. Charakter zeigen heißt aber auch: zu den eigenen Werten stehen, falls die Gemeinschaft vom moralischen zum Opportunitäts-Denken übergeht.

Kapitel XV

Hoffnung

Abschnitt 37

Hoffnung ist lernbar

Was ist Hoffnung? Jedem Menschen sagt dies Wort spontan etwas – aber es sagt nicht jedem Menschen dasselbe.

Ist Hoffnung ein Lebensprinzip, das vor Resignation und Verzweiflung schützt? Eine Kraftquelle? Eine Illusion, die eine missliche Gegenwart erfreulicher macht? Eine Selbst-Programmierung, positiv zu denken? Ein gutes Gefühl, die Zukunft betreffend – den nächsten Mann zum Beispiel, bei dem alles besser wird?

Was Hoffnung ist, und wie Hoffnung unser Leben bereichern kann, hat vor mehr als 20 Jahren ein amerikanischer Psychologe zu erforschen begonnen: Prof. C. R. Snyder von der University of Kansas, der ähnlich wie »J.R.« aus der Serie Dallas meist seine Initialen »C.R.« als Vorname einsetzt.

Snyder ist nicht den »philosophischen Weg« gegangen, er hat nicht versucht, erst einmal den Begriff »Hoffnung« zu definieren, sondern er hat Menschen danach gefragt, was Hoffnung für sie bedeutet, und ist damit einem Rat seines aus Deutschland emigrierten Lehrers Fritz Heider gefolgt, der Psychologen immer wieder auf die Weisheit des normalen Menschenverstandes hingewiesen hat.

Snyder fragte Menschen so lange, bis er merkte: Hoffnung gehört nicht in den diffusen Bereich der Illusionen, sondern Hoffnung gehört eher zum Gebiet der Motivation und ist eine noch kaum erforschte Motivations-Reserve. Snyder fand nämlich, dass besonders die Menschen, in deren Leben Hoffnung eine bedeutende Rolle spielt, nicht in allgemeinen Redewendungen wie »Prinzip Hoffnung« oder »positiv denken« über dies Thema sprachen, sondern sie sprachen

- sehr konkret von klar umrissenen Zielen, in deren Erreichen sie Hoffnung investierten,
- und sie sprachen davon, dass Hoffnung sie dazu bringt, Pfade, also: Wege zum Ziel, zu finden.

Hoffnung ist also gerade für die »High Hoper«, die intensiv Hoffenden, alles andere als diffuses Wunschdenken, sondern ist für sie ein Anstoß, über Ziele und – in oft hoch kreativer Weise – auch über Wege nachzudenken. Hoffnung ist also nicht nur jene allgemeine Haltung, die dem Frosch nachgesagt wird, der in ein Milchglas fällt und zu ertrinken droht – aber er strampelt und strampelt, bis er die Milch zu Butter gestampft hat, und so kann er sich retten. Hoffnung ist für die Menschen, die Hoffnung zu einem zentralen Lebenskonzept gemacht haben, die »High Hoper«, etwas sehr Konkretes: die Mobilisierung von Intelligenz und Kreativität bei der Beschäftigung mit Wegen und Zielen.

Frustrationstoleranz

Jeder, der Ziele anstrebt, stößt mit hoher Wahrscheinlichkeit auch auf Blockaden. Der Gemütszustand, in den man dann gerät, wird in der Psychologie als Frustration bezeichnet, abgeleitet vom Lateinischen »frustra«, »vergebens«. (In Klammern gesprochen: Was heute »Frust« genannt wird, bezeichnet meist einen Gemütszustand, bei dem man nur Hindernisse sieht und deshalb beschließt, überhaupt nicht loszugehen.)

Eine vielen Menschen bekannte psychologische These ist die »Frustrations-Aggressions-Theorie«. Lange wurde sie für eine Art Naturgesetz gehalten. Sie besagt: Wenn sich einem etwas in den Weg stellt, dann reagiert der Mensch mit Aggression. Stimmt aber nicht, hat C. R. Snyder in seinen Forschungen über Hoffnung festgestellt. »High Hoper« reagieren anders.

Sie zeichnen sich nämlich durch ein hohes Sich-selbst-Vertrauen aus. Und wo anderen der Deckel vom Dampfdrucktopf fliegt, sehen sie in aller Regel eine Herausforderung – und keine Bedrohung (siehe Kapitel VI, Abschnitt 13). »High Hoper« also werden bei Frustration nicht aggressiv, sondern kreativ. Hoffnung als Motivationsfaktor und nicht als verschwommenes »Feeling« erweist sich somit als Königsweg, mit den Herausforderungen des Lebens fertigt zu werden. Dieser Ausgangsüberlegung ist umfangreiche Forschung über Hoffnung gefolgt.

Snyder hat zwei kurze Fragebögen konstruiert, mit denen man zwischen Menschen mit hoher und geringer Hoffnung unterscheiden kann[84], und es zeigte sich als eins seiner ersten Forschungsergebnisse: Zumeist haben Menschen zu geringe Hoffnungen. Die Wahrscheinlichkeit, Ziele zu erreichen, ist nämlich in aller Regel höher als die Menschen glauben.

Wenn Menschen starke Hoffnung in das Erreichen eines Zieles setzen und es nicht beim Hoffen – beim Ausmalen einer schöneren Zukunft – bewenden lassen, finden sie einen gangbaren Weg zum Ziel. Zeigen sich auf dem eingeschlagenen Weg Blockaden, kommt es nicht zu Frustrationsgefühlen, sondern Kreativität wird mobilisiert und andere Wege werden gefunden. Kein Wunder also, dass Snyder in seinen Studien fand, dass »High Hoper« – also: Experten für kreative Wege zu ihren Zielen

- als Grundschüler bereits bessere Noten bekommen als Altersgenossen ohne Hoffnung oder mit diffusen Erfolgs-Illusionen,
- dieser Notenvorsprung hält die gesamte Schulzeit und auch während eines Studiums an,
- und hohe Hoffnung schützt vor Studienabbruch.

Eines wird deutlich, wenn die hohen gesellschaftlichen Kosten für den Unterhalt von Schulen und Universitäten in Betracht gezogen werden und ebenso die hohen seelischen Kosten, die Menschen entstehen, die hinter ihren schulischen Möglichkeiten zurückbleiben oder Schule und Studium abbrechen – beziehungsweise aus den Bildungsinstitutionen herausgedrängt werden: Ein Training für mehr Hoffnung kann der Gesellschaft viel Geld und dem einzelnen Menschen viel Enttäuschung sparen.

In der Tat entwickelt Snyder solche Trainings. Sie werden zurzeit an verschiedenen Schulen getestet, und die Ergebnisse machen – was wohl? – Hoffnung! Es scheint menschenmöglich zu sein, Menschen die Motivationskraft der Hoffnung in Trainings beizubringen. Und das heißt: Hier ist ein weiterer Grund, damit aufzuhören, auf Eltern und Lehrern herumzuhacken. Ob das Bildungssystem erfolgreich ist, liegt nicht nur an ihnen, sondern die Lösung vieler großer wie kleiner Bildungskatastrophen kann direkt bei denen gesucht werden, die ja vom Bildungssystem profitieren: bei Schülern und Studenten. »High Hoper« sind erfolgreicher. Nicht nur in der Schule, denn andere Studien haben gezeigt:

- Im Sport, auch bei Leistungssportlern – das haben Untersuchungen von Snyder und anderen Psychologen ergeben – hängen die Leistungsunterschiede in Wettbewerben etwa zur Hälfte mit dem Faktor »Hoffnung« zusammen.
- Hoffnung fördert die Genesung auch bei schweren Krankheiten.
- Hoffnung fördert ebenfalls die Prävention von Krankheiten: Wer klare Ziele erkennt oder genannt bekommt und klare Wege zum Ziel ebenfalls, geht achtsamer mit der eigenen Gesundheit um. Solche Menschen sind zum Beispiel sehr viel eher bereit, Information über Risiken und Nebenwirkungen ihres Lifestyle nicht länger zu verdrängen, sondern tatsächlich an sich heranzulassen.

Erneut: Es gibt die Spirale nach oben

Hoffnung hilft bei der Verarbeitung von (beim »Umgang mit«), Schmerzen, chronischem Schmerz, Verletzungen und Behinderungen. Wiederum gesagt: Es geht nicht um das Erzeugen von Illusionen, sondern um das Finden von – manchmal noch so bescheidenen – Zielen, von Wegen zum Ziel und von Durchhaltekraft. Für erblindete Menschen gibt es zum Beispiel die Braille-Schrift. Viele Blinde beherrschen sie, und das wird inzwischen für selbstverständlich genommen. Vergessen wird dabei, welche Anstrengung es erfordert, diese Blindenschrift zu erlernen. Motivierende Hoffnung gehört dazu, damit noch mehr erblindete Menschen hier wirklich durchhalten. Hoffnung ist also in vielen Lebensbereichen ein Garant für mehr Well-Being.

- Wer mehr Hoffnung hat, lässt sich seltener »hängen« und ist deshalb nicht nur in körperlich-gesundheitlich schwierigen Situationen besser dran, sondern sucht auch bei Krisen die oft beste Hilfe, die es gibt: Unterstützung durch andere Menschen, also *»social support«*.

- Wer Hoffnung hat – also erreichbare Ziele und gangbare Wege – scheint für viele, wenn nicht alle Herausforderungen des Lebens besser gerüstet zu sein. Erfolge stellen sich ein, wo Menschen mit weniger Hoffnung blockiert sind oder von sich aus blocken. Erfolge sind ein objektiver Nährboden für – was wohl? – weitere Hoffnung.

Lebens-Sinn, praktisch gesehen

Hoffnung also ist der Ausgangspunkt für eine jener Spirale nach oben (siehe Kapitel III, Abschnitt 7), die aus einem schweren oder einem nur schlecht und recht »funktionierendem« Leben ein gutes Leben machen können, das mit Freude gelebt wird – gleich, was es uns bietet oder von uns verlangt.

Niemand zweifelt daran, das Lebens-Sinn herausragende Bedeutung hat für die Frage, ob ein Mensch bereit ist, am Leben aktiv teilzunehmen. Sinn aber kann nicht allein durch Worte und durch Appelle an die Vernunft vermittelt werden. Sinn muss gespürt werden – als Lebensfreude (siehe Kapitel XII, Abschnitt 32), Menschen Hoffnung zu geben – ganz praktisch: auf dem Weg, den C. R. Snyder gezeigt hat, und den er jetzt durch die Entwicklung von Trainings ebnet –, scheint die gute Lösung jenes großen Zeitproblems zu sein, das wir abstrakt die »Sinnkrise« nennen.

Abschnitt 38

Optimismus: Erlöse uns vom Grübeln

Immer noch verwechseln Menschen Positive Psychologie mit »Positivdenken«. Hier »der kleine Unterschied und die großen Folgen«:

- Wer »positiv denkt«, ist geistig-seelisch erst einmal nicht in der Lage, sich selbst einzugestehen, dass die halb ausgetrunkene

Flasche halb leer ist. Nein, halb voll ist sie – und wie ein störrisches Kind besteht der Positiv-Denker darauf. Wie naiv – oder auch: wie halb voll oder voll – muss man sein, um sich selbst so etwas einzureden, daran auch noch zu glauben und das Ganze für Optimismus zu halten?

- Wer positiv denkt, sagt sich selbst – und anderen Menschen auch – Dinge wie: »Du musst ein Mal mehr aufstehen als du hinfällst«. Klingt positiv. Aber wer nicht positiv denkt, sondern einfach nur denkt, merkt sofort: Man kann allerhöchstens so oft aufstehen, wie man hinfällt. Kein einziges Mal mehr. *»Positive Thinking«* ist eben oft schlampiges Denken.

Optimismus: die Stärke zu erkennen, dass das Glas halb leer ist

In mehreren Studien hat die Psychologin Prof. Lisa G. Aspinwall[85] eine schöne Beschreibung für Optimismus herausgearbeitet:

- Optimisten haben die menschliche Stärke, gerade auch negative Dinge zu erkennen und beim Namen zu nennen. Sie müssen sich die Welt nicht schönreden. Ob eine Flasche halb voll oder halb leer ist, oder ob sie selbst zu den Flaschen gehören, ist ihnen kein Thema.
- Optimisten lernen aus eigenen Fehlern.
- Optimisten erkennen alles, was unter Murphys Gesetz fällt, früher als andere. (Und hier ist nicht Josef Murphy, der Prophet des Positive Thinking, gemeint, sondern jener Entwicklungs-Ingenieur Murphy, der auf dem Teststand gesagt hat: *»If anything can go wrong it will«*, wenn etwas schief gehen kann, wird es auch schief gehen.)

Deshalb beginnen Optimisten auch früher mit dem, was in der Psychologie »proaktives Coping« genannt wird. Proaktiv heißt »zukunftsgerichtet«, heißt also auch: vorbeugend aktiv werden. Coping heißt »mit etwas fertig werden«. Der Mut und der Wille des Optimisten, auch negative Information an sich heran zu lassen, zeichnet also diese menschliche Stärke aus. Optimismus zeigt sich also gerade darin, dass die negativen Ereignisse – also oft auch rechtzeitig! – erkannt werden. Optimismus ist eine Lebenshaltung, eine Persönlichkeitsstärke, ein – zum Glück lernbarer – Charakterzug.

So wird aus einem Schwarzseher wieder ein Optimist

Stellen Sie sich einmal vor: Eine Freundin, ein Freund, Partner oder Partnerin sind »down«. Sie sehen alles schwarz. Wie können Sie helfen? Hier sind die fünf ersten und besten Tipps:

1. An der richtigen Stelle sagen: »Alles wird gut.«

Wer schwarz sieht, hat das Gefühl: »Durch das Pech, das ich erlebt habe, durch die momentane Krise, ist mir der Lebensmut genommen. Nichts wird wieder gut.« Setzen sie Beispiele dagegen. Erzählen Sie von noch viel schlimmeren Krisen, bei denen es einen guten Ausgang gegeben hat: die Frau, die von ihrem Mann verlassen worden ist und über eine Anzeige in einer Zeitung die Liebe ihres Lebens gefunden hat.

2. Zeigen, wo heute immer noch alles gut ist

Ein Mensch in pessimistischer Stimmung glaubt: »Im Moment gibt es für mich überhaupt keine Lebensfreude mehr.« Zeigen Sie diesem Menschen die »Inseln der Geborgenheit und der Freude«, die es immer noch gibt: gut essen, ein langer Waldspaziergang, hartes Joggen, lang nicht beachtete alte Freunde und Verwandte – hier lohnt es sich, wie ein Detektiv zu suchen. Viele gute Ideen finden Sie in den Wellness-Seiten einer Frauenzeitschrift. Wer von sich selbst und seinem Leben negativ denkt, dem helfen positive Worte meist wenig. Was hilft, sind positive Gefühle. Schwarzseher haben meist nicht die Energie, sich diese positiven Gefühle selbst zu verschaffen. Und hier können Freunde schnell und wirkungsvoll helfen.

3. Nicht kritisieren, sondern Schuldgefühle abbauen

Wer bis zum Hals in Problemen steckt, hat meist etwas falsch gemacht: »Ich Idiot! Hätte ich bloß diesen einen Fehler nicht gemacht! Ich bin ein Versager!« Wenn ein Mensch sich mit solchen Selbstvorwürfen die Seele zuschnürt: Reden Sie dagegen! Erzählen Sie von »Mist«, den Sie, den andere Menschen »gebaut« haben. Ganz offen, ganz ehrlich. Wie Sie, wie andere Menschen sich selbst in einer unüberwindbaren Lebenskrise gesehen haben. Und wie all die schlimmen Befürchtungen dann eben doch nicht wahr geworden sind.

4. Keine Moralpredigten

Neben Selbstbeschimpfungen gibt es bei Menschen in Krisen aber auch das Gegenteil: Menschen reden sich oft damit heraus, dass sie an Pleiten, Pech und Pannen keine Schuld haben. Schuld haben die »bösen« anderen Menschen, »die Umstände«.

Sie als Berater wissen natürlich zwei Dinge:

- Jeder Mensch macht Fehler und trägt damit eben auch zu seinem eigenen Unglück bei.
- Jeder Mensch hat nach einem Fehler deshalb die Verantwortung, es in Zukunft besser zu machen.

Das ist richtig. Aber das darf man nur zum richtigen Zeitpunkt sagen – und am besten ist es, wenn man es überhaupt nicht sagt, sondern den Schwarzseher dahin führt, selbst darauf zu kommen. Da helfen keine Moralpredigten. Aber etwas Humor kann jetzt helfen. Beispiel: Jemand sagt: »Mein Chef ist ein Arschloch. Er hat mir ständig Knüppel zwischen die Beine geworfen. Deshalb bin ich jetzt in der Krise.« Nehmen Sie solch ein Wort auf. Suchen Sie gemeinsam alle Beispiele, die dafür sprechen. Bis zu dem Punkt, wo es absurd wird, wo man also dazu kommt, dass der Chef von morgens bis abends – und sogar in der Freizeit und in der Nacht – an nichts anderes gedacht hat als daran: »Wie kann ich diesem Menschen das Leben schwer machen und dafür sorgen, dass ER oder SIE nichts leistet.« Dann sind selbst hartnäckig von ihrer eigenen Unschuld überzeugte Menschen bereit zu sehen: »Na, ja – ein bisschen habe ich auch selbst verbockt.«

»Eine Krise ist immer auch eine Chance« – dieser Spruch ist im Prinzip richtig. Auch wer noch so »down« ist, kommt irgendwann an den Punkt, das Gute im Schlechten zu sehen.

Problem gelöst? Vorsicht!

Genau jetzt sind Sie als Freundin, als Freund noch einmal gefordert. Aus Menschen, die begriffen haben, dass die momentane Krise Chancen bietet, sprudelt es nur so heraus, was sie jetzt alles anders und besser machen wollen: Sport machen, vernünftig leben, vernünftig essen, sich in der Kleidung nicht mehr gehen lassen, zu Menschen freundlich sein, höflich werden, alle Pflichten sofort erfüllen, damit nie wieder etwas »anbrennt«, niemand mehr in Diskussionen unterbrechen, den Menschen immer freundlich in die Augen schauen… und so weiter, und so weiter. Schlechte Berater denken dann: »Endlich hat ER, hat SIE es kapiert. Das habe ich doch schon so lange gesagt, so lange gepredigt, schon immer gefordert…« Gute Freundinnen und Freunde aber denken jetzt an das Sprichwort: »Mit guten Vorsätzen ist der Weg in die Hölle gepflastert«.

Nutzen sie Ihre ganze Kraft und Ihren ganzen Einfluss dazu, den Chancen-Ergreifer auf ein einziges Thema festzulegen. Einen einzigen guten Vorsatz kann jeder in die Tat umsetzen. Schwer genug ist das! Denken Sie nur an das »Lieblings-Spiel«, sich das Rauchen abzugewöhnen. Denken Sie, wenn Sie anderen Menschen Rat geben, daran: Der erste Schritt ist wichtig. Denn wenn der Mensch beim ersten Schritt ins Stolpern kommt, wird der Pessimismus ja noch größer.

Oder sehen Sie das anders?

Abschnitt 39

Gelernte Hilflosigkeit. Oder gelernte Lebens-Kompetenz

Eine wichtige Charakter-Komponente, aufgrund derer man Menschen sinnvoll beurteilen kann – sich selbst und andere Menschen –, ist eine positive Lebensanschauung. In der populären Sprache haben sich hierfür Begriffe wie »Optimismus« oder »positives Denken« eingebürgert.

Martin Seligman erforscht seit vier Jahrzehnten die Folgen negativer, hoch stressreicher Erfahrungen auf das Leben, nicht nur bei elektrogeschockten Hunden oder bei Ratten, die um ihr Leben schwimmen, sondern auch bei Menschen im normalen Leben. Mit seiner Theorie der »gelernten Hilflosigkeit« kann er das Entstehen einer negativen Lebensauffassung ebenso gut erklären wie die Frage, welche Bedingungen zu einer depressiven Lebenshaltung oder auch einer Depression führen, die Menschen letztendlich in die Psychiatrische Anstalt bringen können.

Als Beispiel zitiert er gerne aus Briefen, die ehemalige Studenten der Harvard University in den 1940er-Jahren als Teilnehmer am Zweiten Weltkrieg geschrieben haben. Nehmen Sie zwei Beispiele, in denen zwei der damals jungen Soldaten jeweils eine negative Schilderung abgeben. Diese Forschung habe ich anderswo ausführlicher beschrieben.[86] Nehmen Sie die Kernaussagen aus zweien dieser Briefe:

- Der Brief von »Frank«: »Befehle zu geben, war manchmal sehr schwer, wenn nicht gar unmöglich, weil ich immer Probleme hatte, mit den rangniederen Soldaten umzugehen, sogar später im Krieg, als ich Offizier war«.
- Der Brief von »Joe«: »Während des Krieges war ich zu bestimmten Zeiten stark gelangweilt, denn jeder Mensch, der je an Bord eines Schiffes war, langweilt sich manchmal zu Tode«.

Das Wesen von Pessimismus und Optimismus

Beide Briefe berichten über unangenehme Erlebnisse. Negative Erfahrungen treten im Leben jedes Menschen auf, sie müssen aber nicht zwingend zu einer negativen Lebensauffassung führen. Vergleichen wir die beiden Briefe: »Frank« ist ein Pessimist. Dies zeigt sich bei genauerer Analyse seines kurzen Textes an drei Kriterien:

1. »Frank« sieht seine Schwierigkeiten als stabil an (»ich hatte *immer* das Problem…«).
2. »Frank« sieht seine Probleme als umfassend an. Selbst als er durch

Beförderung deutlichere und überzeugendere Befehlsgewalt bekommen hatte, hatte er das Problem mit den Untergebenen immer noch. Ein noch perfekterer Pessimist wäre er gewesen, wenn er das geschilderte Problem nicht auf den Krieg beschränkt hätte, sondern zum Beispiel einen Satz eingefügt hätte: »Als Abteilungsleiter in der Wirtschaft hatte ich dieselben Probleme wie mit den einfachen Soldaten.«

3. »Frank« gibt sich selbst die Schuld an den Problemen. Er sagt: »Immer hatte *ICH* Probleme ... «. Er sagt nicht: »Es ist unendlich schwer, sich bei Wehrpflichtigen, die das Militär nicht kennen, als junger Offizier sich durchzusetzen ...«. Er sagt auch nicht: »Es ist eine unlösbare Aufgabe, junge Menschen mit voller Überzeugung in den Krieg und womöglich in den Tod zu führen ...«

Ganz anders »Joe«. Die Probleme, die er schildert, sieht er

1. als nicht stabil, sondern sie treten nur zeitweilig auf. Sie sind für ihn
2. nicht allumfassend, sondern beschränken sich auf die konkrete Situation auf einem konkreten Schiff. Und er macht
3. sich nicht selbst für die Probleme verantwortlich. Er sagt also nicht: »Wie immer in allen Situationen meines Lebens ist es mir auch hier auf diesem Schiff nicht gelungen, das Beste aus meiner Zeit zu machen.« Das wäre die Aussage eines perfekten Pessimisten.

Der Unterschied zwischen einem Optimisten und einem Pessimisten liegt also nicht etwa nur darin, ob ein halb gefülltes Glas als halb leer oder halb voll bezeichnet wird.

Psychische Struktur des Optimismus

Der Unterschied zwischen einer positiven und einer negativen Lebensauffassung zeigt sich nicht vordergründig in Wortspielen (halb voll, halb leer), sondern in der Art und Weise, wie Menschen Probleme verarbeiten. Es sind nämlich meist nicht – nicht nur – die objektiven Gegebenheiten, die uns das Leben schwer machen. Entscheidender ist meist unsere persönliche Art und Weise, wie wir auf die Probleme reagieren.

- Je stärker unsere Reaktion ganz konkret auf die Situation bezogen ist, desto optimistischer ist die Einschätzung – auch, wenn sie negativ ausfällt.
- Je stärker wir mit einer allgemein getönten Aussage, unser gesamtes Leben betreffend, auf die Situation reagieren, desto pessimistischer ist die Einschätzung – auch, wenn sie positiv ausfällt oder neutral: »Die Situation ist zwar schlimm, aber ich kann nichts dafür. Ich muss mich dem fügen.« Diese Einschätzung hindert uns am proaktiven Coping. Und sie fördert Resignation: den Rückzug von der Teilnahme am Leben.

Das klingt vielleicht ungewohnt und deshalb kompliziert, weil die hier gegebene Beschreibung vom Verständnis der Umgangssprache abweicht, nach der der Optimist die Welt durch die rosa Brille sieht, und der Pessimist sieht sie durch die graue Brille. Aber auch das Leben ist kompliziert, die Menschen sind kompliziert, und wir selbst sind auch nicht so einfach, wie wir es gerne hätten. Um es einfach zu machen, lohnt es sich, manchmal sehr gründlich zu denken. Es lohnt sich zum Beispiel für unser Well-Being.

Körperliche Folgen des Optimismus

Seligman hat viele Jahre Beispiele für Optimismus und seine heilsame Wirkung gesammelt:[87] So hat er Aussagen berühmter Sportler der Vergangenheit über ihre eigenen Leistungen dokumentiert und dabei einen Zusammenhang festgestellt zwischen einer optimistischen Sicht des eigenen Lebens und den Jahren, die der Sportler gelebt hat.

Im Baseball-Sport gibt es eine »Ruhmeshalle« (»Hall of Fame«), in die die Besten dieses Sportes aufgenommen werden. Spitzenbaseballer aus der Hall of Fame mit einer pessimistischen Grundhaltung im Leben, das konnte Seligman feststellen, lebten nicht so lange wie ihre optimistischen Kollegen. Mehr noch: Ein negativer Interpretationsstil bei Problemen ist ein Zeichen für »gelernte und gelebte Hilflosigkeit«. Die Probleme sind umfassend und stabil. Ich bin zwar dafür verantwortlich, aber ich kann daran nichts ändern. Solch eine Lebenshaltung führt zu einem früheren Ableben, zu einer »bedingungslosen Kapitulation« vor den Ereignissen, den *»facts of life«*. Seligman und andere Optimismus-Forscher können nämlich belegen, dass

- Pessimisten sich nicht gut um sich selbst kümmern, sie essen nicht vernünftig, sie gehen nicht zum Arzt, wenn ihnen etwas weh tut;
- sie suchen auch keine Unterstützung bei Freunden und bei der Familie – bilden also keine Netzwerke.

Lebenskunst heißt: das Positive »pessimistisch« sehen

Noch einmal: Was ist eine pessimistische Lebenseinstellung? Sie erklärt eine Situation als

- stabil,
- allumfassend,
- und der Betreffende gibt sich selbst die Schuld an diesem Zustand.

Übertragen sie diese drei Punkte einmal auf die Situation eines verliebten Paares. Der verliebte Mensch sieht die Situation dann, wie folgt:

- Unsere Liebe ist stabil. Sie wird nicht enden.
- Unsere Liebe ist allumfassend. Sie bereichert nicht nur jene Situationen, die mit den Buchstaben S, E und X umschrieben werden, sondern jeden Bereich, jeden noch so kleinen Aspekt des Lebens.
- Und das liegt an mir! Ich habe dazu etwas beigetragen. Ich werde dazu etwas beitragen. Ich gebe mir selbst die »Schuld« an diesem Zustand.

Eine gute Lebensregel ist also, das Positive im Leben im Sinne Seligmans pessimistisch betrachten: die Lage als stabil ansehen, als alle Lebensbereiche betreffend – und sich selbst »die Schuld« daran geben. Ebenso gut ist die Regel, das Negative im Leben im Sinne Seligmans optimistisch betrachten: die Lage als vergänglich ansehen, sich klarmachen, dass nicht alle Lebensbereiche davon betroffen sind – und sich aufgrund der eigenen Fehler, die man gemacht hat, nicht in Grund und Boden verdammen.

Um mit Begeisterung am Leben – und am Liebesleben – teilzunehmen, brauchen wir einen klaren Gedanken, der zeigt, wie das Leben einfach sein kann. Dieser Gedanke zieht sich durch das gesamte Buch, er heißt: »Du sollst deinen Nächsten lieben, wie dich selbst – mit der Betonung auf den letzten drei Worten, auf »wie dich selbst« und der daraus abgeleiteten Forderung: Du sollst dich lieben!

Die beiden Lebensregeln eben – das Positive »pessimistisch« und das Negative »optimistisch« zu betrachten – zeigen, was mit Selbstliebe gemeint ist, ein Stück heilsamer Illusion:

- das Gute bleibt,
- das Gute durchtränkt mein Leben,
- dass das so ist, liegt ganz wesentlich an mir,
- das Schlechte vergeht,
- das Schlechte verdirbt bereits jetzt schon nur Teile meines Lebens, aber nicht mein gesamtes Leben,
- und gleich, welche Fehler ich gemacht habe: Ich bin ein wertvoller Mensch.

Mit dieser Grundhaltung kommt man weit. Denn sie baut auf und zieht nicht herunter.

Kapitel XVI

Schauen

Abschnitt 40

Leben in Geistes-Anwesenheit

Der menschliche Geist – unser Denken, Wollen, Fühlen – ist so konstruiert, dass alle Routinevorgänge möglichst in einer Art Trance ablaufen (Kapitel IV, Abschnitt 9). Der Grund dafür ist, dass möglichst viel Verarbeitungskapazität für das Außergewöhnliche, das Unbekannte bereit stehen soll.

Wenn dies Außergewöhnliche geschieht, werden wir aus unserem »Trieb und Trott« herausgerissen – durch sich sehr intensiv meldende Emotionen. Und dann beginnen die wichtigsten, leider aber längst nicht immer die angenehmsten, Sekunden des Tages. Wie wir damit gut fertig werden, ist Thema dieses und der nächsten drei Kapitel über »Schauen«, »Einfühlen«, »Interesse zeigen« und »Nutzen bringen« – zusammengefasst in dem Merkwort S.E.I.N.

In Teil 2 dieses Buches – in den Kapiteln VI bis XV, gebündelt in dem Merkwort G.L.U.E.C.K.L.I.C.H. – haben Sie Forschungsergebnisse und Ideen der Positiven Psychologie für ein lebenswerteres Leben und für mehr Well-Being gelesen. Manches hat Ihnen vielleicht eingeleuchtet, hat Ihnen vielleicht neue Ideen gegeben oder vorhandene Ideen bestätigt– wie auch immer, einfache Tatsache ist: In der Situation, in der wir aus »Trieb und Trott und Trance« herausgerissen werden, sind so gut wie alle unseren guten Ideen und Vorsätze wie weggeblasen. Urtümlichere Gehirn-»Mechanismen« übernehmen dann die Verhaltenskontrolle. Etwa hundert Mal am Tag – so hat ein rühriger Psychologe einmal ausgerechnet – kommen wir in solch eine Situation. Und dann findet das Leben statt.

Hundert Mal am Tag einen kleinen Unterschied machen

Eigentlich ist es unfair. Im Grunde genommen wissen wir ja alle ziemlich genau – zumindest mit ausreichend Zeit zum Nachdenken –, was zu einem glücklichen und geglückten Leben gehört. Aber wie kommen gute Ideen vom Kopf in Beine, Mund und Hände? Wie wird aus passiv in uns angelagertem Wissen aktives Wissen und Handeln. Entscheidungen finden im Leben ja im Sekundentakt statt. Zeit zum Nachdenken nehmen wir uns dabei meist nicht, haben sie oft auch nicht.

Darf ich ein Allerwelts-Beispiel geben, um die Situation etwas plastischer zu machen:

Ich bin ein freundlicher Mensch. Meistens. Aber auch bei mir kommt manchmal der Hausmeister durch. Ich lebe in der Glückstraße mitten in München. Aber zu meinem Glück würde mir fehlen, dass nicht »dauernd« jemand halb in der Einfahrt oder direkt vor der Haustür parkt. Wenn das geschieht, meldet sich der Hausmeister in mir und möchte für »Recht und Ordnung« sorgen.

Ich gehe letztens am Haus vorbei, ein Mann steigt aus einem Auto aus, das halb in der Einfahrt steht, und ich höre mich sagen: »Sie dürfen hier nicht parken.« Und was glauben Sie? Der Mensch wagt Widerworte! Er fragt doch glatt: »Wieso nicht?«

Habe ich es nötig, mit ihm zu diskutieren? Nein. Mein Finger zeigt lässig und locker auf ein Verkehrsschild.

Ich mache ein paar Schritte auf ihn zu, er tritt mir entgegen, berührt mich mit einer Hand am Arm, erhebt die andere Hand – und für einen Moment denke ich: »Jetzt wird er aggressiv.« Aber seine erhobene Hand zeigt nur auf das Verkehrsschild – und es ist ein viereckiges Parkschild. Ein rundes Schild »absolutes Halteverbot« gibt es an fünf anderen Stellen der Straße, aber hier nicht, obwohl ich mir ganz sicher war, dass auch hier eins hängt. Sein Auto steht zur Hälfte in der Einfahrt und zur Hälfte in der Parkzone.

Wir beide haben einen Fehler gemacht, er verkehrsrechtlich, ich im Verkehr mit Menschen. Da es um sein heilix Blechle und mein heilix Rechtle als Fußgeher ging, hätte es einen Riesenärger geben können. Wegen der »vielen Falschparker« war ich auf Kra-

wall gepolt. Er zum Glück nicht. Mir war seine Berührung unangenehm. Er aber hat einfach nur mit mir gesprochen, wie es in seiner Heimat Griechenland üblich ist: Berühren ist dort eine versöhnliche, keine aggressive Geste. Ich hatte – das Schild »absolutes Halteverbot« betreffend – eine Wahrnehmungs- und Gedächtnisstörung. Er hat einfach nur richtig hingeschaut. Und so hat es die Kurzmeldung in der Lokalzeitung »Griechischer Kaufmann und deutscher Psychologe schlagen sich wegen Parkplatz« nicht gegeben.

Wer kontrolliert meine Stimmung?

»Von wem soll es abhängen, ob du deine Ruhe verlierst?«, fragt der Philosoph Epiktet.[88] Und fragt: »Dem Erstbesten auf der Straße überlässt du dein Gemüt und gerätst in Bewegung über seine Schmähungen – und dessen schämst du dich nicht?«

Hundert Mal am Tag können wir einen kleinen Unterschied machen. Kleine Unterschiede haben große Wirkungen. Steter Tropfen füllt das halb leere Glas. Hundert Mal am Tag können wir uns über etwas ärgern oder uns dagegen entscheiden, unsere Gemütsruhe dem Erstbesten auf der Straße zu überlassen. Das ist eine Willensentscheidung. Darin sind wir frei – so frei wie in allem, was unser Denken, Handeln, Verlangen und Vermeiden betrifft.

Niemand kann uns zwingen, ständig Recht haben zu müssen. Dies zu tun, ist aber ein Lebensstil, den viele Menschen pflegen. Nichts dagegen, wenn sich jemand bewusst dafür entscheidet. Aber alles dagegen, einfach nur unbewusst in die negativen Fallen hineinzuschlittern. »Streit bekommt mit mir nur jemand, wenn ich es will«, ist ein gutes Wort. Es schirmt uns ab gegen die ständige »natürliche Strahlendosis« negativer Emotionen, der wir ausgesetzt sind, wenn wir uns ihr aussetzen wollen. Dazu aber brauchen wir Geistes-Gegenwart – der schöne Begriff von Ellen Langer: eine Situation in Ruhe anschauen, bis wir ganz in der Situation sind, ganz bei uns sind – ganz im Flow sind – und dann ganz unaufgeregt reagieren. Leicht ist das nicht, denn die meiste Zeit leben wir, ohne ganz bei uns zu sein. Einige Zeilen des Philosophen Prof. Wolfgang F.

Schmid[89] illustrieren das sehr schön. Sie gelten dem rastlosen Menschen, dem Menschen »ohne Augenblick«:

»Der Mensch ohne Augenblick denkt voraus und nicht an das, was ist. Wenn er erwacht, denkt er daran, sich zu waschen. Wenn er sich wäscht, denkt er ans Frühstück. Während er frühstückt, liest er Zeitung oder denkt an die Fahrt zur Arbeit. Wenn er zur Arbeit fährt, denkt er an die vielen Gesprächstermine. Wenn er Gespräche führt, hört er nicht hin und denkt an das, was er noch zu erledigen hat oder was er am Abend tun wird. Wenn er endlich Feierabend hat und nach Hause fährt, freut er sich auf das Abendessen. Wenn er zu Abend isst, denkt er an den Film, den er sehen möchte. Während er sich den Film anschaut, denkt er daran, dass er bald schlafen gehen muss, weil er sonst unausgeschlafen ist. Wenn er zu Bett geht, denkt er an den morgigen Tag, und wenn er schläft, träumt er vielleicht von dem, was er versäumt hat.«

Ein solcher Mensch, sagt Schmid, kommt in der Gegenwart niemals an. Solch ein Mensch ist nicht bei sich, sondern hält sich »entweder in der Vergangenheit auf oder verliert sich in der Zukunft«.

Wie kann solch ein Mensch in der Gegenwart ankommen?

Der erste Schritt besteht darin, die Wirkung unseres »seelischen Alarm-Systems« zu erkennen. Darum geht es im nächsten Abschnitt.

Abschnitt 41

Das seelische Alarmsystem

Warum sind wir so selten wirklich bei uns? Warum sind wir so selten bei den anderen Menschen? So selten bei dem, was wir tun? Warum verlieren wir so oft den Verstand und tun Dinge, die wir bei besserer Überlegung nicht getan hätten?

Eine gute Antwort auf solche Fragen ist: Weil der Mensch so konstruiert ist. Weil der Mensch mit einem »seelischen Alarmsystem« ausgestattet ist. Worum es dabei geht, zeigt sich, wenn wir den »Bauplan« des Menschen noch einmal etwas genauer anschauen. Lassen sie uns dazu einige Aussagen dieses Buches bündeln, 17 Punkte werden es werden.

1. In Kapitel V, Abschnitt 10 stand, dass unser Geist, unsere Seele aus vielen Komponenten zusammengesetzt ist. Beispiele sind

- Körper (»grundlegende Lebensregulationen«),
- Gefühle,
- automatische Gedanken,
- Intentionen (Wille, Ziele, Pläne),
- produktives Denken und
- Information, die wir über die Sinnesorgane erhalten: über die Menschen und über die Dinge um uns herum und über das, was in uns, im Körper vor allem, geschieht.

2. Das gelebte Leben findet immer in einem konkreten Moment statt. Wir können ja nicht gestern fühlen oder morgen denken, sondern nur hier und jetzt. Leicht und fröhlich ist ein Lebensmoment, in dem wir im »Flow« sind (siehe Kapitel V, Abschnitt 11). Dann sind die Komponenten unseres Geistes, unserer Seele in Harmonie miteinander – anders als der »Mensch ohne Augenblick« –, und zugleich sind wir in Harmonie mit den Feldkräften um uns herum – den Menschen und den Anforderungen unseres Umfeldes.

3. Dieser »menschliche Moment«, in dem das Leben tatsächlich stattfindet, dauert meist nicht lange. Sicher – es gab den Romeo, der eine Nacht mit Julia verbracht und jedes Zeitgefühl verloren und das Morgenlied der Lerche für das Schlagen der Nachtigall gehalten hat. Es gibt Shakespeares schönen Dialog, ob es die Nachtigall oder die Lerche war – aber hier geht es um eine Ausnahmesituation, um den »alternativen Bewusstseinszustand« der Verliebtheit, den wir oft ersehnen, aber selten erreichen.

4. Was »in« uns und »um uns herum« alles geschieht, können wir in keinem einzigen Lebensmoment bewusst erfassen – geschweige denn: bewusst kontrollieren. Wir leben eingebettet in hunderttausend Sinnesinformationen und Abermillionen biochemischen Reaktionen. Kaum etwas davon erreicht unser Bewusstsein – und das ist auch wirklich gut so. Denn unsere Fähigkeit, Informationen zu verarbeiten, ist nicht unendlich groß. Sie beträgt – für den, der sich in In-

formatik auskennt – in jedem einzelnen Moment sieben Bit plus/minus zwei.[90] Meist bewegen wir uns deshalb durchs Leben wie ein modernes Flugzeug, das von einem »Autopiloten« gesteuert wird. Als Beispiel: Wir können am Steuer unseres Auto halb »in Trance« und dennoch sicher fahren. Wir arbeiten am besten und sind dabei am glücklichsten, wenn wir im Flow, also halb »in Trance« sind – gerade auch bei geistiger Arbeit. In unserer Arbeit Dahinfließen heißt, keine Konzentrations- und Motivationsprobleme haben, weil Anforderungen an uns und unsere Kräfte in die gleiche Richtung fließen.

5. Was in uns und um uns herum geschieht, wird von uns meist nicht bewusst wahrgenommen, sehr wohl aber unbewusst registriert. Stellen Sie sich einmal vor, dass der Mensch so etwas besitzt wie ein Radar-System, das ständig alle Vorgänge in Ulm, um Ulm und um Ulm herum überwacht – also: den Zustand der Welt, des Körpers, aber auch der Gedanken, Intentionen und Gefühle und Stimmungen.

6. Wenn das Radarsystem Meldung macht, werden wir aus dem »Flow« gerissen. Konzentration und Motivation werden von dem, was wir bisher getan haben, abgezogen und richten sich jetzt auf das »UFO« – soll hier heißen: das »Unbekannte Furcht-Objekt« – das vom Radarsystem gemeldet wird. Auch das läuft noch unbewusst ab. Dann aber, nach Sekundenbruchteilen, schaltet sich unser seelisches Alarmsystem zu.

7. Das Alarmsystem meldet sich über unsere Gefühle. Es meldet sich also nicht über unser klares, logisches, aber für viele praktische Situationen und konkrete Gefahrenmomente viel zu langsam arbeitendes Bewusstsein:

- Verletzungen des Körpers werden als Schmerzgefühl gemeldet,
- Menschen, die uns gefährlich werden könnten, werden als Angstgefühl gemeldet.

Und da es vor allem darum geht, auf mögliche Gefahren hinzuweisen, spielen die negativen Emotionen erst einmal die dominierende – und oft eine lebensrettende – Rolle.

8. Ebenfalls von unserem Radarsystem gemeldet werden aber auch »innere« Zustände – zum Beispiel Körperbedürfnisse wie

- Hunger und Durst (weshalb viele Menschen bei der Arbeit dauernd etwas knabbern oder Unmengen Kaffee trinken – all dies geschieht »unbewusst« oder maximal halb-bewusst);
- Blasen- und Darmbedürfnisse sowieso,
- aber auch ein anderer Drang, der Bewegungsdrang.

Manche Menschen sind von der Natur mit einem starken Bewegungsdrang ausgestattet worden. Da solche Menschen überall dort, wo sie still sitzen sollten, »stören«, hat man ihrer Aktivität, ihrer Bewegungsstärke, eine negative Bezeichnung verpasst: Hyper-Aktivität (»Über«-Aktivität). Und wenn etwas mit einem negativen Etikett beklebt worden ist, denkt man nicht mehr daran, diesen Menschen gerecht zu werden, sondern man »behandelt« sie – mit Maßregelungen oder zum Beispiel mit Ritalin.

9. Aufgabe des Alarmsystems ist es, Maßnahmen einzuleiten die einen Verlust von Wohl-Befinden (Well-Being) verhindern oder verlorenes Well-Being wieder herstellen.

Auf von außen drohende Gefahren und von innen gespürte Bedürfnisse oder Forderungen wird reagiert, Gefahren werden abgewendet, Mangelzustände, die sich zum Beispiel als Hungergefühl äußern, werden ausgeglichen – durch »Knabbern« zum Beispiel. Diese Sicht der Dinge ist hilfreich, wenn wir überhaupt erst einmal verstehen wollen, warum wir so vieles tun, was wir – bei ruhiger Überlegung – eigentlich gar nicht tun wollen. Gemeint sind zum Beispiel die vielen kleinen Punkte, die auf der Liste unserer guten Neujahrsvorsätze stehen:

- nicht rauchen,
- weniger trinken,
- weniger Süßes essen,
- konzentriert arbeiten,
- mehr Sport machen.

Warum ist mit solch guten Vorsätzen der Weg in die Hölle gepflastert? Sie haben es bereits gelesen. Unser Radarsystem meldet nicht nur tatsächliche Gefahren, sondern meldet alles, was uns innerlich unangenehm oder irgendwie ungedeihlich sein könnte. Bei einer Mathematikaufgabe etwa lautet die Meldung, die viele Menschen erhalten: »Mathe kann ich nicht.«

Danach setzt sofort ein Wohlfühl-Programm ein: der Griff nach Süßigkeiten, der Griff zur Zigarette – was auch immer. Im Zweifelsfall tun wir dann also etwas, von dem wir in unserem bisherigen Leben erfahren haben, dass es spontan zu angenehmeren Gefühlen führt. Und da haben wir ein großes Reservoir, aus dem wir uns bedienen können, in die Luft stieren und Tagträumen zum Beispiel. Das nennt man dann »leicht ablenkbar« sein. Gesteuert werden diese Prozesse von den in Kapitel XI, Abschnitt 29 erwähnten, mit Sucht in Verbindung stehenden »Gehirn-Mechanismen«.

10. Warum funktioniert unsere Selbstkontrolle so schlecht? Zwei Einsichten können hier weiterhelfen.

- Zum einen sind die Verhaltensabläufe extrem rasch. Das Erkennen von Gefahren oder von möglichen Gefahren und die entsprechende Reaktion – all das läuft so schnell ab, dass sogar ein Michael Schumacher bei Tempo 300 – eine Geschwindigkeit, für die die Evolution uns eigentlich nicht konstruiert hat – davon noch profitieren kann.
- Zum anderen arbeitet unser Alarmsystem nach dem Prinzip »Geschwindigkeit ist wichtiger als eine präzise Einschätzung der Situation.« Nichts – außer ein paar Sekunden, um die sich unserer Fahrzeit verlängert – ist verloren, wenn wir beim Autofahren einmal auf die Bremse treten, wenn es falscher Alarm war, wenn wir also auf die Intuition »Der Laster in der Spur rechts vor uns könnte nach links ausscheren« so reagieren, als würde der Laster ausscheren. Alles aber kann verloren sein, wenn wir es nicht tun, weil wir ja Vorfahrt haben.

11. Das von unserem Alarmsystem signalisierte Fehlen von Flow führt zu Versuchen, Flow wieder herzustellen, um wieder in unseren Naturzustand der Halb-Trance zurückzufallen. Dabei kann es zu einem Systemzusammenbruch kommen, wenn zum Beispiel die folgenden Dinge in uns gleichzeitig stattfinden:

- Der Körper meldet: »Müdigkeit«,
- die Gefühle melden: »unangenehme Tätigkeit«,
- die automatische Gedanken melden: »Sch ...-Mathematik, viel zu schwer«,
- der Wille (Intentionen, Ziele, Pläne) meldet: »Mach' es, dann hast du es hinter dir«,
- das Bewusstsein (das überlegte Denken) meldet: »Du musst es machen«, und
- die Sinnesorgane melden bei einem Blick im Zimmer herum: »Da liegt was zu essen« oder »Im Fernsehen läuft jetzt ganz viel, was interessanter ist als Mathe-Hausaufgaben, Abwasch oder die Steuererklärung.«

Wir suchen dann einen neuen »Flow-Zustand« – und leider kommen von Wille und Verstand dabei die schwächsten Impulse, schwächer als die Meldungen über Belohnungs-Erwartungen. Einfacher gesagt: Wir verhalten uns dann oft unvernünftig und gegen unsere eigene Überzeugung. Aber leider: Der Geist ist zwar willig – aber die Belohnungs-Erwartungen sind stärker.

12. Wenn negative Emotionen – zum Beispiel Angst, Wut, Ekel oder Abscheu – unser »inneres System« bestimmen, werden, wie in Kapitel IX beschrieben, unser Denken und unser Verhalten extrem unkreativ. Das heißt: Wir sind dann eigentlich nur in der Lage, zwischen zwei Verhaltensweisen zu unterscheiden – zum Beispiel zwischen Kämpfen oder Flüchten, zwischen *»Fight«* oder *»Flight«*, wie die Engländer sagen.

13. Es gibt aber auch »sanftere« negative Emotionen. Beispiele sind »leichte« Angst – ein Gefühl, das uns sagt: »Mach lieber einen Schritt zurück als einen nach vorn«. Dann schrillt in uns nicht der große Alarm, sondern nur das kleine – von uns bewusst kaum wahrgenommene – Alarmglöckchen. Das kleine Alarmglöckchen meldet sich allerdings sehr häufig – und da es sich nur sanft meldet, wird es von uns selten oder gar nicht bewusst registriert. Das Alarmglöckchen gibt uns selten Kampfsignale, sondern in aller Regel Rückzugssignale. So etwas passiert bei allen Aufgaben und bei allen Men-

schen, die wir spontan als nicht angenehm empfinden. Wir lassen die Aufgaben liegen. Wir wenden uns von den Menschen ab.

14. Gedächtnis und Erfahrungen bestimmen sehr stark, welche Signale wir bekommen. Wenn wir durch Aufschieben einmal ein gutes Gefühl bekommen haben, schnappt eine Falle zu: Wir »kapieren« sofort, was uns »spontan gut tut« – und dem folgen wir in der nächsten vergleichbaren Situation.

15. Um angemessen aktiv und kreativ am Leben teilzunehmen, brauchen wir positive Emotionen.

Um positive Emotionen zu spüren, müssen wir zuerst den Zustand der Geborgenheit erreichen (siehe Kapitel VI). Positive Emotionen brauchen deshalb meist länger als negative, bis wir sie spüren. Sie gehören eben nicht zu unserem Alarmsystem, das uns vor dem Gefährlichen und dem Unangenehmem warnt, sondern sind Teile unseres Wohlfühlsystems. Da das Alarmsystem uns vor (möglichen) Gefahren schützt, hat es – naturgegeben – den Vorrang. Also: Denken und Kreativität werden erst einmal ausgeschaltet.

Unsere große Chance besteht in jedem Lebensmoment also darin, die negativen Gefühle aus dem Alarmsystem ins Leere laufen zu lassen.

16. Auch das überlegte Denken braucht Zeit, bis es einsetzt und »greift«. Denken und Kreativität setzen erst ein, wenn das Wohlfühl-System »angesprungen« ist. Das heißt: Auch der vernünftigste Mensch kann sich nicht mit Vernunft durch den Tag lenken. Die große Ausnahme: vernünftiges Verhalten kann antrainiert, anerzogen werden.

17. In Kapitel VI, Abschnitt 14 haben Sie gelesen, dass es zwei Arten von Stress-Reaktionen gibt: Stress durch Herausforderungen und Stress durch Bedrohungen.

- Bei Bedrohungen kann es 90 Minuten und länger dauern, bis wir wieder bei uns sind. Der gute Rat, den die Volksweisheit uns in solchen Situationen gibt, lautet: Schlafe erst einmal eine Nacht drüber.

- Bei größeren Herausforderungen klingt die Aktivation (»Erregung«) sehr viel rascher ab. Der gute Rat, den die Volksweisheit uns in solchen Situationen gibt, lautet: Abwarten und Tee trinken. Oder: Erst wägs, dann wags.
- Bei geringen Herausforderungen lautet der gute Rat der Volksweisheit: Atme erst mal tief durch. Oder: Zähle erst mal bis drei.

Die Herrschaft der negativen Emotionen brechen

Diese 17 Punkte zeigen noch einmal die ganze Komplexität, mit der wir konstruiert sind. Durch das seelische Alarmsystem sind wir von Natur aus gepolt auf negative Emotionen, zum Beispiel

- auf Wut und aggressives Voranschreiten im Kampf ums Dasein,
- auf Trauer und damit auf Regression, auf einen Rückzug von der Teilnahme am Leben,
- auf Angst, die etwa zu Aggression oder Regression führen kann.

So ziemlich der dümmste Rat für die Bewältigung von Lebensmomenten stammt leider aus dem Dunstkreis der Psychologie und lautet: »Sei spontan.«

Spontan sein ist vor allem dann gut, wenn wir unter dem Einfluss positiver Emotionen stehen. Wenn uns hingegen die negativen Emotionen kontrollieren, ist Spontaneität in aller Regel nur gut, wenn wir uns spontan einbremsen und eben nicht – verbal oder körpersprachlich – gewalttätig vorwärts stürmen, beileidigt den (so vorhanden) Schwanz einziehen oder in aggressives Schweigen verfallen.

Besonders »tricky« ist dabei, was die »kleine Erregtheit«, die durch »geringe Herausforderungen« erzeugt wird, aus uns machen kann. Oft regen wir uns über Lappalien auf. Warum?

Was dabei in uns abläuft, kann mit einer allergischen Reaktion verglichen werden. Bei Allergikern dauert es meist eine gewisse Zeit, bis sie irgendwann auf einen Reiz, etwa Haselpollen, mit dem großen Allergieanfall reagieren. Davor kommt es zu Niesen, zu etwas »Heuschnupfen« et cetera. In dieser Zeit aber lernt der Körper, immer genauer auf den Reiz zu reagieren, und wenn der Körper ausgelernt hat, reagiert er auf die kleinste Dosis Blütenstaub mit der ganz großen Abwehrreaktion.

Ähnlich bei Stress. Lappalien – zum Beispiel eine Körperbewegung bei unserem Partner oder unseren Kindern – können wir anfangs übersehen oder belächeln. Nach einer Weile aber können die Lappalien uns »reizen«. Dann fallen uns Worte ein wie: »Kannst du beim Essen aufhören, dich mit den Ellenbogen aufzustützen.« Und wenn das nicht klappt, kommt es mit der Zeit zur ganz großen Abwehr-Reaktion, wir explodieren aufgrund einer Lappalie.

Die Chance – unsere freie Entscheidung, ob wir das Leben zum Kampf *ums Dasein* oder zur Freude *am Dasein* machen wollen – bietet sich etwa hundert Mal am Tag. Wer sie ergreifen will, muss die negativen Emotionen, mit denen sich das Alarmsystem meldet, ausklingen lassen, Geborgenheit finden und zuwarten, bis die positiven Emotionen »übernehmen«. Erst dann haben wir den von Ellen Langer beschriebenen Zustand der Geistes-*Anwesenheit* erreicht, in dem positive Emotionen uns Verstand, Logik und Kreativität wiedergeben. In großen Krisen kann dies eine Nacht brauchen, in der wir alles erst einmal überschlafen. Bis dahin sind wir geistesabwesend. Man sagt dann zu Recht:

- »Ein Mensch ist nicht ganz bei sich.«
- »Ein Mensch ist außer sich.«
- »Ein Mensch verliert den Verstand.«

Wenn die Krisen kleiner sind, hilft ein ruhiges Zuwarten: die Situation anschauen, wie Ellen Langer es in ihren Kreativitäts-Übungen empfiehlt. Ebenso hilft der in Kapitel X, Abschnitt 24 beschriebene »Blick vom Gipfel«. Kleinere Alarmsignale aber kann man überatmen: »Hol erst mal tief Luft.« Oft kann bereits so – in Sekunden – der für ein gutes Leben unabdingliche Gemütszustand erreicht werden: Geistes-*Anwesenheit.*

Das ist mit Schauen gemeint: Beschaulichkeit durch Verlangsamung des Lebens immer dann, wenn aus Hektik ein Kampf ums Dasein wird.

Kapitel XVII

Einfühlen

Abschnitt 42

Leben mit Neugier auf den anderen Menschen

Lebenskunst heißt: In den vielen kleinen Momenten, in denen das Leben tatsächlich stattfindet und aus denen sich ein Tag, ein Jahr und das ganze Leben zusammensetzt möglichst geistes-*anwesend* sein. Es fängt mit einer eher meditativen und unaufgeregten Lebenshaltung an, mit Achtsamkeit, mit Geistes-*Anwesenheit* .

Leben aber ist in aller Regel Zusammenleben. Also brauchen wir Achtsamkeit für den anderen Menschen, Einfühlung – neudeutsch: Empathie. Das klingt gut, aber *wie macht man das*? Keine noch so kluge Definition sagt es klarer als ein praktisches Beispiel, eine normale Episode aus dem Leben eines normalen Paares, nennen wir die beiden Julia und Romeo.

Die wichtigsten zehn Sekunden im Liebesleben

Julia und ihr Romeo sind ein sexuell völlig normal begabtes Paar. Und wie viele völlig normale Paare sind beide sexuell unzufrieden. Völlig normal.

Julia ist vor sechs Monaten Mutter geworden. Sie hat ihren interessanten Beruf und die interessanten Leute, die sie dabei trifft, aufgegeben. Babypause. Ihren Tag verbringt sie zumeist mit dem Kind. Deshalb freut sie sich auf den Moment, in dem »ihr Romeo« von der Arbeit nach Hause kommt. Und Romeo freut sich auf seine Frau. Wenn er abends durch die Türe tritt, beginnen die wichtigsten zehn Sekunden im Liebesleben des Paares.

Wie die meisten Männer hat Romeo abends, wenn er nach Hause kommt, oft ein paar kleine Gedanken im Hinterkopf. Vieles im Laufe eines Tages regt seine Fantasien an – zuletzt die Südamerikanerin mit der wunderschönen Haut, neben der er heute in der Bahn sitzt. Mit einem Bacardi-Feeling im Herzen stapft er durch den Nieselregen zu seiner Julia nach Hause.

Kaum in der Tür, schaut er auf ihre engen Jeans. Romeo fasst drauf – also auch auf den Po, mitten rein in die Landschaft – und drückt Julia an sich, den Unterleib etwas voraus. »Warum ist mir das unrecht?«, schießt es Julia durch den Kopf. »Ich habe mich doch auf ihn gefreut.« Sie sagt zwar nichts, aber Romeo spürt alles. Er fühlt sich ertappt. Er lässt Julia los. »Nix is' mit Bacardi-Feeling…«

Er holt Luft, aber er weiß nicht recht, was er jetzt sagen soll. »Scheißwetter«, sagt er.

Julia denkt: »Ach Gottchen, was er nur wieder für ein Gesicht macht. Das bisschen Regen sollte ein erwachsener Mann doch noch verkraften können.« Aber das sagt sie ihm auch nicht. Sprachlos stehen beide ein paar Sekunden voreinander, und Julia sagt dann rasch: »Du – ich habe heute Loup de Mer gekocht.«

»Nicht Fisch, nicht Fleisch«, brummelt der verhinderte Romeo. Verstanden, was er meint, hat Julia nicht. Wie auch? Sie sieht nur sein Gesicht, und jetzt kommt der erste Vorwurf: »Loup de Mer ist doch dein Lieblingsfisch. Und außerdem haben wir etwas zu feiern.« Das war Vorwurf Nummer zwei.

Die Situation ist jetzt zwar etwas angespannt, aber Julia spürt, und da blitzt es in ihr munter auf, dass sie die Situation im Griff hat.

Wird dieses Paar einen richtig fröhlichen Abend miteinander verbringen – Liebe inbegriffen? Vermutlich nicht, denn in den ersten zehn Sekunden der Wiederbegegnung ist ziemlich viel schief gelaufen. Romeo hatte seine Gedanken und Wünsche – Julia hatte ihre eigenen, gar nicht so weit von seinen entfernt. Aber sie hat sich nicht in ihn und er hat sich nicht in sie eingefühlt.

Einfühlung: der kleine Unterschied im Liebesleben

Nehmen Sie ein ähnliches Paar in einem geglückteren Lebensmoment. Wieder geht es um die wichtigen zehn Sekunden, wenn zwei Menschen abends nach einem langen Tag des Getrenntseins wieder aufeinander treffen.

Wieder kommt unser Romeo mit erotischen Gedanken im Kopf von der Arbeit nach Hause. Auch er hat der Südamerikanerin in der Bahn heimlich in den Ausschnitt gepliert, auch er ist regennass, auch er sieht die engen Jeans seiner Julia – aber er langt nicht schon in der Haustür hin, sondern brüllt erst mal los. »Scheißwetter.«

Und auch seine Julia denkt: »Ach Gottchen, was er nur wieder für ein Gesicht macht. Das bisschen Regen sollte ein erwachsener Mann doch noch verkraften können.« Aber das sagt sie ihm. Laut und deutlich.

Was Romeo II und Julia II anders machen? Wenn beide sich abends wieder begegnen, sehen sie sich erst einmal an. Sich gleich in den Arm nehmen, ist wunderbar – oder es ist ein wunderbarer Weg, sich nicht in die Augen sehen zu müssen: Küsschen links, Küsschen rechts, Ausfallschritt zur Seite, die dem Partner/der Partnerin zugewandte Schulter etwas vorschieben und aneinander vorbeilaufen …

Nicht hier.

Romeo und Julia stehen und sehen und reden. Das belangloseste Zeug. Er sagt zum Beispiel: »Guten Abend. Wie geht es dir, Schatz?«

Sie sagt zum Beispiel: »Danke, und selbst?« Das heißt dann: »Sag du was, ich hab' keine Lust.« Oder: »Streng dich an. Finde es heraus.« Er versucht es: »Wie war es in der Stadt?« (Er weiß, dass sie in der Stadt war!) »Bist du genauso nass geworden, wie ich eben? Nein, ich weiß, du hast es gerade noch ins nächste Kaufhaus geschafft, und du hast wirklich nur die Sonderangebote gekauft und wieder hundert Euro gespart.«

Sie sagt zum Beispiel: »Im Gegenteil. Ich habe zwei Stunden in der Küche gestanden.«

»Was gibt es denn, geliebte Küchen- und Kinderwindelfee?«

»Loup de Mer. Für mich.«

Und spätestens jetzt fällt ihm ein, was er genauso vergessen hat, wie Romeo I. Es gibt etwas zu feiern. Er schaltet schnell: »Und ich habe für uns extra einen Tisch bestellt.«

»Lügner.«

Ende der Geschichte. Und wenn sie nicht gestorben sind, dann lieben sie sich noch heute …

Das ist Empathie praktisch. Was machen Julia II und Romeo II anders? Ein Einziges nur. Sie prallen nicht – jeder in eigener Weise vorprogrammiert – aufeinander. Sondern sie lassen sich bei jedem Verhaltensschritt ein paar Sekunden Zeit. Sie schauen. Sie geben sich gegenseitig so die Chance zu spüren, wo der andere gerade ist. Und nur dort, wo der andere ist, können wir ihm auch begegnen.

Kapitel XVIII

Interesse aufbringen

Abschnitt 43

Erst die Neugier, dann die Gier

Geschichten wie die von »Romeo und Julia« erzählen, ist inzwischen ein bewährtes Hilfsmittel in der psychologischen Beratung und auch in der Psychotherapie.

Einer der guten Geschichtenerzähler ist der Wiesbadener Psychotherapeut iranischer Abstammung, Prof. Nassroth Peseschkian, der seine Behandlungsmethode übrigens Positive Psychotherapie nennt. In einer der ersten Ausgaben von »Psychologie heute« hat er zum Beispiel die Fabel von einem schusseligen iranischen »Tünnes« erzählt, die es in Deutschland auch als Tünnes-und-Scheel-Witz gibt:

Tünnes sucht nachts seinen Schlüssel unter einer Laterne, kann ihn aber nicht finden. Scheel sagt: »Überleg noch einmal, wo genau du ihn verloren hast.« Antwort: »Da hinten unter den Bäumen.« »Und warum suchst du dort nicht?« »Weil es da so dunkel ist, dass man nichts findet.«

Dort zu suchen, wo für einen selbst das Licht leuchtet, scheint international allzumenschlich zu sein. Man geht nach eigener Logik vor – ohne Empathie für die Situation.

Sexuelle Allgemeinbildung

Genau das haben Romeo II und Julia II nicht gemacht, sondern haben sich in die Situation eingefühlt. Beide haben den Schlüssel für einen schönen Liebesabend gehabt: er seine sexuelle Motiviertheit, sie den langsameren, verführerischen Weg über eine kleinen Feier.

Beide haben sich aber Zeit gelassen, Sekunden nur, in denen der andere seinen Klein-Charme entwickeln konnte, bis beide gesehen haben, in welches der vielen Schlösser, die unsere Seele verschließen oder öffnen können, heute der Schlüssel passt. Ein guter Tipp für Männer ist die Erkenntnis: Der G-Punkt der Frau liegt im Ohr.

Wo aber führt man einen Menschen hin, dessen »G-Punkt« man erschlossen hat? Am einfachsten dorthin, wo dieser Mensch es will – und wann der Mensch es will. Es geht um die Kunst der Verführung. Um herauszufinden, wann, wie und wo ein Mensch verführt werden möchte, hilft eines, und daran mangelt es bei vielen altgedienten Paaren: Interesse. Interesse ist das genaue Gegenteil von »meine Interessen«.

Das Denken in den Begriffen der Positiven Psychologie macht hier vieles klar.

Glückliche Paare wissen, wie sie mit ihren eigenen Emotionen umgehen müssen. Und mit den Emotionen der Partnerin/des Partners. Sie machen es meist unbewusst. Aber jeder kann es lernen – durch Positive Psychologie. Die Positive Psychologie geht von den Emotionen aus. Und in der Geschichte aller »Julias und Romeos« zeigt sich, dass meist zwei Emotionen im Spiel sind:

Romeo (I) ist gierig, Romeo (II) ist neugierig. Gier ist eine negative und Neugier eine positive Emotion. Das ist der kleine Unterschied mit seinen großen Folgen, die Barbara Fredrickson beschrieben hat. Hier noch einmal kurz zusammengefasst:

- Negative Emotionen engen das Denken ein. Wenn wir unter negativen Emotionen stehen, ist im Kopf oft nur ein einziger Wunsch, ein einziges Ziel verankert, und darum herum finden eigentlich nur zwei Gedanken Raum: »vorwärts« oder »vorsichtshalber rückwärts«. Es sind eher Reflexe als Gedanken.
- Wenn im Kopf nicht viel passiert, gibt es auch keine Worte – wozu auch Worte? Das Ziel ist ja klar. Und so schreitet der Gierige ohne viel Worte zur Tat. Und der Ängstliche zur Flucht.
- Das Verhalten bei negativen Emotionen ist genauso eingeengt und – im Wortsinne – beschränkt wie das Denken, in unserem Beispiel des Paares (I) abends: »ran« oder »nicht ran« an die Frau. Hinzu kommt:

- Alle negativen Emotionen – Gier, Angst oder Wut – machen maßlos. Das Ziel wird gesucht. Aber der Weg wird nicht genossen.

Der kleine Unterschied zwischen Wissen und Können

Maßlose Gier gleich von Anfang an aber heißt: schlechter Sex. Heißt: Abreaktion statt Genuss. Und deshalb findet der Gierige auch keine wirkliche Befriedigung. Und die Partnerin schon gar nicht. Gierige Männer suchen den direkten Weg zum Ziel ihrer Fantasien. Ihnen scheint es gleich zu sein, mit welcher Frau sie es treiben. Das jedenfalls ist das Gefühl, das sie ihrer Frau geben. Aber eine Frau will nicht benutzt werden, sondern begehrt.

Was die Positive Psychologie hier mit neuen Gedanken erklärt, ist natürlich keinem Menschen wirklich neu. Das Neue an einer positiv-psychologischen Sicht des ältesten Themas der Menschheit ist: Positive Psychologie bahnt einen einfach zu beschreibenden Weg vom Wissen zum Können.

Was also machen Männer mit Herzensbildung anders?

Sie halten ihre Gier zurück und nutzen die große Stärke der Neugier. Und wie bei jeder positiven Emotion zeigen sich positive Folgen:

- Positive Emotionen weiten das Denken aus. Mehr als nur eine einzige Idee kommt in den Kopf, denn Freude und Sich-Gutfühlen regt die Kreativität an.
- Worte kommen dann ohne Anstrengung, Gespräche werden gesucht, denn die Worte wollen raus.
- Und viele Ideen fürs Verhalten entstehen. Der neugierige Mensch ist nicht auf ein einziges – gar noch selbstsüchtiges – Ziel fixiert.

Geh! Fühle!

Wie Positive Psychologie »funktioniert«, welche negativen Wirkungen die negativen Emotionen haben und welche positiven die positiven Emotionen, wird ein immer wichtigerer Bestandteil der psychologischen Beratung werden. Und mit diesem Wissen und zwei Worten, die klingen wie »Gefühle«, aber »Geh! Fühle!« geschrieben werden, können Paare nach manchmal bereits zwei Stunden wieder aus der Beratung »entlassen« werden.

Positive Psychologie macht kurze Beratungszeiten möglich. Man kann sie auch aus einem Buch lernen. Und das »Geh! Fühle!« schaffen viele Menschen aus eigener Kraft.

Das typische Dienstleistungsangebot der Psychologie ist Therapie oder Training. Beides kostet viel Geld. Und kostet viel Zeit. Psychoanalysen, die drei Jahre dauern, drei Stunden die Woche – eventuell sogar für beide Partner getrennt – sind keine Seltenheit.

Aber auch eine normale Beratung kann zehn, 20 Stunden dauern, die Stunde für 40, 70 oder 100 Euro, selbst bezahlt, denn keine Kasse zahlt für Partnerberatung, und für Prävention von seelischen Problemen zahlt sie schon gar nicht. Kassen zahlen nur für Psychotherapie, und auch dann nur, wenn seelische Probleme »mit Krankheitswert« vorliegen.

Positive Psychologie spart Zeit und Geld

Wichtiger noch: Selbst wenn drei Jahre Psychoanalyse anfallen, gibt kein seriöser Psychoanalytiker eine Erfolgsgarantie. Natürlich kann man nach zwei oder drei Stunden Beratung schon gar keine Erfolgsgarantie geben – aber um keine Erfolgsgarantie zu geben, muss man nicht erst drei Jahre warten.

Der Schlüssel zu guter, frischer Liebe ist Interesse – in Ellen Langers Worten: Achtsamkeit. Damit fängt alles das an, was in schönen Stunden oder Tagen im Bett oder sonst wo passiert. Mit Respekt. Mit Neugier auf den anderen Menschen. Und mit Reden – ganz unkompliziert, auch wenn es mal um komplizierte Dinge geht.

Sexualität ist ein Spiel. Es ist wie beim Mensch-ärgere-Dich-nicht. Wer eine Sechs gewürfelt hat, ist noch nicht am Ziel. Und wer Sex spürt, auch nicht. Warum auch? Der Spaß liegt nicht darin, möglichst rasch das Ziel zu erreichen, denn dann ist das Spiel ja zu Ende. Der Spaß liegt im Spielen. Klar ist: Man kann auf dem Weg zum Ziel rausgeschmissen werden. Die Positive Psychologie aber zeigt, dass man und wie man wieder eine Sechs würfeln und neu ins Spiel kommen kann. Wie?

Paare mit guter Herzensbildung sind ständig miteinander im Gespräch. Deshalb haben sie noch Worte, wo sie anderen Paaren fehlen. Sie setzen die drei großen positiven Emotionen ein – meist unbewusst, aber immer zielsicher. Und das lohnt sich, von ihnen zu lernen.

Wenn der Motor eines Autos nicht anspringt, braucht man ein Starterkabel, oder man muss es anschieben.

Den Zündfunken für eine Partnerschaft, die nicht richtig anspringt, liefern die Positiven Emotionen: Freude, Zufriedenheit und Neugier. Paare mit Herzensbildung

- machen sich gegenseitig Freude – meist kleine Freuden, die aber sehr oft.
- Sie genießen Stunden der Zufriedenheit (siehe Kapitel XII, Abschnitt 30) – ganz ohne sich dabei immer gleich »an die Wäsche zu gehen«.
- Und ihre Neugier ist nicht nur auf das eigene Leben gerichtet, sondern stärker noch auf das Leben der Partnerin/des Partners.

Kristallisationskern des Zusammenlebens sind die positiven Seiten: die eigenen Stärken, die Stärken der Partnerin/des Partners und die guten Seiten des Lebens – auch wenn sie einem so gering erscheinen wie eine frische Semmel mit Butter morgens ans Bett gebracht. Im Zentrum des Lebens stehen also nicht die negativen Seiten des Charakters und nicht die Krisen des Alltags – und gäbe es noch so viele –, sondern die positiven, auch wenn es noch so wenige sind.

Kapitel XIX

Nutzen bringen

Abschnitt 44

Leben ist ein Mannschaftssport

Bin ich gut oder schlecht? Ist »der Mensch als solcher« gut oder schlecht? Ist der konkrete Mensch, mit dem ich es gerade zu tun habe oder mit dem ich auf Dauer mein Leben teile, gut oder schlecht?

Wer solche Fragen mit »Ja« oder »Nein« beantwortet, macht sich selbst das Leben schwer. Moral ist nämlich nicht allein »im« Menschen verankert, sondern immer auch in der Situation. Wir Menschen haben beides im Verhaltensrepertoire: das Gute wie das Schlechte – die einen mehr vom einen, die anderen mehr vom anderen.

Lebenskunst heißt, beides gleichzeitig denken zu können: der andere ist gut, aber auch schlecht – und dann jenen rundum guten Rat eines der großen Psychologen des 20. Jahrhunderts zu befolgen, Rudolf Dreikurs (1897–1972), Schüler von Alfred Adler. Dreikurs hat das immer noch beste Buch über jene Art der »Menschenführung in der Familie« geschrieben, die wir »Erziehung« nennen: »Kinder fordern uns heraus«, heißt es.[91] Und von Dreikurs stammt der Satz: *»Catch them at being good«*. In Langform übersetzt heißt der Satz: »Pack sie dir, wenn sie gut sind, wenn sie das Richtige tun. Wenn sie ihre Stärken und Talente zeigen – nicht ihre negativen Seiten, nicht ihre Schwächen.«

Das ist auch ein guter Rat für Menschenführung in der Familie, in der Schule und für Menschenführung im Arbeitsleben. Er verhindert, dass das ewige Reden, Klagen, Streiten, Loben, Drohen, Belohnen, Kompromisse schließen, Kompromisse der Kompromisse neu vereinbaren etc. etc. aufhört – all das, was man in Eltern-, Kommunikations-, Fair-Streiten- oder Führungsseminaren lernt. Nichts davon ist falsch. Es ist nur verkopft. Und Moral ist nicht allein im Verstand beheimatet.

Im Verstand »wohnt«– nicht abwertend gemeint – eine »Krämerseele«, also jene Instanz in uns, die auf Interessenausgleich und Kompromisse achtet. Die am gerechten Ausgleich von Geben und Nehmen orientiert ist, am »quid pro quo« am »was (kriege ich) wofür?«

Kompromisse sind richtig und wichtig. Aber sie klären nur die Negativ-Aspekte des Lebens. Freude bereiten sie noch nicht. Und sicher sind sie auch nicht. Denn bereits als Kinder haben wir ja schon den Kanon gesungen: »Die Menschen sind schlecht. Sie denken an sich. Nur ich denk an mich.«

Eigeninteresse und Moral

Sehen sollten wir, dass das unseren heutigen Zeitgeist prägende Wirtschaftsdenken sich hier eindeutig entschieden hat – und zwar für die vulgäre Form der Selbstliebe, den Egoismus. Wirtschaftsdenker bauen und vertrauen auf die Schlechtigkeit der Menschen. Die persönlichen Egoismen haben sie zur allgemeinen Moral erhoben. Durch das Wirken der »unsichtbaren Hand« des Marktes wird aus persönlichem Egoismus das größtmögliche Allgemeinwohl, möchten sie uns glauben machen (das ginge ja noch, aber viele scheinen das tatsächlich auch selbst zu glauben).

Wer um Klima und Umwelt oder den Nord-Süd-Konflikt besorgt ist, hat hier Zweifel. Psychologische Zweifel kommen hinzu. Kann persönlicher Egoismus in der Familie, am Arbeitsplatz, in der Ehe und Partnerschaft – in den kleinen Gemeinschaften, in denen wir leben und uns deshalb auskennen – das größtmögliche Allgemeinwohl garantieren?

Die heute mit hilflosem Ernst geführte Werte-Diskussion sagt uns: Es gibt die unsichtbare Hand nicht, die aus »seelischer Scheiße« soziales Gold macht. In der Familie nicht, in der Schule nicht. Wie dann in der Gesellschaft? Oder gar in der heutigen »globalen« Weltgesellschaft?

Literaten und Philosophen haben das »Ich denk' an mich« ebenfalls als moralisches Gebot formuliert, sehr charmant die in Russland geborene amerikanische Philosophin und Schriftstellerin Ayn Rand (1905–1982, der Vorname wird wie »ein« ausgesprochen) in einem bei uns leider vergriffenen Buch mit dem englischen Titel: *»Atlas shrugged«* (Atlas wirft die Welt ab, wörtlich: Atlas zuckte mit den Schultern). Gemeint ist jene Figur der griechischen Sage, die die Welt – die Weltordnung, das »Gemeinwohl« also – auf ihren Schultern zu tragen hatte.

In ihren späteren philosophischen Schriften hat Ayn Rand gesagt: Der Kern meiner Philosophie ist der Mensch als heroisches Wesen, dessen moralischer Sinn in seinem persönlichen Glück liegt.

Sich offen zum Eigen-Interesse zu bekennen, fällt vielen Menschen dennoch schwer. Aus moralischen Gründen? Aus pädagogischen Gründen? Etwa so, wie man ein Kind, das einen Satz mit »Ich« beginnt, sofort mit »Der Esel geht voran« unterbricht?

Die Position der Positiven Psychologie, die dies Buch Ihnen nahe bringen möchte, ist viel einfacher und heißt: Wir wissen nicht genug darüber, was Eigen-Interesse ist. Und die Antwort der Positiven Psychologie lautet: »Nur ich denk' an mich« ist zu wenig. Besser ist es, wenn es ein soziales Netz gibt, *»social support«*. Wenn also möglichst viele Menschen an sich und deshalb an andere denken. Wenn sie praktische Nächstenliebe und Selbstliebe leben. Die Details und »Ausführungsbestimmungen« zu diesem »Liebe deinen Nächsten, wie dich selbst«, stehen in den 33 Punkten in Kapitel II, Abschnitt 4.

Abschnitt 45

Werte und Stärken für ein einfach besseres Leben

Ein Mensch findet zurückgelassenes Wechselgeld in einer öffentlichen Telefonzelle. Ein anderer bekommt einen Keks angeboten. Einem Dritten wird gesagt, dass er Erfolg bei der Lösung einer Aufgabe gehabt hat. Das sind drei Beispiele für kleine Freuden, die uns das Leben machen kann.

Solche kleinen Freuden hat die Psychologin Alice M. Isen Menschen bereitet, die nicht wussten, dass sie an einem psychologischen Experiment teilgenommen haben und dabei mit anderen Menschen verglichen wurden, denen man solch kleine Freuden nicht bereitet hatte. Was hat ein Kcks, etwas Kleingeld, durch Zufall gefunden, oder die Freude über eine gelöste Aufgabe bei den Menschen bewirkt?[92]

Verglichen mit der Kontrollgruppe waren die freudigen Menschen eher bereit, Geld für eine Straßensammlung zu geben, einem Fremden zu helfen, Bücher zu tragen oder einem Passanten etwas aufzuheben, das ihm heruntergefallen war.

Andere Studien zeigen, dass Menschen, die Freude empfinden, Konflikte mit anderen Menschen klein halten und in Diskussionen oder Verhandlungen rascher zu einem günstigen Ergebnis kommen. Ein kleines Geschenk wie ein Schreibblock oder ein paar Cartoons bewirkte, dass Menschen bei Auseinandersetzungen sehr viel eher nach einer für beide Seiten akzeptablen Lösung zu suchen bereit waren. Im Vergleich dazu brachen Menschen, die vorher nicht freudig eingestimmt worden sind, solche Problemlösungs-Gespräche öfter frühzeitig, also ohne Ergebnis, ab.

Mehr noch: Die freudigen Menschen empfanden sogar das Problemgespräch als positiv und erfreulich. Erfreute Menschen haben mehr Einfälle, sind neuen Ideen gegenüber aufgeschlossener – kurz: sie sind geistig flexibler, und die Flexibilität zeigt sich in messbar kreativeren Leistungen und Problemlösungen. Das zeigte sich nicht nur bei Studenten, sondern auch bei Ärzten – etwa bei der Diagnose von Krankheiten: fröhliche Ärzte stellen mehr alternative Diagnosen, bevor sie sich für eine entscheiden. Die Gefahr einer Fehldiagnose wird so minimiert. Und Manager, die Freude im Herzen spüren, durchdenken ihre Entscheidungen gründlicher und sind deshalb effektiver und effizienter.

Generell gilt: Erfreute Menschen entscheiden sich rascher, aber nicht weniger fundiert als schwermütige, nachdenkliche, pessimistisch gestimmte. Menschen, die Freude spüren, sind also geistig nicht etwa oberflächlicher. Und vermutlich zeigen diese Studien, warum sich unter die Schar der hochmögenden, ernsthaften Unternehmensberater zunehmend ein paar bunte Vögel mischen – Psychologen etwa, die unter anderem eine Clownmaske oder eine rote Pappnase als Arbeitsmittel mit in die Trainings bringt, und eben nicht nur Folien für den Overheadprojektor.

Die Firmen haben sich nämlich davon überzeugen lassen, dass fröhliche Menschen bei der Suche nach Entscheidungen nicht so viele geistige Umwege gehen und sich andererseits nicht auf geistig *ein*getretenen Pfaden bewegen. Erneut galten diese Ergebnisse auch für Mediziner. In einer Untersuchung hat Alice M. Isen bei Medizinstudenten nachweisen können, dass sie – freudig gestimmt – die Patienten besser diagnostizieren und bessere Therapien vorschlagen.

Menschen, die Freude spüren, weichen also deutlich von jenem für unsere westliche Kultur so typischen Denken ab, das Robert Nisbett (siehe Kapitel XIII, Abschnitt 34) beschrieben hat. Die Wirkung positiver Emotionen besteht nämlich darin, dass die blockierende Wirkung unseres »Alarmsystems« sich nicht entfaltet, dass wir also nicht von den bekannten negativen Emotionen wie Angst oder Wut, Ekel oder Trauer geistig geblockt werden.

Graham Greene[93] hat einmal die Situation eines Trinkers beschrieben: *Ohne nachzudenken, was er tat, nahm er einen weiteren Schluck Brandy. Als die Flüssigkeit seine Zunge berührte, dachte er plötzlich an sein Kind, das ihm wie aus der Dunkelheit vor Augen trat: das fast gedämpfte, traurige, wissende Gesicht. Er sagte: »O Gott, hilf mir. Verdammt, ich verdiene es, zu sterben, aber lass sie für immer leben« … Er begann zu weinen. Ihm war, als ob er sie vom Ufer her hätte beobachten müssen, wie sie langsam ertrinkt, weil er vergessen hatte, wie man schwimmt. Er dachte: Dies ist das Gefühl, das ich immer und für jeden Menschen haben sollte.*

Nicht helfen können – sich selbst nicht und anderen Menschen nicht: das Gespür für das Helfen nicht mehr haben – ist verbunden mit tiefer Lebenstrauer. Allerdings – so, wie unsere westliche Kultur sich immer mehr entwickelt – lassen wir diese Trauer nur selten noch zu. Sie wird ertränkt in Fit und Fun und Ballermann, Alkohol und Drogen. Und sie wird moralisch sogar noch gerechtfertigt.

Der Kern unserer westlichen Kultur besteht, so der amerikanische Publizist Robert Wright, in dem, was Mathematiker ursprünglich ein Null-Summen-Spiel genannt haben.[94] Dies Spiel – bevorzugt gespielt im Geschäftsleben und an der Börse, aber auch im Privatleben – folgt einer einfachen Regel: Wenn ich gewinnen will, musst du verlieren. Ähnlich wie bei dem Satz »Die Summe der Laster bleibt gleich« wird bei einem Null-Summen-Spiel davon ausgegangen, dass die Summe möglicher Gewinne immer gleich bleibt und dass es deshalb darum geht, möglichst einen großen Teil vom »Kuchen« abzubekommen.

Wenn es stimmt, was die Positive Psychologie über die Wirkung von positiven Emotionen herausgefunden hat, dann lassen sich daraus zwei Schlüsse ziehen:

1. Wenn wir uns eine etwas bessere Welt wünschen, eine, in der die Menschen noch nicht vergessen haben, dass sie selbst schwimmen können, statt sich in Flüssen oder Flüssigem zu ertränken, und dass sie sogar hinausschwimmen können, um ihr eigenes Kind vor dem Ertrinken zu bewahren, brauchen wir das, was als Nicht-Null-Summen-Spiel bezeichnet wird.
2. Konkret heißt das: nicht einfach nur nach Kompromissen suchen, wenn es um Kontroversen geht – nicht also nach dem kleinsten gemeinsamen Nenner. Sondern zusehen, wie ein strittiges Gut vergrößert werden kann, wie also die Summe, die es in Verhandlungen am Markt, in Partner- oder Erziehungssituationen zu verteilen gibt, größer werden kann.

Materielle Güter oder auch Geldscheine lassen sich selten oder gar nicht vermehren – sehr wohl aber der psychische Nutzen der materiellen Dinge. Beispiele aus dem Privatleben finden sich leicht:

Ein pensionierter Mathematiklehrer gibt einem Kind Nachhilfeunterricht. Er bekommt so die Freude, dass sein Lebens-Wissen, sein »Human-Kapital, nicht einfach brachliegt, sondern dass er etwas Erfreuliches für sich damit anfangen und dadurch sogar noch mehr Nutzen stiften kann, als wenn er es für Logeleien oder geistige Knobeleien einsetzen würde.

Die Eltern des Kindes laden den Mathematiker dafür abends zu einem fürstlichen Mahl ein. Sie haben die Freude, einen interessanten Gesprächspartner am Tisch zu haben. Sie haben die Freude, ihr in Mathematik schwächelndes Kind nicht ohne »Netz« zu wissen. Und ganz nebenbei bedeutet dieses gute Essen außer Gesprächen und Kontakt – auch einen materiellen Gegenwert, der mit einer guten Flasche Wein durchaus 20 oder 30 Euro betragen kann. Selbst buchhalterisch geht die Rechnung also auf. Für alle Seiten.

Lebensfreude geben ist eben eine ansteckende … Gesundheit.

TEIL 3

PERSPEKTIVEN DER POSITIVEN PSYCHOLOGIE

Kapitel XX

Populärpsychologie

Abschnitt 46

Der Wille zu glauben

Positive Psychologie forscht mit harten wissenschaftlichen Methoden unter anderem auch über »weiche« Themen – genau jene Themen, die die wissenschaftliche Psychologie fast ein Jahrhundert lang der Lebensphilosophie und populärpsychologischen Heilslehren überlassen hat: »Wie finde ich Glück, Liebe, Erfolg, Wellness...?« und viele andere Themen der Ratgeberliteratur. Noch in diesem Jahrzehnt – so Martin Seligman – sollen zu diesen »weichen« Themen ausreichend harte Forschungsdaten vorliegen, mit denen Spreu vom Weizen getrennt und zum Beispiel gesagt werden kann, welcher Lebensrat mehr und welcher weniger oder gar nicht taugt.

Populärpsychologie bedient das Ur-Bedürfnis des Menschen nach Überschaubarkeit der Welt und Geborgenheit in der Welt. Erst einmal: nichts dagegen, denn jeder soll nach seiner Façon selig werden, hat schon Friedrich der Große gesagt. Nur – der Wille zu glauben wird immer auch ausgebeutet, politisch, in der Werbung, leider aber auch in der Lebensberatung. In diesem Kapitel werden drei solcher Glaubenslehren etwas näher beleuchtet: »Positivdenken«, »EQ«-Glaube und die Vermarktung von »Heilmitteln«. Beginnen wir mit dem »Positivdenken«, jener Geisteshaltung, die mit der GEZ, der Gebühreneinzugszentrale des öffentlich-rechtlichen Rundfunks in Deutschland, die Erkenntnis teilt: »Schwarz sehen kommt teuer zu stehen.«

Positivdenken – die Heils-Versprecher

Die fünf Silben »positiv denken« gelten vielen Menschen als Zauberformel für ein erfolgreiches, glückliches und gesundes Leben. In der Tat kann das so gern und so oft gesagte »Alles wird gut« spontanen, wenn auch nur momentanen, Seelentrost geben. Aber Positivdenken hat eine Schattenseite – einen religiös-fundamentalistischen Anspruch, allein selig zu machen. Und gesund dazu.

Bekanntester Autor des »Positivdenkens« ist Dale Carnegie (1888–1955). Zwei seiner Buchtitel – »How to win friends and influence people« und »How to stop worrying and start living« – haben im englischen Sprachraum einer ganzen Buchgattung den Namen gegeben: How-to-Books, bei uns heißen sie »Ratgeber« oder sie stehen im Lebenshilfe-Regal. Carnegie's erfolgreichstes Buch – das zweitgenannte – heißt auf Deutsch »Sorge dich nicht – lebe«, vom Anspruch her ein Ratgeber gegen Depression, was der englische Titel noch deutlicher werden lässt als der deutsche, denn »to worry« heißt »grübeln«. Grübeleien sind die »Gebetsmühlen im Kopf«, das andauernde, sich auf wenige Themen einengende Selbstgespräch, das Menschen wie in einem Strudel, einer Abwärts-Spirale, immer weiter nach unten ziehen kann.

»Worrying« ist geradezu das »Markenzeichen«, das Leit-Symptom jenes seelischen Leidens, das besser bekannt ist als »Burn-out« und »Depressivität«. Und in der Tat, Kapitel 18 von »Sorge dich nicht – lebe« handelt von der Depression und gibt ein höchst unseriöses Erfolgsversprechen: »Wie man in vierzehn Tagen eine Depression heilt«.

Wie die Wunderheilung vor sich gehen soll, kann auf einfachste Weise im Internet nachgelesen werden.[95] Dort findet sich eine von Carnegie stammende Zusammenfassung der wichtigsten Aussagen des Buches. Die wichtigste – denn sie bezieht sich direkt auf den zentralen Begriff des Buches, »worrying« – besteht aus einem einzigen Wort: *»The perfect way to conquer worry: Prayer.«* (Der perfekte Weg, das »depressive Grübeln« zu besiegen: Gebet.) Kein zweit- oder drittbester Weg wird genannt. Depression heilen durch Gesundbeten ist *»the perfect way«*.

Carnegies Bücher sind, wie das Positivdenken insgesamt, der amerikanisch-fundamentalistischen »Religiösen Rechten« zuzuordnen. Aber handelt es sich dabei um Christentum? In 14 Tagen eine Depression heilen – dieser Glaube an die Machbarkeit von allem und jedem (»Du kannst es, wenn du willst, und wenn du es nicht schaffst, hast du es nicht wirklich gewollt«) kennt weder Respekt vor der Religion noch vor dem Gegenstand der Psychologie, der Seele (noch heute sprechen wir ja von »seelischen Leiden«).

Interessant, dass solch eine Depressions-Literatur ausgerechnet auf jene Menschen seit Jahrzehnten einen so starken Sex Appeal ausübt, die sich für Siegertypen halten. Carnegies Bücher sind ja in vielen Unternehmen bis heute – etwa ein halbes Jahrhundert nach seinem Tod – Pflichtlektüre.

Esoterik, Religion und eidesstattliche Erklärungen

Christlicher Glaube aber ist beim Positivdenken oft mit weiteren Glaubensinhalten versetzt. Es findet sich eine eigenartige Melange aus Esoterik, Religion, Berufung auf Wissenschaft und eidesstattliche Erklärungen, und die ist nicht ungefährlich, denn »Positives Denken macht krank«, sagt der Psychotherapeut Dr. Günther Scheich und legt in seinem Buch mit diesem Titel – Untertitel: »Der Schwindel mit gefährlichen Erfolgsversprechen« – die Beweise vor.[96] Als negatives Beispiel kann hier Joseph Murphy dienen, ein weiterer bekannter Positivdenker.

Murphy berichtet von einer Tochter, »die die Koronarthrombose ihrer Mutter über fünftausend Kilometer hinweg mit der Macht des wissenschaftlich fundierten Betens heilte…« O-Ton Murphy – und über diese Heilung legt er eidesstattliche Erklärungen vor, die die Wirksamkeit des Gebets verbürgen sollen. Doppelt hält besser, heißt es. Bei Murphy kommen aber gleich vier »Quellen der Weisheit« zusammen, wie Günther Scheich addiert:

- Esoterik (Heilung »über fünftausend Kilometer hinweg«)
- Religion (»Beten«)
- Wissenschaft (»wissenschaftlich fundiertes Beten«) und
- juristische Absicherung (eidesstattliche Erklärungen)

Scheich sagt: Murphy hat die eidesstattliche Erklärung als Beweismittel in die Psychologie eingeführt. Aber ist so die Heilung durch Gebete verbürgt – die Heilung einer Koronarthrombose oder einer Depression nach der Verschreibung à la Dale Carnegie?

Günther Scheich: *»Leser, die von der Lehre des positiven Denkens zu viel erwarten (und was dort versprochen wird, ist immer zu viel), sind dazu verdammt, ihr Ziel nie erreichen zu können. Doch anstatt die Unerreichbarkeit ihrer Ziele einzugestehen, machen die Vertreter der Lehre ihre Leser selbst für ihr angebliches Scheitern verantwortlich. Dies mündet in einen Teufelskreis aus Schuldgefühlen und Frustration, der häufig zum gleichen Ergebnis führt: Die Leser werden arm und elend, statt reich und gesund«.*

»Positivdenken« klingt einfach, ist aber einfach unmöglich

Sehr subtil – und zugleich mit dem Holzhammer – geht ein anderer Positivdenker vor, Napoleon Hill. In »Erfolg durch Positives Denken«[97] schreibt er: »Sie können Ihre Welt verändern«. Das ist die Überschrift von Kapitel zwei. Im ganzen Buch geht es um »PGH, die Wissenschaft des Erfolgs« – schon wieder taucht das Wort »Wissenschaft« auf, aber wer dies Wort so verwendet, wie die Positiv-Napoleons, müsste jedes Mal einen Euro in die Kaffeekasse einzahlen, denn Wissenschaft unterscheidet sich von Dummheit dadurch, dass sie niemals Aussagen macht wie Prediger und Propheten. Wissenschaft gibt niemals vor, endgültige Wahrheiten zu verkünden. Trauen Sie also keinem »wissenschaftlich« klingenden Satz, der absolute Wahrheiten verkündet!

Ein gutes Beispiel für wissenschaftliche Aussagen gibt Martin Seligman in seinem Buch *»Learned Optimism«*, das auf Deutsch leider nicht »Gelernter Optimismus« oder »Optimismus kann man oder muss man lernen« heißt, sondern »Pessimisten küsst man nicht«[98] – eine nachweisliche Falschaussage, weil Pessimismus oft eine richtige Lebenshaltung glücklicher Menschen sein kann. Zu empfehlen wäre etwas mehr Pessimismus zum Beispiel auch all den Positivdenkern, die Firmen in den »Neuen Markt« gebracht und mit ihren optimistischen Prognosen (und einer Bilanzierung nach dem Leitsatz »Alles wird gut«) Milliarden versenkt haben – Spekulationsgelder anderer positiv denkender Alles-wird-gut-Anleger, aber leider auch Spargroschen vieler ärmerer Menschen.

Martin Seligman hat über »Positivdenken« geforscht. Ergebnis: »Wir haben gefunden, dass das einfache Wiederholen positiver Statements im Selbstgespräch die eigene Stimmung und die eigene Leistung kaum anhebt – falls überhaupt«. Seligman sagt also nicht, »Positivdenken ist rundweg schlecht«, sondern er sagt: »Es bringt kaum was«, und macht die Einschränkung »falls überhaupt«. Solch einen differenzierten Satz soll man in der Positiv-Denken-Literatur erst einmal finden!

Gleichwohl gilt, dass viel Kraft in positiven Worten steckt, wenn ein Mensch Jahr und Tag damit lebt, wenn zum Beispiel eine Floskel wie »Alles wird gut« eine Qualität bekommt, wie sie ein Mantra für den Menschen besitzt, der meditiert. Ein Mantra reicht tief. Bis ins Herz. Es kann helfen, das Grübeln, das »automatische Denken«, abzustellen, das wir oft für Denken halten. Ähnlich können Entspannungs-Techniken körperliche »Nervosität« abstellen.

Grübeln und Nervosität sind Ursachen – und sind dann auch wieder Folgen – negativer Gefühle. Meditation und Entspannungs-Techniken erreichen die Gefühlswelt, bauen Stress ab, bauen Angst ab. Das gibt wieder Linie, wenn Gedanken chaotisch durcheinander wirbeln oder wie vernagelt um ein einziges, negatives Thema kreisen wie »Alles ist schlecht«, »Es hat keinen Zweck« et cetera.

Aber positive Worte haben nicht immer positive Wirkung. Ihre Kraft kann gegen null gehen oder sogar negativ wirken, wenn man sie anderen Menschen »verabreicht« und hofft, sie würden wirken wie eine gute Medizin. Sätze wie »Ich habe unsere Ersparnisse an der Börse verloren« enden nicht immer gut auf »nimms mit Humor, denn alles wird gut.«

Abschnitt 47
EQ – war da mal was?

Den Weg von einer einfachen Formel, die im Prinzip alle Probleme löst, zu einem sehr komplexen System ist die EQ-Philosophie gegangen. Eigenartig still ist es inzwischen um Daniel Goleman geworden. Dabei schien es vor wenigen Jahren noch, als hätte er den Stein der Weisen gefunden, so etwas wie

- die Vereinigung von Gefühl und Intelligenz,
- die Vereinigung des »weiblichen« und des »männlichen« Prinzips – von »Venus und Mars«,
- die Vereinigung der speziellen Kompetenzen der rechten und der linken Gehirnhälfte
- oder, um Friedrich Nietzsches Begriffe zu gebrauchen, die Vereinigung des Dionysischen mit dem Apollinischen.

Die EQ-Euphorie ging so weit, dass n-tv-Moderatorin Carola Ferstl (»Telebörse«) Erfolg am Aktienmarkt direkt mit »Emotionaler Intelligenz« in Zusammenhang gebracht hat. In dem Buch »Frauen sind die besseren Anleger – so nutzen Sie Ihre psychologischen Stärken für den Börsenerfolg«[99] schreibt sie: »Die eigentliche Stärke von uns Frauen an der Börse ist die emotionale Intelligenz – und damit die Intuition. Denn emotionale Intelligenz bedeutet die Kombination von Herz und Verstand, von Kopf und Bauch«.

Zehn Seiten weiter widerlegt sie sich dann selbst. Sie lässt Deutschlands »mächtigsten Fondmanager – eine Fondmanagerin« zu Wort kommen, Elisabeth Weisenhorn (ehemals DWS), und die sagt Dinge wie

- »...für meine Entscheidungen muss ich mich strikt an rationale Kriterien halten« oder
- »wenn Gefühl eine Rolle spielt, dann dasjenige, das mir sagt: Es ist gut so, jetzt ist genug recherchiert. Jetzt musst und kannst du entscheiden.«

Was also ist dran an EQ und Bauchentscheidungen? Wenig, wenn Daniel Goleman direkt gefragt wird. In einem Gespräch mit Barbara Bierach von der Wirtschaftswoche sagt er: Emotionale Intelligenz

»beschreibt eine Klugheit, die über akademisches Wissen oder den Intelligenzquotienten hinausgeht. Im Wesentlichen meint sie die Fähigkeit, sich selbst und andere gut zu managen«.[100]

Dass der IQ nicht alles ist, ist allerdings eine Weisheit, die einer der bedeutendsten IQ-Test-Entwickler, der Psychologe David Wechsler, bereits im Jahr 1943 formuliert hat: »Meine Überzeugung ist, dass Gefühls- und Willens-Faktoren in Intelligenztests nicht nur zulässig, sondern notwendig sind«.[101]

EQ – ein Koloss auf tönernen Füßen

Bei aller Kritik an Intelligenz-Tests – auch und gerade vonseiten der Test-Konstrukteure – darf eines nicht übersehen werden: die wissenschaftlich-psychologischen Intelligenz-Tests basieren auf inzwischen mehr als 100 Jahren Intelligenzforschung, die ganze Datenbibliotheken erzeugt hat. Der »IQ« ist lange abgelöst worden durch sehr differenzierte Beschreibungen menschlicher Intelligenz – etwa die neun Grunddimensionen der Intelligenz, wie sie Howard Gardner, Psychologe und Pädagoge an der Harvard Universität, beschrieben hat.[102]

Daniel Golemans EQ-Test[103] hingegen hat vor allem eins: Unterhaltungswert. Generell stehen alle Behauptungen über die guten Wirkungen der »Emotionale Intelligenz« auf tönernen Füßen. Die Forscher, bei denen Goleman am meisten »entlehnt« hat, die Professoren Peter Salovey (Yale) und John D. Mayer (University of New Hampshire), schreiben im Jahr 2002: »Der Begriff [Emotionale Intelligenz] gibt Hoffnung und suggeriert Versprechungen«.[104] Das genau ist der Stand der Forschung – durchaus nicht ungewöhnlich für ein neues Gebiet. Nur eignet dieser Stand der Forschung sich nicht für Behauptungen, eine Lehre und Praxis sei wissenschaftlich begründet.

Der »EQ« besteht inzwischen aus 25 Fähigkeiten

Was als einfaches, griffiges Konzept angefangen hat (Goleman: »Sich selbst und andere managen«; oder der prägnante Satz des Unternehmensberaters Egon Zehnder: »Sentio ergo sum – ich fühle, also bin ich«[105]), ist von Goleman inzwischen zu einem umfassenden Trainingsprogramm ausgebaut worden. Insgesamt 25 Fähigkeiten hat er für dieses Training, das Führungskräften angeboten wird, ausgewählt:

1. Die eigenen Emotionen und ihre Auswirkungen erkennen
2. Die eigenen Stärken und Grenzen kennen
3. Selbstvertrauen
4. Selbstkontrolle
5. Vertrauenswürdig sein
6. Gewissenhaft sein
7. Sich an Veränderungen anpassen können
8. Innovativ sein
9. Leistungsmotivation besitzen
10. Commitment (sich der Aufgabe, der Gruppe, der Organisation verpflichtet fühlen und der daraus erwachsenden Pflicht auch nachkommen)
11. Initiative
12. Optimismus
13. Empathie (die Gefühle, aber auch die Perspektiven anderer Menschen spüren und ein aktives Interesse an ihnen haben)
14. Dienstleistungs-Orientierung
15. Die persönliche Entwicklung anderer fördern
16. Mit Gegensätzen und mit Menschen aus gegensätzlichen Kulturen und Subkulturen gut auskommen
17. Politisch achtsam und wachsam sein
18. Einfluss haben (effektive Überzeugungs-Taktiken einsetzen)
19. Klare und überzeugende Kommunikation
20. Führungsqualitäten (Menschen inspirieren und führen können)
21. Veränderungen initiieren und managen
22. Konflikte managen
23. Networking (nützliche Beziehungen pflegen)
24. Kooperation
25. Team-Fähigkeit

So!

Und jetzt?

Das sind ja alles berechtigte Ansprüche an Führungskräfte, wie sie in ungezählten Eigenschafts-Listen für die Auswahl und das Training von Führungskräften in ungezählten Unternehmen und Verwaltungen zu finden sind. Übrigens – wo ist eigentlich das Emotionale geblieben, die Zauberformel, wenn man den Katalog über Punkt eins hinaus liest?

Irgendwie zerrinnt das EQ-Konzept. Selbst einfache und auf den ersten Blick plausible Forderungen entpuppen sich als kompliziert. Daniel Goleman sagt zum Beispiel, dass »Emotionale Intelligenz« bedeutet, Emotionen durch den Verstand zu kontrollieren. Aber Verstand und Emotion sind viel zu eng miteinander verwoben, und was sich auf Papier leicht skizzieren lässt, scheitert an der »Gehirn-Chemie« (siehe Kapitel XI, Abschnitt 29). Einem Süchtigen helfen seine Gedanken ebenso wenig wie einem traumatisierten Menschen – um zwei Menschengruppen mit stärkeren emotionalen Turbulenzen zu nennen.

Seriöse Forscher wie Salovey und Mayer haben inzwischen Heimat bei der Positiven Psychologie gefunden. So erhalten sie die Chance, innerhalb eines umfassenden Forschungsprogrammes ihre eigenen Theorien zu sichten, zu prüfen und zu verbessern. Daniel Goleman hat sich hingegen bei Hayes Consultants eingegliedert – und bietet dort Management-Trainings an. Da ist es klug, wenn die Partitur lang ist – nach der alten Musikantenregel: Mehr Musik, mehr Geld.

Abschnitt 48

Ethik am Psychomarkt:
Halbe Wahrheiten sind ganze Lügen

Im Deutschland der 1950er-Jahre gab es einen Mann, der bekannt war wie ein bunter Hund. Ein »Heiler«. Bruno Gröning hieß er, *be*handelt und *ge*handelt hat er mit Stanniolkugeln. Stanniol ist auf etwa 0,1 Millimeter Dicke ausgewalztes Zinn – der Vorläufer der Alufolie. Heute sind wir zum Glück viel weiter. Heute gibt es das Internet. Heute behandeln viele Menschen sich selbst. Zum Beispiel mit Produkten, die sie aus dem Internet beziehen.

Die Anbieter geben ihren Produkten gerne »indisch« klingende Namen. Aber bei genauerer Betrachtung kann es schon mal vorkommen, dass sich hinter – fiktives, aber nicht untypisches Beispiel – »KARMA« ein »Kar(l) Ma(yer)« verbirgt. Viele solcher Anbieter gibt es auf dem Eso-Markt – immer mehr kommen uns über das Internet entgegen, jenes Medium, das den in Eso-Kreisen sprichwörtlich gewordenen Flügelschlag eines Schmetterlings in China tatsächlich weltweit zur Geltung bringen kann. Und auf kaum einem anderen Gebiet ist das Marketing perfider. Gehen wir den Eso-Marketing-Strategien am Beispiel eines fiktiven Produktes (»KARMATinkturen«) nach – Nachfolger von Bruno Grönings zusammengeknülltem Alufolien-Ersatz –, das die angebliche Heilkraft der Edelsteine erschließt. Es geht also um edel dosiertes Psycho-Marketing. Beispiele:

»Die Heilkraft der Edelsteine ist seit Jahrtausenden bekannt.«

Die Eigenwerbung beginnt mit einem Kommunikations-Trick: Was »seit Jahrtausenden bekannt« ist, muss doch wertvoll sein. Dieser Satz steht somit anstelle eigentlich zu erwartender Forschungsergebnisse über die hier unterstellte »Heilkraft«. Nun ist ebenfalls »seit Jahrtausenden«, seit Kain und Abel, auch der Brudermord überliefert. Was folgt aus dem Satz: »Seit Jahrtausenden sind die Kräfte des Brudermordes bekannt«?

»Nur ein Teil dieses Wissens ist bis heute überliefert. Fast völlig in Vergessenheit geriet die Behandlung mit Edelstein-Tinkturen. Mit den KARMATinkturen wurde dieses Wissen wieder ans Licht geholt und für moderne Menschen nutzbar gemacht.«

Kommunikations-Trick Nummer zwei: Formuliert werden einfache und klare Aussagen, gut lesbar geschrieben. Mit solchen Sätzen werden gute Wahrheiten verkündet. Dieser Stil enthebt die Anbieter somit von der möglicherweise unangenehmen Aufgabe, auch nur einen einzigen Beleg für das »wieder ans Licht geholte« angebliche Wissen vorzulegen. Da prahlen die Autoren lieber mit der Rettung einer »Behandlung« vor der »Vergessenheit« und gehen gleich zum Wesentlichen über: Sie preisen ihr Produkt an.

»KARMATinkturen sind eine Antwort auf Probleme unserer Zeit.«

Trick Nummer drei: Dass es in unserer Zeit Probleme gibt, leuchtet ein – schon deshalb, weil es zu jeder Zeit Probleme gegeben hat, gibt und geben wird. Mit dem leicht Einleuchtenden wird dann aber untergeschoben, dass die angebotenen Tinkturen »die Antwort« sind...

»KARMATinkturen sollen seelische Disharmonien, die sich in Gefühlen, Verhaltensweisen oder Gedanken äußern, ausgleichen und dem Menschen dabei helfen, seine psychisch-körperliche Balance wiederzufinden. Ziel ist eine harmonische Entfaltung der Persönlichkeit und die wachsende Selbsterkenntnis.«

Trick Nummer vier: Hier finden wir die Worthäfen der Eso-Szene, die jeder Yacht und jedem Einhandsegler Geborgenheit geben. »Psychisch-körperliche Balance... harmonische Entfaltung der Persönlichkeit... wachsende Selbsterkenntnis« – wodurch sollte das erreichbar sein? Das bleibt offen.

Die Wirkung der »KARMATinkturen kann deshalb als Heilung durch Bewusstwerdung beschrieben werden...«

Trick Nummer fünf: Ein psychotherapeutisches Versprechen auf »Heilung« wird suggeriert. Die Worte sind juristisch clever austariert. »Kann als Heilung... beschrieben werden«, heißt: Versprochen wird alles, einklagbar ist nichts. Die Tinkturen werden in ihrer Wirkung der Psychoanalyse gleichgesetzt – einem durch das PThG (Psychotherapeutengesetz) quasi amtlich anerkannten therapeutischen Verfahren, das ja ebenfalls so etwas wie »Heilung durch Bewusstwerdung« verspricht. Ein anständiger Text würde lauten: In fünf Doppelblind-Studien – veröffentlicht dort und dort – wurde festgestellt, dass die Tinkturen bei Krankheitsbild A, B und C zu Besserungen von X, Y und Z Prozent der damit Behandelten führen.

»Die Anwendung von KARMATinkturen ist eine Voraussetzung für eine Entwicklung der inneren Stabilität einer Persönlichkeit, die ihrerseits eine wichtige Voraussetzung für die Gesunderhaltung und für die Vorbeugung von Krankheiten ist.«

Trick Nummer sechs: »Karl Mayer« bringt ein Mittel auf den Markt und behauptet, dass es hilft. Auf diese Behauptung ohne angetretenen Wahrheitsbeweis folgt eine im Prinzip logische Verkettung von Halb- oder Unwahrheiten. Aussagen dieser Art folgen der Struktur: »Übernimm meine Grundannahmen, meine Axiome, und der Rest ist logisch«. Und die logischen Ableitungen sollen dann ihre Heilkraft auf die Grundannahmen abstrahlen und sie vor Kritik schützen. Einige weitere Versprechen:

- »Im FengShui werden die [KARMATinkturen] für die Ausrichtung von Räumen eingesetzt...
- »...ideal für das Arbeitszimmer von Existenzgründern, für Kreative zur Erdung der Ideen usw«. (Wäre die Vernichtung von vielen Milliarden Mark am »Neuen Markt« – siehe Günter Ogger: »Der Börsenschwindel« – durch KARMATinkturen zu verhindern gewesen?)
- »...verstärkt die Energie der Liebe, ideal auch für die Aktivierung des Partnerschaftsbereichs, ...
- »...stärkt Selbstbewusstsein und Selbstwertgefühl, für Kinderzimmer, Therapieräume usw.«
- »...zur Energetisierung von Krankenzimmern«
- »...ideal für das Kinderzimmer, wenn das Kind nur bei offener Tür schläft...«
- »...in das Schlafzimmer sprühen, wenn das Kind ausziehen will, man aber nicht loslassen kann...«

Wo hört der Zynismus auf? Bei Kindern und Kranken offensichtlich noch nicht. Lügen können die meisten Menschen durchschauen – oder sie können zumindest »den Braten riechen«.

Schlimmer als offensichtliche Unwahrheit aber ist das Arbeiten mit Halbwahrheiten. Halbe Wahrheiten sind die schlimmsten Lügen. Eine der absehbaren heilsamen Wirkungen der Positiven Psychologie – die ja über »weiche« Themen wie Well-Being forscht – wird sein, dass das Eso- und Psycho-Marketing in Zukunft nicht mehr vollständig auf nachprüfbare Fakten verzichten kann.

Kapitel XXI

»Wirkstoffe« der Psychotherapie

Abschnitt 49

Warum und wie »funktioniert« Psychologie?

Der Glaube, dass Psychotherapie wirkt, ist bei vielen Menschen verbreitet, und besonders stark gefestigt ist er bei Menschen, die selbst eine Psychotherapie gemacht haben. In einer Umfrage der amerikanischen Verbraucherzeitschrift Consumer Report bei Menschen mit Psychotherapie-Erfahrung als Klienten haben zum Beispiel mehr als 90 Prozent von »substanziellen Hilfen« *(»Benefits«)* berichtet.[106]

Martin Seligman, der diese Studie durchgeführt hat, berichtet, dass diese Wertschätzung der Psychotherapie sich querbeet auf alle Therapieformen erstreckt. Soll heißen: Von der Wirkung der Therapien her gesehen – konkret: wie die Therapieklienten sie einschätzen – waren die im gesamten 20. Jahrhundert durchgeführten und an religiöse Glaubenskämpfe erinnernden Fehden einzelner Therapierichtungen um die wahre, die reine, die richtige Lehre weitgehend ein Schattenboxen.

Unnötig waren diese Fehden nicht. Sie haben mit dazu geführt, dass es für einige klar umgrenzte Leidensformen inzwischen anerkannte Therapieformen gibt, zum Beispiel

- Entspannungsverfahren (Desensibilisierung) bei Phobien,
- Kognitive Therapie gegen Panik,
- Verhaltenstherapie bei Enuresis,
- die Squeeze-Technik bei ejaculatio praecox, also bei vorzeitigem Samenerguss.

Bei weniger klar umrissenen seelischen Leidensformen hingegen scheinen unterschiedliche Therapieformen in ziemlich gleicher Weise zu helfen. Und das wirft ein negatives Schlaglicht auf die zum

Teil grandiosen Theorien, die sich die Begründer unterschiedlicher Therapieformen ausgedacht haben.

- Liegt seelisches Leiden an der Verdrängung sexueller oder aggressiver Impulse ins Unterbewusste, wie Freud geglaubt hatte?
- Liegt die Heilung in seiner »Talking Cure«, im Bewusstmachen der verdrängten Triebe und Konflikte?
- Liegt die Heilung in der »bio-energetischen« Lockerung von Muskelspannungen, wie Freuds später von ihm verstoßener Lieblingsschüler Wilhelm Reich geglaubt hat mit seiner Lehre vom »Charakter-Panzer«?
- Hilft Gesprächs-Psychotherapie, bei der ein Therapeut sich im Gegensatz zum Vorgehen in der Psychoanalyse von allen Interpretationen enthält, besser als Psychoanalyse?

Über solche Fragen lohnt es sich für Experten zu diskutieren. Und diese Diskussion hat inzwischen eine neue Richtung bekommen. Gesucht werden nicht mehr die Unterschiede zwischen den Therapie-Theorien, sondern gesucht wird – bildlich gesprochen – der »Wirkstoff« der Psychotherapie: also das allen hilfreichen Therapieformen Gemeinsame.

Wissenschaftliche Evaluations-Studien[107] haben nämlich gezeigt, dass es dieses Gemeinsame geben muss. Werden verschiedene Therapieformen miteinander verglichen, verschwinden die theoretischen Unterschiede zwischen den Therapie-Schulen weitgehend. Als Faustregel kann gelten: Wissenschaftliche Evaluations-Studien finden einen Wirkungsgrad von etwa zwei Drittel (65 Prozent) für verschiedene Therapiemethoden. Und wenn es sich um komplexere Leidensbilder handelt, verschwinden die Theorie-Unterschiede. Das heißt: Irgendetwas – und möglicherweise dasselbe, bisher aber von den Therapie-Begründern nicht erkannte –, scheint hilfreich zu sein. Und die Vermutung liegt nahe, dass dieser »Wirkstoff« nicht in den therapeutischen Theorien, sondern im therapeutischen Handeln liegt.

Placebo-Effekt der Psychopharmaka

Ähnliche Einsichten ergeben sich aus der Forschung über die Wirkung von Psycho-Pharmaka. Hier muss man allerdings klar trennen zwischen Forschungsergebnissen, die von Pharma-Unternehmen finanziert und publiziert werden und objektiver Forschung. Bei der Pharma-Forschung im engeren Sinne, die vor allem Teil der Pharma-Werbung ist, kommt nämlich in aller Regel heraus, was man rasch wieder vergessen kann – so rasch, wie die schnell-lebigen Produktzyklen heute angelegt werden – nämlich:

- das jeweils neuere Mittel erzielt bessere Wirkung als das jeweils ältere (auch wenn es aus dem selben Hause stammt). Das aber gilt
- genau so lange, bis es ein noch neueres Mittel gibt. Das jeweils neuere Präparat wird also hochgejubelt – und zwar auf Kosten jener Präparate, die noch bis vor kurzem hochgejubelt worden sind.

Vergleicht man die Wirkung von Psychopharmaka aber in objektiven Studien, ist der Befund ähnlich wie bei den verschiedenen Psychotherapien: Irgendetwas hilft, aber die theoretische Begründung der spezifischen Wirk-Mechanismen gehört meist in den Bereich des Glaubens und Wunschdenkens und nicht in den des wissenschaftlichen gesicherten Wissens.

Ebenso gibt es, so Martin Seligman, einen erstaunlich hohen Placebo-Effekt »in fast allen wissenschaftlichen Studien über Psychotherapie und Psychopharmaka«. Als »Hausnummer« oder Merkregel nennt er:

- Ungefähr 50 Prozent der Patienten sprechen gut an auf Placebo-Drogen oder Therapien; das gilt für Depressions-Studien generell. Bei 50 Prozent der Patienten könnten statt teurer Medikamente auch gepresste Mehlpillen gegeben werden, der Effekt wäre derselbe wie bei den Pillen.
- Gibt man keine Placebos, sondern Medikamente, die tatsächlich eine Wirkung haben, so werden aus den rund 50 Prozent »ansprechenden« Patienten rund 65 Prozent – also nicht wesentlich mehr, und da ist wieder jene »magische Zahl«, die auch in Psychotherapie-Evaluationsstudien häufig gefunden wird: etwa zwei von drei Menschen »sprechen auf die Behandlung an«.
- In einigen Studien ist versucht worden, den Wirkungs-Anteil und den Placebo-Anteil heute verordneter Anti-Depressiva voneinander zu trennen. Seligmans Faustregel: 75 Prozent Placebo, 25 Prozent Wirkung.

Fragen schließen sich daran an: Warum gibt es einen so großen Placebo-Effekt – bei Psychopharmaka ebenso wie bei Psychotherapien? Warum wirken Psychotherapien überhaupt? Warum wirken verschiedene Psychotherapien und verschiedene Psychopharmaka unabhängig von der hinter der Behandlung stehenden Theorie? Was also ist der »Wirkstoff«? Und verfügen allein Experten über diesen »Wirkstoff«? Auf die letzte Frage gibt es eine Antwort, denn sehr viel seelisches Leid wird ja bereits in Gesprächen von Mensch zu Mensch aufgefangen – jene 99 Prozent, die in Kapitel I, Abschnitt 2 erwähnt worden sind: sicher nicht bei der Behandlung schwerstpsychiatrischer Fälle! Und sicher machen »Laien-Therapeuten« schwer wiegende Fehler! Das menschliche Mittragen von seelischem Leid führt bei Suchtproblematik dazu, dass zum Beispiel beginnende Alkoholabhängigkeit über Jahre von Familienmitgliedern mitgetragen wird – so lange, bis daraus eine Krankheit mit manchmal tödlichem Verlauf wird.

Wüsste man aber genauer über den »Wirkstoff« psychotherapeutischer Interventionen Bescheid, würde dies für Fachleute der Therapie bedeuten, dass ihre Ausbildung verkürzt wird und für die Klienten, dass die Behandlungszeiten drastisch reduziert werden könnten. Mehr Menschen in seelischer Not kämen so in den Genuss einer kurzfristigen und vorhersagbar wirksamen Psychotherapie, deren Wirkungsgrad vermutlich höher als die von der wissenschaftlichen Wirkungsforschung angegebene »Hausnummer« von 65 Prozent liegt.

Auf der Suche nach den Wirk-Mechanismen empfiehlt Seligman, genauer ins Auge zufassen, was in allen Therapien getan wird. Hier ein kurzer Überblick:

1. Aufmerksamkeit schenken

Dem Problem, mit dem ein Klient in die Behandlung kommt, wird Aufmerksamkeit entgegengebracht – etwas, das ein seelisch leidender Mensch im normalen Umgang mit anderen Menschen nicht immer bekommt. Wenn ein Mensch zum Beispiel sagt: »Ich habe Angst, auf andere Menschen zuzugehen«, oder »Ich habe Angst,

Fahrstuhl zu fahren«, dann erfährt dieser Mensch oft das Gegenteil von Aufmerksamkeit. Das Problem wird entweder weggewischt (»reiß dich zusammen«, »stell dich nicht so an«) oder toleriert – was eben auch eine Art der Negation von Leiden ist.

Einen Menschen, der leidet, ernst nehmen, ist also heilsam. Konkret: das Zuhören – und das scheint wichtiger zu sein als Rat oder Tipps. Vermutlich liegt hier ein wichtiger Grund dafür, warum seelische Hilfe auch von Mensch zu Mensch gegeben werden kann: durch Zuhören eher als durch Rat oder Tipps.

2. Autorität

Eine Therapeutin oder ein Therapeut wird vom Klienten als Autorität angesehen. Vor diesem Menschen hat man Respekt – ähnlich wie der normale Patient vor dem Arzt.

Auf die seelische Hilfe von Mensch zu Mensch übertragen, heißt das: Wer sich durch ein eigenes geglücktes Leben qualifiziert, kann therapeutisch Wirken.

3. Kontakt

In Psychotherapien besteht ein enger, achtsamer und intensiver »Rapport« zwischen Klient und Therapeut. Sicher hilfreich ist das Grundgefühl, dass alles, was ein Klient sagt, vom Therapeuten aufmerksam konstruktiv aufgenommen wird.

Auch das ist auf seelische Hilfen von Mensch zu Mensch übertragbar.

4. Zeit haben

In Therapien werden Berichte über das Leben des Klienten nicht mit einem »jetzt hören wir einmal auf mit dem Rumreden und kommen zum Wesentlichen« unterbrochen – eine als negativ empfundene Intervention.

Auch diese seelische Hilfe kann von Mensch zu Mensch gegeben werden.

5. Vertrauen

Klienten vertrauen sowohl der Person des Therapeuten als auch der therapeutischen Situation. Vertrauen ist ein anderes Wort für das Ur-Bedürfnis jedes Menschen nach Geborgenheit.

Geborgenheit kann auch von Mensch zu Mensch gegeben werden.

6. Sich öffnen

In jeder Therapieform kann ein Klient »sein Herz ausschütten«.

Gespräche von Mensch zu Mensch, in denen dies möglich ist, wirken von daher gesehen ebenfalls therapeutisch.

7. Das Problem benennen

In jeder Therapieform ist wichtig, dass ein Problem überhaupt erst einmal beim Namen genannt wird – und zwar nicht so sehr mit irgendeinem psychiatrischen Fachbegriff, sondern so, dass der betroffene Mensch es erfasst und »als seins« anerkennt.

Auch das kann in Gesprächen von Mensch zu Mensch geleistet werden.

8. Für seelische Hilfen etwas verlangen

Psychotherapien kosten Geld. Dieser Faktor war speziell Sigmund Freud wichtig, was unter anderem dazu geführt hat und immer noch führt, dass auf Grund von »Verschulden« des Patienten ausgefallene Therapiestunden gleichwohl bezahlt werden müssen. Freud hat gesagt, dass das »Gold der Psychoanalyse« nicht für Kupfer, also Pfennige oder Cent, gegeben werden sollte, und dahinter steht nicht nur Besitzstreben der Therapeuten, sondern es geht eher um das bekannte Sprichwort »Was nichts kostet, kann nichts taugen«, und noch eher geht es darum, von sich selbst und dem Leben verwirrten Menschen ein Stück Realität zu vermitteln, das generell hilfreich ist: Ich tue etwas für dich, also bezahlst du mich.

Nach Gesprächen von Mensch zu Mensch kann natürlich keine Rechnung geschrieben werden. Gleichwohl aber bleibt der Gedanke richtig, dass ein Helfender mitteilen kann – und wohl auch sollte: »Ich leiste hier etwas für dich. Das ist wertvoll.« Und eine gute Gegenleistung könnte sein, dass der Mensch, dem man seine Zeit widmet, auch etwas leistet.

Beispiele sind: Dieser Mensch sollte mir selbst zuhören, wenn ich einmal ein Probleme habe. Oder ein »Deal« in der Form: »Ich schenke dir zwei Stunden, in denen du dir deine Sorgen von der Seele reden kannst, obwohl ich jetzt eigentlich meine Wohnung aufräumen, mein Auto waschen oder Joggen wollte. Warum reden wir nicht und räumen dabei die Wohnung auf?«

Das Gute ist, dass der Mensch, der Hilfe sucht, sich auch als Gebender sehen kann. ER oder SIE kann eigene Stärken einbringen – und das kann nicht un-heilsam sein

Ist die Couch wichtiger als der Analytiker?

Barbara Fredrickson, die Emotions-Forscherin, vermutet, dass das Grundgefühl der Geborgenheit möglicherweise der wichtigste Wirkungsmechanismus von Psychotherapie sein könnte. Dies erklärt sich aus ihrer Arbeit über positive Emotionen, die sich eben nur auf der Grundlage von Geborgenheit entfalten können, und die dann die in diesem Buch beschriebenen konstruktiven Wirkungen entfalten, die sicher auch zur Bewältigung schwieriger Lebenssituationen dienlich sind. Vielleicht ist Fredrickson der Wahrheit bereits ziemlich nahe.

Sigmund Freud hat – fasziniert von seinen eigenen Gedanken und Theorien – das Prinzip der Geborgenheit nicht erkannt, vielleicht aber instinktiv sehr wohl erfasst. Das Setting, die Szenerie der Psychoanalyse sieht ja vor, dass ein seelische Hilfe suchender Mensch sich auf eine Couch legt. In dieser entspannte Lage fließen die Gedanken reichlich, und Freud, der Intellektuelle, hat sich auf dieses »Gedanken-Material« konzentriert, um es zu analysieren.

Weitere Forschung wird zeigen, ob Geborgenheit nicht mindestens so heilsam ist wie das Reden oder beredte Schweigen des Psychoanalytikers.

Kapitel XXII

Der sorgsame Umgang mit dem Leben

Abschnitt 50

Visionen und Bilder sind stärker als Worte und Denken

Auf dem Einband dieses Buches sehen Sie das Bild der »Venus vor einem Spiegel«, etwa im Jahr 1615 gemalt von dem 1577 in Siegen geborenen und 1640 in Antwerpen gestorbenen flämischen Meister Peter Paul Rubens.

Die Römer haben Venus als Göttin der Schönheit und der Liebe verehrt. Titel aber ver-klären bei Göttern wie bei Sterblichen oft mehr als sie er-klären. Auch Venus, so kann man es sagen, hat klein angefangen. Verehrt wurde sie ursprünglich als Göttin des Gartenbaus.

Diese »Kernkompetenz«, dies »Kerngeschäft« ist aber nicht gering zu achten, denn unsere Vorfahren, die Jäger und Sammler, sind irgendwann sesshaft geworden, und als das geschehen war, haben sie von der Erde gelebt: von dem, was die Erde uns Menschen hat wachsen lassen. »*Ge*erdet« hat der Mensch eine neue Kulturstufe erreicht, und dafür stand Venus ursprünglich. Davon abgeleitet darf auch die Liebe erst einmal als etwas Natürliches, Wachsendes, das der Pflege bedarf, gesehen werden – also eher nicht als dionysische, triebhafte Urgewalt.

Auf dem Einband dieses Buches betrachtet sich Venus im Spiegel. Wie sieht die Göttin der Liebe sich selbst? Wenn Sie sich das Bild der Venus etwas genauer ansehen, werden Sie etwas entdecken:

- Das Gesicht im Spiegel scheint mir schöner zu sein als das Gesicht der Frau, die in den Spiegel schaut.
- Dies Gesicht im Spiegel zeigt vernunftbetonte Gefasstheit, lässt es damit aber nicht genug sein. Das Gesicht hat Charme. Es blickt wohlwollend.

- Das Spiegelbild der Venus lächelt. Bei der Venus selbst ist das nicht unbedingt klar. Es ist keine Immer-nur-lächeln-Maske, sondern auch »wie's darinnen aussieht« scheint durch: fröhlich und gelöst.
- Das Lächeln der »Venus vor dem Spiegel« ist mir eindeutiger als das der Mona Lisa, in das jeder jedes hineininterpretieren kann – dass sie weiß, dass sie schwanger geworden ist, genauso wie das Gegenteil.
- Ich sehe Achtung eines Menschen vor sich selbst, Liebe zu sich selbst – nicht aufgesetzt, sondern tief von innen kommend.
- Die Venus erscheint mir wach. Sie sieht sich – aber nicht kritisch selbst-beobachtend. Sie ist einfach »bei sich«.

Ich sehe einen Menschen, der sich selbst achtend und selbst liebend bei sich ist, der gut ist zu sich selbst und mit sich selbst.

Wer denken will, muss fühlen

Wenn wir uns nun einmal selbst ins Gesicht schauen – was sehen wir?

Auch wenn es schwer zu glauben ist – speziell an einem frühen Morgen nach »a hard day's night« oder spät abends nach einem zu langen Tag: Bei dem, was wir im Spiegel sehen, handelt es sich um ein Abbild Gottes. So jedenfalls steht es auf der ersten Textseite eines Buches – »Die Bibel oder die ganze Heilige Schrift«, nach der deutschen Übersetzung Martin Luthers: »Und Gott schuf den Menschen ihm zum Bilde, zum Bilde Gottes schuf er ihn«.

Im Neuen Testament steht jenes bekannte Wort: »Im Anfang war das Wort.« War es ein Wort? Im Griechischen heißt es an dieser Stelle »logos«, zu übersetzen mit »Geist« oder »all-umfassender Vernunft«, in religiösen Texten mit »göttliche Verheißung« und im Johannes-Evangelium, das mit »Im Anfang war das Wort« beginnt, ist »Wort« gleichbedeutend mit dem Überbringer dieser göttlichen Verheißung, dem letzten der jüdischen Propheten, wie Karl Jaspers ihn nennt, Jesus von Nazareth. Das Wort war eher eine Vision.

Wortklauberei?

Nicht unbedingt.

Albert Einstein hat ja gesagt, dass die Grundeinheiten seines Denkens Bilder und Körpergefühle sind. Worte und logische Verbindungen kommen erst später dazu. Mit Körpergefühlen, Bildern, Visionen, Intuitionen, Eingebungen beginnt jede kreative geistige Leistung – auch bei den kleineren Einsteins dieser Erde, auch bei uns selbst. Wenn uns der Name eines Menschen auf der Zunge liegt, haben wir oft sehr wohl eine intuitive Vorstellung von der Länge, der Silbenzahl des Namens, selbst wenn die Silben noch keine Buchstaben finden, und wir sehen das Bild dieses Menschen bereits deutlich vor unserem geistigen Auge. Und wenn wir diesem »Leit-Bild« geistig offen und achtsam – also nicht mit innerem Druck – nachgehen, fällt uns auch der Name ein.

Die Macht der Bilder

Bilder, sagt man, sagen mehr als tausend Worte. Was ist da »dran«? Albert Einstein hat hier die richtige Antwort gegeben. Bilder sind ein wesentlicher Schritt für die Entwicklung der geistigen Leistungs-Freude – leicht zu erkennen, wenn man Kinder beim Spielen beobachtet: Kinder leben in einer kreativen, flexiblen Welt. Sie spielen mit den Wahrnehmungen, mit den Bildern in ihrem Kopf. In Sekundenbruchteilen springen Kinder aus der realen Welt der Erwachsenen in die Phantasiewelt hinein und auch wieder zurück (siehe Kapitel X, Abschnitt 25).

Wenn wir in den Spiegel schauen und uns selbst ansehen: Sind wir bereit zu dieser kindlichen Kreativität und geistigen Flexibilität? Geschieht dann das Venus-im-Spiegel-Wunder, dass ein relativ neutrales Gesicht in den Spiegel schaut, aber ein wohlwollend freundliches wieder heraus schaut? Einen Menschen, der sich selbst liebt und deshalb auch den anderen Menschen und das Leben lieben kann, der in sich selbst das Abbild – die Vision – Gottes erkennt und sie deshalb auch in anderen Menschen erkennt?

Vielen Menschen fällt das schwer.

Mitte der 1990er-Jahre war in einer wissenschaftlichen Zeitschrift zu lesen, dass 75 Prozent junger Frauen angeben, in den Jahren vor, während und nach der Pubertät für ihr Aussehen verspottet worden zu sein.[108] Über die Jahre habe ich immer wieder einmal Frauen gefragt, ob die Zahl von 75 Prozent nicht doch etwas hoch gegriffen wäre. Die durchgehende Antwort war: »Ja, finde ich auch etwas hoch gegriffen…« Durchgehend aber kam dann bei jeder Frau der Nachsatz: »… aber ich gehöre dazu.« Gestörte Beziehungen zum eigenen Aussehen – bei denen der Spiegel also anders als bei der Venus etwas weniger Schönes zeigt als hineingegeben wurde – sind aber heute bei weitem kein Frauenthema mehr. In den 25 Jahren von 1972 bis 1997 stieg die Zahl der männlichen Leser der amerikanischen Psychologie-Zeitschrift »Psychology Today«, die mit ihrem Körper unzufrieden sind, von 25 auf 67 Prozent.[109]

Die »Gleichberechtigung« macht Fortschritte – so oder so. Jetzt sind also auch die Männer im Schönheits-Stress. Albern? Zum Lachen? Leider nicht nur. Denn vor allem bei Jungen und jungen Männern wird der Wunsch nach einem »perfekten Body« so groß, dass es in der Psychiatrie inzwischen ein eigenes Krankheitsbild dafür gibt, Dysmorphie genannt, wörtlich etwa: »Unzufriedenheit mit der eigenen Gestalt«.

Die Medien geraten ins Blickfeld. Claudia Schiffer und männliche Models mit Waschbrettbauch gelten als Norm. Normal aber sind diese Gestalten nicht, sondern sie sind für die meisten Menschen unerreichbar. Frauen sind seit Jahren dafür sensibilisiert, dass vieles in den Medien weder ihren Körper noch ihr Leben wiederspiegelt, resümiert der APA Monitor.[110]

Männern steht die Erfahrung noch bevor, dass viele Leitbilder in den Medien uns später mental, auch physisch regelrecht krank machen können. Die Texte in den Fit-und-Fun-Männer-Zeitschriften dienen in der Regel der Gesundheit. Die Bilder eher nicht – aber die Bilder bleiben haften. Visionen sind eben stärker als Worte. »Die Bedürfnisse von Männern nach mentaler Gesundheit werden oft missverstanden. Der Druck, einem Macho-Image zu entsprechen, kann sie krank machen.« Männern steht die Auseinandersetzung mit den für sie gemachten Medien noch bevor. So der APA Monitor.

Aus Bildern können tödliche Fantasien werden

Die Macht der inneren Bilder kann das Leben zum Negativen prägen. Die amerikanische Psychologin Judith Becker berichtet aus persönlichen Gesprächen mit dem Massenmörder Jeffrey Dahmer, dass er bereits seit seiner Kindheit gegen Tötungsfantasien angekämpft hat, letztlich vergeblich. Von Dahmer bekannt ist, dass er diese Fantasien zuerst in Tierquälereien »ausgelebt«, dadurch aber nicht verloren hat. Amerikanische Polizeistatistiken aus dem Jahr 1997 zeigen zum Beispiel, dass Tierquälerei Vorläufer weiterer grausamerer Verbrechen war bei

- 30 Prozent der Kinderschänder
- 36 Prozent der Gewaltverbrechen gegen Frauen und
- 46 Prozent Sexualmörder.[111]

Solche Statistiken enthalten eine hohe Dunkelziffer. Sie beziehen sich auf gefasste und verurteilte Täter. Es kann also sein, dass die hier genannten Zahlen die Macht der Bilder noch unzureichend darstellen. Nicht nur Jeffrey Dahmer, sondern auch Albert DeSalvo, »der Würger von Boston«, der in den 1960er-Jahren 13 Frauen umgebracht hat, hat in seiner Jugend Tiere gequält. Er hat Hunde und Katzen gefangen, sie in Lattenkisten gesperrt und dann versucht, sie mit Pfeilen zu töten.

Tierquälerei ist alles andere als eine Lappalie, sondern ein deutliches Alarmsignal in der Sprachgestalt der Goldenen Regel: »Quäle nie ein Tier zum Scherz, denn es fühlt wie du den Schmerz.« Tierquälerei zeigt einen Mangel an Liebe zum Leben an – auch: Liebe zum eigenen Leben. Gewaltfantasien werden oft erst einmal an wehrlosen »Objekten« ausagiert. Bereits eine herzlose Behandlung von Haustieren ist nach der Erfahrung von Polizisten und Sozialarbeitern ein meist sicheres Zeichen dafür, dass es in diesem Haus, bildlich gesprochen, »unterm Dachstuhl brennt«. Und nicht alle jugendlichen Tierquäler warten, bis sie Erwachsen sind.

Zwei amerikanische Teenager, Eric Harris and Dylan Klebold, hatten sich ein Vergnügen daraus gemacht, Mäuse mit Brechstangen zu erschlagen und sie dann anzuzünden. In die Kriminalgeschichte eingegangen sind sie als die »Columbine-Mörder«. Sie haben zwölf

Mitschüler und einen Lehrer an der Columbine High School in Denver erschossen und haben sich dann selbst umgebracht.

Bei Jungen, die das Bild gesehen haben, wie ihr Vater ihre Mutter schlägt, ist eine um 700 Prozent höhere Wahrscheinlichkeit festgestellt worden, später selbst Gewalt gegen die Partnerin auszuüben. Bilder haben Macht. Zum Guten, wie zum Bösen.

Der Mensch mit Selbstliebe: das »Täter-Profil«

Wie sieht das Bild eines Menschen mit guter Selbstliebe – und damit nach der Goldenen Regel auch mit guter Nächstenliebe – aus? In den 14 Kapiteln von Teil 2 dieses Buches ist es skizziert worden, und hier ist noch einmal eine Skizze. Wenn Sie nicht glauben, dass Selbstliebe sich darin erschöpft, ganz wenig von sich selbst zu erwarten und noch weniger von sich selbst zu fordern; oder ganz wenig zu tun und sich dann zur Belohnung »ganz doll« zu verwöhnen oder sich zwischen den großen Zehen zu streicheln, bleiben 14 herausgehobene Merkmale. Der Mensch mit Selbstliebe …

- *…findet Geborgenheit in sich selbst, unter den Menschen und in seinen Aufgaben und Pflichten;*
- *…lebt in Liebe. Liebe ist das Wagnis, die eigenen positiven Seiten zu leben, die positiven Seiten der im eigenen Leben wichtigen Menschen zu erkennen und die Summe der positiven Seiten zum Zentrum des Lebens und Zusammenlebens zu machen;*
- *…erweitert sein Selbst – dehnt die eigene Erfahrung und den eigenen Zugriff auf immer größere Bereiche aus und erweitert zugleich seinen Eigensinn, seine Unabhängigkeit, seinen Individualismus;*
- *…lebt nicht in negativen Emotionen, lässt nicht »die Sau raus«, sondern lebt die positiven Emotionen: Freude, Zufriedenheit und Interesse am Leben, an anderen Menschen und an sich selbst;*
- *…ist kreativ und sieht sich als Schöpfer des eigenen Lebens, als Drehbuchschreiber, als Regisseur – und nicht einfach nur als Darsteller, der vorgegebene und genehmigte Texte aufsagt;*
- *…hat Sich-selbst-Vertrauen und weiß: »Ich werde nicht immer Erfolg haben, aber ich kann mich auf mich verlassen, darauf, dass ich mein Bestes gebe«;*

- *...spürt Lebens-Sinn als Lebens-Freude und strahlt das aus – als ansteckende Gesundheit;*
- *...ist intelligent jenseits von kleinkarierten Vorstellungen wie IQ oder gar »EQ«, sondern in der klassischen Sicht der Intelligenz als Teilhabe an Geist und Kultur der Zeit;*
- *...besitzt und zeigt Charakter jenseits festgefahrener Lebensformen und im Sinne einer flexiblen Persönlichkeit;*
- *...zeigt Hoffnung und Optimismus – beides sind realistische Sichtweisen des Lebens, bei denen auch die negativen Seiten frühzeitig erkannt und rechtzeitig bearbeitet werden;*
- *...ist in kritischen Situationen in der Lage, sich so lange mit Worten und Taten zurückzuhalten, bis der positive Aspekt deutlich wird, den jede Lebenssituation in sich hat, jeder Mensch in sich hat und man selbst ebenfalls in sich hat;*
- *...fühlt sich in Menschen, Situationen und Aufgaben ganzheitlich ein – und nicht durch den Versuch, etwas durch intellektuelles Zerkleinern und Zergliedern zu verstehen;*
- *...sieht Menschen, Situationen und Aufgaben, die vielen Menschen eine Bedrohung sind, als Herausforderung an und geht ihnen nicht aus dem Wege;*
- *...lehnt Null-Summen-Spiele ab, achtet auf den Nutzen anderer Menschen und profitiert so stärker als durch direktes Streben nach Eigennutz.*

Menschen mit Selbstliebe stehen allerdings nicht kurz vor der Heiligsprechung. Sie verdrängen einfach nur die charakterlich guten Seiten an sich nicht. Viel wäre gewonnen, wenn mehr Menschen die guten Visionen von sich selbst – und somit auch bei den anderen Menschen – nicht verdrängen, sondern als reale Möglichkeit im Blick behalten würden.

Abschnitt 51

»Sie müssen lernen, mehr an sich selbst zu denken«

Nach drei Jahren Psychoanalyse ging die Behandlung zu Ende. Der Analytiker schlug ein Abschlussgespräch vor, zum ersten Mal seit dem Erstgespräch saßen er und seine Klientin sich Auge in Auge gegenüber. Rat für die weiteren Jahre wollte der Analytiker geben, der Rat bestand im Kern aus einem einzigen Satz, mit dem die 55-Jährige nach gut 250 Therapie-Stunden von der Couch zurück ins Leben geschickt wurde: »Sie müssen lernen, mehr an sich selbst zu denken.«

Drei Jahre sind viel Zeit für solch eine Erkenntnis. Hätte man auf dieser Weisheit vorläufig letzten Schluss auch früher kommen können? Vielleicht nach 30 oder drei Therapiestunden? Wichtiger noch aber ist das »Sie müssen lernen…« Hatte die Klientin in den vergangenen drei Jahren das Wesentliche fürs weitere Leben noch nicht gelernt? Sie selbst sagt, sie hat etwas gelernt: »Über mich nachzudenken. Aber nicht, an mich zu denken.«

War die Zeit auf der Couch gut angelegt? Die Klientin war davon überzeugt, und kaum ein Mensch, der eine Psychoanalyse gemacht hat, fühlt danach, die eigene Zeit wäre verschwendet worden. Zeit ist aber auch die einzige Ressource, die unwiederbringlich verloren geht. Geld lässt sich – so schwer es auch sein mag – manchmal wiederbeschaffen, verlorene Zeit nicht. Time is money? Nein. Zeit ist mehr wert. Bei keiner Bank der Welt kann man sie sich leihen. In welche Aktivitäten sollte die Psychoanalyse-Klientin, die mehr an sich denken sollte und auch wollte, nun ihre Zeit investieren?

Was ist gutes Selbstinteresse?

»An mich selbst denken«, sagt sie, »hätte ich gerne in dem beschützten Ambiente des Therapieraumes studiert und probiert. Oftmals ging mir der Kinder-Kanon durch den Kopf: ›Die Menschen sind schlecht. Sie denken an sich. Nur ich denk an mich.‹ Wie ich an mich selbst denken soll, wie das aussieht, wie das praktisch gehen soll, weiß ich nicht.«

Die Positive Psychologie singt ein etwas anderes Lied als diesen Kinderkanon. Noch reimt sich nicht alles zusammen, deshalb muss einiges ungereimt in Prosa ausgedrückt werden:

- Die Menschen sind nicht gut oder schlecht, sondern sie können beides: Gutes oder Schlechtes tun. Unsere positiven wie unsere negativen Charakterzüge sind Realität.
- Ob wir Gutes tun – also nach der Goldenen Regel (siehe den Kasten am Ende dieses Abschnittes) leben – hängt stark mit der Wirkung der positiven Emotionen zusammen, ist aber noch nicht eindeutig geklärt. Klar ist, dass negative Emotionen den Verstand einschnüren und unser Denken, Wollen und Handeln zu einem »Kampf ums Dasein« machen – zu einem Null-Summen-Spiel mit der Regel: »Dein Verlust ist mein Gewinn.« Positive Emotionen öffnen den Verstand und machen das Denken, Wollen und Handeln von zwei oder noch mehr Menschen zu einem Gewinn-Gewinn-Spiel, bei dem wie in der Liebe gilt: »Je mehr ich gebe, desto mehr profitiere ich.«

Dass die Option zu Gewinn-Gewinn-Spielen sehr oft besteht, ist vielen Menschen nicht bekannt oder ist ihnen aufgrund der Vorherrschaft negativer Emotionen in einer konkreten Situation nicht präsent. Als These formuliert: Die (oder sehr viel mehr) Menschen wären gerne gut, wenn sie wüssten, dass das geht und wie das geht.

- Die Menschen denken an sich – dies Denken ist allerdings verunsichert, weil es tabuisiert ist: Man spricht nicht offen, positiv und konstruktiv darüber, dass man auch an sich selbst denken sollte.

Als These formuliert: Weil an sich selbst zu denken, tabuisiert ist, ist es ungeübt und unbeholfen. Weil bereits Kindern eingeübt wird, dass »Egoismus« schlecht ist, entsteht zudem der heimliche Reiz, es doch zu tun, weil es als Zeichen von Erwachsensein gewertet wird, denn die Vorbilder, die viele Erwachsene geben, weisen ja in diese Richtung. Wer das nicht glaubt, dem helfen zwei Testfragen: Bitten Sie einmal einen Menschen, die korrupten Politiker aufzuzählen, die IHM oder IHR spontan in den Sinn kommen – und danach die garantiert unbestechlichen. Die zweite Kategorie wird sehr viel leerer sein. Oder bitten Sie den Menschen, er möge alle guten

Menschen unserer Tage aufzählen. Den meisten werden dann Karl-Heinz Böhm und Mutter Teresa einfallen. Wer aber sonst noch?

- Nur denken ist nicht genug. Gute Gedanken brauchen die Festigung durch positive Emotionen, die mit ihnen verbundenden sind. »Ja. Es macht mir Freude, einem anderen Menschen zu helfen. Ich fühle mich dann selbst besser.« Die Gedanken und Kreativität mordende Kraft der negativen Emotionen ist erwiesen. Sie ist ein Naturgesetz. Sie dient manchmal dazu, unser Überleben zu sichern. Menschliche Werte müssen dadurch abgestützt werden, dass man sich – folgt man ihnen – richtig gut fühl.

Als These formuliert: Die Wechselwirkung von Liebe und Selbstliebe darf und kann als Vorbild genutzt werden. Wer liebt, gibt immer mehr von sich, zeigt immer mehr von sich und bekommt immer mehr für sich. Diese Fähigkeit sollte – als Nicht-Nullsummen-Spiel – in vielen Bereichen des Lebens und Zusammenlebens besser genutzt werden.

Der Trug des Lustprinzips

Alle Menschen, so ist zu hoffen, suchen ein gutes Leben – gleich was das Leben uns bietet oder von uns fordert. Bei dieser Suche stoßen wir auf Lebensmomente, die sich jenseits aller Worte und Gedanken einfach gut anfühlen – Wärme, Sättigung, gestreichelt werden, sexuelle Zufriedenheit, neue oder vertraute Düfte, ein neuer oder ein vertrauter Geschmack, neue oder vertraute Geräusche, Töne, Klänge, Musik, neue oder vertraute Bilder oder andere optische Eindrücke von Schönheit oder vom Bruch der Harmonie.

Hier wird das gute Leben gesucht. »Alle Lust verlangt nach Ewigkeit«, heißt die leitende Erkenntnis – eigentlich aber ist es eine irreleitende Erkenntnis, denn so lange der Satz Gültigkeit hat, gebührt ihm ein Nachsatz, etwa: »Alle Lust verlangt nach Ewigkeit – und doch hat noch keine Lust bisher ewige Dauer erreicht, warum also weiter auf diesem Wege nach dem guten Leben suchen?« Bei aller Unterschiedlichkeit, wie Lust erreicht wird, ist allen Lustgefühlen, allen Good Feelings nämlich einiges gemeinsam:

Genüsse werden uns über unsere Sinne vermittelt, und es ist ein

Naturgesetz, dass die Sinne abstumpfen. Der erste Zug aus der Zigarette wird vom Raucher als extrem gutes Gefühl empfunden. Den dritten Zug merkt ER oder SIE bereits nicht mehr. Der erste Schluck Wein… und hier können Sie alle Genüsse einsetzen, die Sie nur kennen, und bei denen Sie geistes-abwesend zugreifen. Ein Selbstversuch wird Sie überzeugen, wie stark der Gewöhnungseffekt nach dem anfänglichen Genuss eines Glücksgefühls ist:

Vergleichen Sie einmal ganz bewusst, ganz langsam und in Ruhe

- den ersten Zug an der Zigarette mit dem zweiten,
- den ersten Schluck Wein mit dem zweiten,
- die erste Kugel Eis mit der zweiten.

Was werden Sie bei diesem Selbstversuch herausbekommen? Vielen Menschen wird vermutlich klar, dass sie lange nicht mehr oder noch nie auf den zweiten Schluck, den zweiten Zug, den zweiten Bissen etc. geachtet haben. Und dass sie in diesem kleinen Selbstversuch kurzfristig zum Genießer geworden sind und dass Genuss die Kunst der Langsamkeit und Unterbrechung ist. Unser Nervensystem ist eben so »verdrahtet«, dass es nur auf das Neue und nie auf das Gewohnte »anspringt«.

Wie in Kapitel V, Abschnitt 11 beschrieben, wird dem als normal Empfundenen vom Gehirn die Aufmerksamkeit entzogen, es wird Teil unserer normalen Trance, damit Verarbeitungskapazität für das Außergewöhnliche übrig bleibt. Handelt es sich aber um ein gutes Gefühl, wird die Erinnerung daran gespeichert – und dann entsteht jene Sehnsucht, die zur Sucht, zur Abhängigkeit werden kann.

Die Inhumanität des Konsums

Gute Gefühle können wir passiv entgegennehmen. Eine Pizza aus der Mikrowelle schmeckt den meisten Menschen (nach dem zweiten Bissen!) so ähnlich wie das Menue in einem Fünf-Sterne-Restaurant, wenn ohne Achtsamkeit, ohne Geistes-Anwesenheit hineingestopft und nicht langsam, achtsam und geistes-*anwesend* genossen wird. Wenn unsere Sinne – genauer gesagt: die Gehirn-»Mechanismen«, die Sinnesinformation bearbeiten und interpretieren – kein »Das-ist-neu«-Empfinden aufbauen können, schmecken wir nach dem dritten Bissen, dem dritten Schluck, dem dritten Zug aus der teuersten Havanna nichts mehr.

Gute Gefühle »passiv entgegennehmen« ist nur ein anderes Wort für »konsumieren«. Konsum-Orientierung ist vermutlich eine »Wurzel allen Übels«. Jeder Mensch weiß, dass man Kinder nicht verwöhnen soll. Verwöhnen heißt: Jemandem ein gutes Gefühl über sich selbst vermitteln, das durch keine Leistung gerechtfertigt ist – und deshalb keine reale Basis hat. Auf diese Weise (v)erzogene Kinder sind eine Pest – und bleiben es ihr Leben lang.

Konsumieren heißt: Etwas hat eine angenehme Wirkung, und diesem Wirkstoff vertrauen wir uns an. Wenn wir konsumieren, also passiv entgegennehmen, geraten wir vermutlich auf allen Gebieten in den uns nicht fühlbaren Gemütszustand einer milden Depression. Nachgewiesen ist dies beim TV-Konsum (siehe Kapitel V, Abschnitt 11). Volksweisheit spricht beim Orgasmus vom »kleinen Tod« oder, wie die Lateiner gesagt haben, »omne animal triste post coitum«, jedes Lebewesen spürt nach dem Koitus – nach dem Konsum eines intensiven, positiven Gefühls also – Tristesse, was auch nur ein anderes Wort für Depressivität ist.

Legale Drogen – Tabak, Alkohol, Psychopharmaka – führen nach anfänglich gutem Gefühl ebenso rasch zum *»Hang-over«* wie illegale. Die sich einstellenden unguten Gefühle wollen bekämpft werden – am ehesten mit mehr vom selben – und dieser Mechanismus bedeutet den Weg in die Abhängigkeit.

Das Gegenteil von »passiv entgegennehmen« oder »konsumieren« ist: die eigenen Stärken einbringen. Wie viel Freude das macht, führt Alfred Biolek – um ein wohl jedem Menschen bekanntes Beispiel zu geben – in seinen Koch-Sendungen seit Jahren einem Millionenpublikum vor. Er tut, er macht, er ist rege, er hat Wissen, er hat Ideen, das zeigt er vor der Kamera beim Kochen. Und so schlank, wie er ist, ist er mit Sicherheit ein Genießer – also ein Langsamesser.

Etwas geben und dadurch reicher werden

Die amerikanische Zeitschrift »Money«, weltweit angesehen als Mutter all jener Publikationen, die das Wort »Money« direkt oder indirekt im Titel führen, hat einen Mann zum erfolgreichsten Fond-Manager des 20. Jahrhunderts gekürt, John Templeton, ein US-Amerikaner, den die englische Königin zum »Sir« geadelt hat.

Sir John finanziert über seine Stiftung, die Templeton Foundation, wissenschaftliche Forschung – auch auf dem Gebiet der Positiven Psychologie. Barbara Fredrickson hat für ihre Forschungen über positive Emotionen im Jahr 2000 den »Templeton Award« erhalten, 100 000 Dollar. Und das erste wissenschaftliche Handbuch der Positiven Psychologie, von den Autoren her gesehen fast ein Who-is-Who der heutigen Psychologie, wird von Templeton eingeleitet – ähnlich wie er auch an der Einleitung des gesamten Buch-Projektes beteiligt war. Über kluge Investitionen sagt er: »Liebe ist mächtiger als Geld. Im Gegensatz zu Geld haben wir umso mehr Liebe, je mehr Liebe wir weggeben. Gehortete Liebe schwindet. Geschenkte Liebe wird größer«. Über solche Worte lässt sich spotten. Falsch aber werden sie dadurch nicht. Liebe geben ist vermutlich die beste Form der Selbstliebe. Liebe geben heißt – so stand es im Vorwort:

- einen Menschen so erkennen und so annehmen, wie ER oder SIE ist – und nicht, wie ER oder SIE sein könnte, sollte oder müsste, wenn …;
- die Fehler, Schwächen und Probleme des geliebten Menschen nicht zum Zentrum des Lebens machen, sondern die starken und die guten Seiten; und
- dafür sorgen, dass der geliebte Mensch diese starken und guten Seiten ins Leben einbringt.

Auf die dingliche Welt bezogen heißt dies etwas umformuliert:

- eine Sache, eine Aufgabe geistes-anwesend und achtsam so erkennen und so annehmen, wie sie ist – und nicht, wie sie sein könnte, sollte oder müsste, wenn …;
- darauf vertrauen, dass dadurch die eigenen geistig-seelischen Stärken mobilisiert werden (Denken, Fühlen, Wollen und Tun); und
- diese starken und guten Seiten ins Leben einbringen.

Dies immer wieder tun, ergibt eine ordentliche Antwort auf die Frage: »Wie lerne ich, mehr an mich selbst zu denken?«

Kann (Selbst-)Liebe Sünde sein?

Ist es bei all dem Unglück der Menschen und bei all dem Unglück in der Welt überhaupt erlaubt, sich mit einem Thema wie Selbstliebe zu befassen? Ist Selbstliebe unmoralisch? Wieder wie zu Anfang dieses Buches einige Gegenfragen:

- Ist Selbstverachtung ein Zeichen von liebendem Umgang mit dem Leben?
- Ist sich selbst kränken solch ein Zeichen?
- Oder ist gar sich selbst krank arbeiten ein Zeichen von Selbstliebe?
- Kann die Gesetze achten, wer sich selbst nicht achtet?

Gefragt werden kann auch und sollte auch:

Braucht ein Mensch, der sich selbst liebt, Hektik, durchgehend freie Fahrt auf der Überholspur des Lebens oder der Autobahn?

Und wer braucht die Drogen unserer Zeit, um die Lust, den Mut oder die Kraft zu haben, am Leben überhaupt Teil zu nehmen – wer also braucht Macht, Status, Bekanntheit, Ansehen, Aufmerksamkeit, Beifall, Geld, Bakschisch, Konkurrenten, Gegner, Feinde, Baccardi-Feeling, Marlboro Lights, Adrenalin, Dopamin, EPO, Koks, Ecstacy, Beta-Blocker, Anti-Depressiva, den Golfclub oder – stattdessen – Viagra? Wer sich selbst liebt?

Und wer zieht sich zurück von der Teilnahme am Leben – in der Familie, Partnerschaft, in Schule und Beruf – und enthält damit den anderen Menschen seine besten Talente und Charaktereigenschaften vor? Der Mensch, der sich selbst liebt?

Und wer achtet auf Klima, Fair Trade, Schönheit, Kultur, Kunst oder das Menschenrecht auf Life, Liberty und genug zu essen, Trinkwasser und medizinische Versorgung für alle? Wer sich selbst nicht achtet oder gar nicht einmal auf sich selbst achtet?

Wesentliches Zeichen von Liebe und Selbst-Liebe (wo ist der Unterschied zwischen beiden?) ist Achtung des anderen Menschen und somit auch Selbstachtung. Weiter gefragt werden darf deshalb auch: Wo ist unsere Selbstachtung – unser Stolz, der Stolz auf mich und der Stolz auf uns –, wenn wir die Abendnachrichten im Fernsehen anschauen und die Bilder geschundener Kinder sehen? Wir können erklären, warum das so ist, erklären, dass wir persönlich dagegen tun, was wir können und unser Staat mit unseren Steuergeldern ebenfalls. Allerdings – es gelingt uns besser, so etwas anderen Erwachsenen zu erklären als unseren eigenen Kindern. Und zu unserem persönlichen Stolz tragen weder die Bilder noch die Erklärungen bei.

Wird hier jetzt Gutmenschentum gepredigt? Nein. Geworben wird für einen positiven Egoismus.

»Das gute Leben« heißt: das Gute leben

Nicht jeder kann Mutter Teresa sein oder Karl-Heinz Böhm. Aber was gefällt uns an diesen beiden Menschen, die hier für andere genannt sind, die keine Presse bekommen, wirklich? Ihre Mildtätigsein? Oder ist es nicht auch ihr Tätigsein? Und ihre offenen fröhlichen Augen? Und dass sie zu einem Kind in den Armuts- und Kriegsregionen der Erde sagen können: »Schau mir in die Augen Kleines.« Und dass sie diesem Blick besser standhalten können als viele Menschen in den reichen Nationen dem Blick ihrer eigenen Kinder! Dass ihr Tun – und nicht nur ihr Wollen, Möchten, Sollten und Könnten – mit dem übereinstimmt, was sie persönlich für wert erachten! Liegt da das gute Beispiel, das sie geben? Dass sie zeigen, was »das gute Leben« heißt, nämlich: das Gute leben. Gute persönliche Stärken und gute kulturelle Werte.

Was verteidigt der Westen in Afghanistan und sonst wo auf der Erde? Wofür steht unsere sich zivilisiert nennende Welt? Ist es die Freiheit einiger weniger Menschen, alle Länder der Erde global mit rotgelben Hackfleisch- und Pommes-Buden und Pipelines zu bepflastern und das Kyoto-Protokoll nicht zu unterschreiben? Auch Kohlendioxid ist eine Massenvernichtungswaffe.

Jeder heute weiß, dass mehr und was nötig ist. Zu erklären bleibt eigentlich »nur«, warum wir es nicht tun – nicht einmal dort, wohin unser Arm reicht. Sicher, wir geben so manchen Schein, aber jeder Schein kann trügen, kann uns glauben machen, wir geben bereits unser Bestes. Liebe ist mehr. Aber was ist der Lohn der Liebe?

»Fang bei dir an«

Lieben heißt: die guten, die starken, die fröhlichen Seiten bei sich selbst und bei anderen Menschen erkennen und sie zum Zentrum des Lebens und Zusammenlebens machen. Jeder hat am eigenen Leib und im eigenen Herzen erfahren, wie gut das tut. Der nahe liegende Gedanke ist, dies Verständnis von Liebe auf unser Selbstverständnis zu übertragen.

Unsere Welt leidet an Angst und Gier, an Ego, Terror und Gegenterror. Sie leidet aber nicht an zu viel Lebensfreude, sondern daran, dass wir oft nicht wissen: Was fange ich an mit meiner angeborenen Begabung zur Liebe – zur Nächstenliebe, zur Achtung des anderen Menschen?

Achtung aber beginnt mit Selbst-Achtung. Liebe beginnt mit Selbst-Liebe.

Wenn Lieben heißt: die guten, die starken, die fröhlichen Seiten erkennen und sie zum Zentrum des Lebens machen, richtet sich unser Blick dorthin, wo eine Änderung zum Guten entstehen und aufrechterhalten werden muss. Es ist der Blick in den Spiegel. Der Blick auf uns selbst. Dieser Blick ist schwerer auszuhalten als das zu tun, was gewöhnlich bei Problemen getan wird: den Blick auf Fehler, Mängel und Schwächen richten und wie ein Seelenklempner suchen, wo etwas repariert werden könnte.

Diese Sicht der Dinge ist der Kern der Positiven Psychologie. Und Positive Psychologie ist die Anthropologie des 21. Jahrhunderts.

Die Goldene Regel

Wer einen Vogel aufspießen will, sollte zuerst an sich selbst ausprobieren, wie es schmerzt.

Afrikanisches Sprichwort

Quäle nie ein Tier zum Scherz,
denn es fühlt wie du den Schmerz.

Deutsches Sprichwort

Was du nicht willst, dass man dir tu,
das füg auch keinem andern zu.

Deutsches Sprichwort

Tu nicht, was wir an anderen tadeln.

Der griechische Mathematiker und Philosoph Thales von Milet (etwa 650 bis 560 v. Chr.)

Tu anderen nichts an, was dich ärgern würde, wenn andere es dir antäten.

Der griechische Philosoph Isocrates (um 436–338 v. Chr.)

Was dir missfällt, tu anderen nicht an.

Dem altiranischen Religionsstifter Zarathustra (um 630–553 v. Chr.) zugeschrieben

So, wie ich bin, so sind sie. So wie sie sind, so bin ich.

Buddhistischer Glaubenssatz (Buddha lebte um 560–480 v. Chr.)

Niemand ist gläubig, der für seinen Bruder nicht ersehnt, was er für sich selbst ersehnt.

Islamischer Glaubenssatz (Religionsstifter Mohammed lebte um 570–632)

Wenn dein Auge die Gerechtigkeit erblickt, erwählst du für deinen Nächsten, was du für dich selbst erwählst.

Lehrsatz des Bahá'í-Glaubens, eine weltweit verbreitete im 19. Jahrhundert in Persien gegründete humanitär-aufklärerische Religionsgemeinschaft

Man sollte sich anderen gegenüber nicht so verhalten, wie man es sich selbst gegenüber als ungebührlich empfindet. Das ist der Kern der Moral. Alle anderen Taten entspringen der Selbstsucht.

Hinduistischer Glaubenssatz

Was dir verhasst ist, tu' deinem Mitmenschen nicht an. Das ist das ganze Gesetz, alles andere ist Gesetzes-Kommentar.

Aus dem Talmud

Tsekung fragte: »Gibt es ein Wort, das als Prinzip der Lebensführung gelten kann?« Konfuzius antwortete: »Tu anderen nicht an, was du nicht möchtest, dass andere es dir antun.«

Lehrsatz des Konfuzianismus (der chinesische Philosoph Konfuzius lebte etwa von 550 bis 480 v. Chr.)

Du sollst deinen Nächsten lieben, wie dich selbst.

3. Buch Mose, Kapitel 19 (geschrieben vor 1000 v. Chr.)

Du sollst den Herrn, deinen Gott, lieben von ganzem Herzen und ganzer Seele. Und ein Zweites kommt dem gleich: Du sollst deinen Nächsten lieben, wie dich selbst.

Matthäus-Evangelium, Kapitel 22 (geschrieben im 1. Jahrhundert n. Chr.)

Abschnitt 52

Eine neue Zeitschrift für Psychologie

Wie sieht ein gutes, ein sinnvolles Leben aus? Das Grundlagenwissen dazu hat dieses Buch Ihnen vermitteln wollen. Aber das Leben besteht aus tausendundeinem Detail – und viele dieser Details werden ebenfalls von der Positiven Psychologie erforscht.

Während der Arbeit an diesem Buch habe ich mir Rat bei den in Abschnitt 1 erwähnten ehemaligen Studienkollegen geholt. Einige sind seit vielen Jahren Professoren für Psychologie, andere blicken auf viele Jahre Berufserfahrung zurück. Eine wichtige Anregung war, Lesern dieses Buches Zugang zu weiterer psychologischer Forschung zu ermöglichen.

Dies soll durch eine neue Psychologie-Zeitschrift im Internet geschehen, kostenlos. Die Zeitschrift wird PSYCHOLOGIE POSITIV heißen und ab Oktober 2002 erscheinen. Genaue Information erhalten Sie über www.positivepsychologie.de, und dort finden Sie auch LINKS zu Fachleuten, Fachorganisationen und Fachliteratur, die einen Beitrag zu mehr Lebensfreude in Partnerschaft, Familie, Schule, Ausbildung, Beruf und Gesellschaft leisten können.

Wie jede Zeitschrift bekommt PSYCHOLOGIE POSITIV zudem einen Leserbriefteil. Dort ist ein Forum für Ihre gute Ideen über ein gutes, sinnvolles Leben, aber auch für Kritik und Diskussion. Ziel ist nicht, unsere Köpfe mit immer mehr Information voll zu stopfen. Im Gegenteil. Das Leben findet in Sekunden statt. Und manchmal müssen wir sogar in Zehntelsekunden – um drei bekannte Buchtitel zu erwähnen – entscheiden zwischen »Flüchten oder Standhalten«, »Haben oder Sein« oder ob wir ein konkretes Lebensereignis als »Anleitung zum Unglücklichsein« werten wollen. In diesen wichtigen Momenten brauchen wir ein aktives Wissen, das unser Handeln anleitet. Ein Diskussions-Thema zeichnet sich jetzt bereits ab.

5000 Euro jedes Jahr für die bessere Lebensregel

Die vier Worte »Du sollst dich lieben« sind mein Versuch, wichtiges Lebens-Wissen kurz und knapp zusammenzufassen. Aber vielleicht gibt es bessere und nicht über die Länge eines normalen Satzes hinausgehende Worte, die Lebensweisheit zusammenfassen! Wenn Sie hier eine gute Idee haben, schreiben Sie mir – einfach eine E-Mail an psypositiv@aol.com.

Ihre guten Ideen werden unter www.positivepsychologie.de veröffentlicht; jedes Jahr werden Einsendungen bis zum bis 1. November entgegengenommen; und die bessere als »Du sollst dich lieben« wird mit 5000 Euro prämiert – jeweils noch vor Weihnachten des Jahres. Die Entscheidung liegt bei den Leserinnen und Lesern einer neuen Monatszeitschrift für Psychologie, die Sie unter www.positivepsychologie.de erreichen. Gratis.

Gerne bin ich auch bereit, mit Ihnen – auch in Gruppen – dieses Buch oder einzelne Teile noch einmal zu diskutieren, auch per E-Mail. Gerne frage ich Sie, wo Sie mehr wissen als ich, und erkläre, wo ich mehr weiß, als zwischen diese beiden Buchdeckel gepasst hat.

Positive Psychologie ist eine Art »Apollo-Projekt« – ein Zehnjahres-Programm, das 1998 mit ersten Schritten begonnen hat. Bis 2008 wollen führende Psychologen das wesentliche Detail-Wissen über das gute, sinnvolle Leben, in dessen Zentrum menschliche Stärken, gesellschaftliche Werte und positive Emotionen stehen, bereitstellen. Diese Entwicklung soll die Zeitschrift PSYCHOLOGIE POSITIV begleiten. Ich habe vor Jahr und Tag die Zeitschrift »Psychologie heute« auf den Weg gebracht. Play it again, Sam.

Anmerkungen

1 1. Moses 1, Vers 27
2 zitiert nach Alexander Kissler: Wenn Egoisten Gemeinsinn suchen. Süddeutsche Zeitung 145/2002
3 3. Mose, Kapitel 19, Vers 18
4 Matthäus-Evangelium, Kapitel 22, Vers 37–39. In manchen Übersetzungen heißt es sogar noch verdeutlicht: »deinen Nächsten lieben als dich selbst« – so als ob du der andere Mensch bist.
5 In dem jahrzehntelang vermutlich meistgelesenen deutschsprachigen Psychologiebuch, dem Fischer Lexikon Psychologie, bekennt sich Autor Peter R. Hofstätter dazu, dass er »dem üblen, aber bequemen Weg folge, von Menschen als ›Versuchspersonen‹ (Vp im Singular und Vpn im Plural) zu sprechen«. Neue Studenten hat er nach dem Grund gefragt, warum sie Psychologie studieren wollten. Ergebnis: Mehr als 90 Prozent sagten, dass sie Menschen helfen wollten, was jeweils zu der Replik geführt hat: »Brauchen Sie selbst Hilfe?« Und am Semesterende verkündete Hofstätter in seiner Vorlesung seine Sorge, dass zu viele Studenten aus altruistischen Motiven Psychologie studieren wollten.
6 Eine neuere Diskussion hierzu finden sie unter: www.kfunigraz.ac.at/pthpwww/psypas.html
7 In jedem Lebensmoment steht uns eine intellektuelle Kapazität von meist weniger als 7 Bit – also: sieben Ja-Nein-Entscheidungen – zur Verfügung. Diese Berechnung stammt von einem der bedeutenden Psychologen des 20. Jahrhunderts, George A. Miller, in seinem Aufsatz »The magical number seven plus or minus two – some limits on our capacity for processing information«. Psychological Review, 1956
8 http://www.who.int/inf-pr-2001/en/pr2001-42.html. Press Release Who/42: The world helth report 2001: Mental disorders affekt one in four people. 28 September 2001

9 Leistungen der Gesundheitspsychologie habe ich in dem Taschenbuch »Praxisführer Psychotherapie« (München, 2000) beschrieben. Aktuelle Auskunft erhalten Sie über die Sektion Gesundheitspsychologie des Berufsverbandes Deutscher Psychologen – erreichbar über www.bdp-verband.org

10 persönliche Mitteilung des Psychotherapeuten und Psychotherapieforschers Prof. Eibe-Rudolf Rey

11 Viktor E. Frankl: Die Sinnfrage in der Psychotherapie. München, 1981

12 Sigmund Freud: Das Unbehagen in der Kultur. Ursprünglich erschienen im Jahr 1930. Quelle für alle Werke Freuds ist Sigmund Freud: Gesammelte Werke. In 18 Bänden mit einem Nachtragsband. Frankfurt/M., 1999

13 Einblick in das DSM in englischer Sprache gibt http://www.behavenet.com/capsules/disorders/dsm4classification.htm

14 persönliche Mitteilung des Bayreuther Gesundheitsökonomen Prof. Peter Oberender

15 eine Diskussion dieser Thematik finden Sie in der von der APA (US-Psychologengesellschaft) herausgegebenen Internetzeitschrift Prevention & Treatment, 1. Jahrgang, 1998 in dem Beitrag von Irving Kirsch, PhD und Guy Sapirstein, PhD: Listening to Prozac but Hearing Placebo: A Meta-Analysis of Antidepressant Medication – einsehbar über http://journals.apa.org/prevention/volume1/toc-jun26-98.html

16 Vortrag des damaligen Präsidenten der APA, Martin E.P. Seligman, auf der APA-Jahrestagung 1998 in San Francisco, nachzulesen unter http://www.apa.org/monitor/oct98/talk.html

17 Konkret gearbeitet wird an einer Taxonomie der menschlichen Stärken. Über den Stand informiert zum Beispiel der Leiter dieser Arbeitsgruppe von Wissenschaftlern, Prof. Christopher Peterson, von der University of Michigan unter http://www.newswise.com/articles/2002/1/PETERSN.UMI.html

18 Erich Fromm: Haben oder Sein. München, 1979

19 Martin Buber: Ich und Du. Gütersloh, 1997

20 Shelley E. Taylor: The Tending Instinct. How Nurturing Is Essential to Who We Are and How We Live. New York, 2002

21 C.R. Snyder und Shane J. Lopez (Hrsg.): Handbook of Positive Psychology. Oxford University Press, 2002

22 siehe: Founder of ›Rosenthal Effect‹ Wins National Honor in Psychology, in: The Public Interest Newswire / 510-653-9400, ©2002 AScribe News, Inc. Rosenthal hat großen Erfolg gehabt. Im Jahr 2002 wurde er für seine Forschungen mit der höchsten Auszeichnung der US-amerikanischen Psychologen-Gesellschaft (APA), dem »Preis für herausragende wissenschaftliche Leistungen« (»Distinguished Scientific Award«) ausgezeichnet. Verliehen wird dieser Preis nicht in akademischen Hinterstübchen, sondern durch Abstimmung der mehr als 155 000 APA-Mitglieder, Professoren und Praktiker.

23 zitiert (und den dort vorgetragenen Gedanken folgend) nach Peter R. Hofstätter: Sozialpsychologie. Stuttgart, 1963

24 Kontrollieren statt kontrolliert zu werden, ist eines der drei »C« in einer im englischen Sprachraum weit verbreiten Formel für Well-Being: commitment, control, challenge. Commitment heißt, sich den wichtigen und moralisch richtigen Dingen freiwillig und innerlich verpflichten. Challenge heißt – entsprechend den Ausführungen in Abschnitt 13 – Anforderungen als Herausforderung und nicht als Bedrohung anzusehen.

25 Am Psychologischen Institut der TU Dresden wird das GO!-Training für Deutschland getestet – ein Optimismus-Training, das sich unter anderem auf Arbeiten der heute weltweit wohl bekanntesten Depressionsforscher Aaron T. Beck und Martin E. P. Seligman (beide von der University of Pennsylvania) und des Psychologen Prof. Jürgen Margraf sowie ebenfalls auf Arbeiten des Psychotherapeuten Albert Ellis stützt.

26 European Journal of Social Psychology, Jhrg. 25/1995

27 Rudolf Schmitt: Metaphern des Helfens. Weinheim, 1995

28 Details in meinem Buch »Stress muss nicht sein«, Weyarn, 2000

29 Siehe zum Beispiel Harlich H.Stavemann: Emotionale Turbulenzen. Weinheim, 1995.

30 Andrew J. Shatté, Karen Reivich, Jane E. Gillham and Martin E. P. Seligman: Learned Optimis in Children. In C.R. Snyder (Hrsg.): Coping – the Psychology of what works. Oxford Uni-

versity Press, 1999. Optimismus-Trainings nach Prof. Martin E. P. Seligman werden zur Zeit an der TU Dresden auf Übertragbarkeit auf deutsche Verhältnisse überprüft (Siehe Endnote 25)
31 Albert Ellis: Training der Gefühle. Landsberg am Lech, 2000.
32 Epiktet: Handbüchlein der Moral. Zürich, 1987/1996
33 Paul B. Baltes: Lifelong Learning: From Myth to Reality. Veröffentlicht in The Berlin Seminar 2001, herausgegeben von DaimlerChrysler Communications, 2001
34 Details dazu in meinem Buch »Positive Psychologie«, Stuttgart, 2000 und hier speziell in Kapitel 6
35 Frank D. Finchman und Lori N. Osborne: Understanding Marriage and Maritial Distress: Do Milliseconds Matter? Journal of Family Psychology 1/1995
36 Peter F. Drucker: What Freud Forgot. Essay in der US-amerikanischen Zeitschrift Human Nature, März 1979
37 Sandra Blakeslee: Hijacking the Brain Circuits With a Nickel Slot Machine. New York Times, 19.2.2002
38 vgl. Endnote 25 und 30
39 Antonio R. Damasio: Ich fühle, also bin ich. München 1999
40 persönliche Mitteilung von John Holt – Zitate in diesem Sinne sind zu finden in John Holt: Kinder lernen selbstständig – oder gar nicht(s). Weinheim, 1999
41 George Caspar Homans: The human group. New York, 1950
42 Mihaly Csikszentmihalyi: Finding Flow. New York, 1997
43 Heidrun Bründel: Karriere, Krise, Kollaps. Report Psychologie (Zeitschrift des Berufsverbandes Deutscher Psychologinnen und Psychologen) 11–12/1999
44 Details in meinem Buch »Stress muss nicht sein«, Weyarn, 2000
45 The Cox News Service: Some People More Resilient to Trauma, Stress. (http://www.coxnews.com)
46 Richard A. Dienstbier & Lisa M. Pytlik Zillig: Toughness. (in: Snyder/Lopez a.a.O.)
47 Karl Jaspers: Vernunft und Freiheit. Ausgewählte Schriften. Stuttgart, Zürich, Salzburg (Europäischer Buchclub. Ohne Jahreszahl)

48 John Bowlby: Bindung. Frankfurt, 1984
49 Kennon M. Sheldon, Ph.D., Andrew J. Elliot, Ph.D., and Youngmee Kim, Ph.D. and Tim Kasser: What Is Satisfying About Satisfying Events? Testing 10 Candidate Psychological Needs. Journal of Personality and Social Psychology, Vol. 80, No. 2.
50 Veröffentlicht in »nature« und – einfacher zugänglich – als Pressemitteilung der Max-Planck-Gesellschaft, 14. Februar 2002
51 Lauren Slater: Love Works Like This. New York, 2002
52 Baumeister, R.F., Smart, L., & Boden, J.M.: Relation of threatened egotism to violence and aggression: The dark side of high self-esteem. Psychological Review, 103, 5–33 (1996)
53 Emler zitiert nach Slater a.a.O.
54 Der amerikanische Psychologe Stanley Milgram hat in einem weltbekannt gewordenen Experiment an der Yale University 1961/1962 gezeigt, dass 65 Prozent seiner Versuchspersonen – durchschnittliche Einwohner der Universitätsstadt New Haven – bereit waren, Menschen tödlich wirkende Stromschläge (bis zu 450 Volt) zu versetzen, obwohl die Versuchspersonen um Gnade baten. Zur persönlichen Rechtfertigung hat gereicht, dass eine wissenschaftliche Autorität die Stromschläge angeordnet hat. Milgram's Experiment – vielfach bestätigt – ist in die Wissenschaftsgeschichte als »KZ-Experiment« eingegangen (Information unter http://www.stanleymilgram.com).
55 laut New York Times (28.10.2001) soll Mohamed Atta den mutmaßlichen Mittätern der Anschläge des 11. September zum Beispiel erklärt haben: »Ihr sollt perfekte innere Ruhe spüren, weil die Zeit zwischen euch und eurer Hochzeit im Himmel eher kurz ist.«
56 siehe Frankl a.a.O.
57 Barbara L. Fredrickson: Cultivating positive emotions to optimize health and well-being. Dieser im Jahr 2000 in der Internetzeitschrift Prevention & Treatment erschienene Beitrag ist zu finden unter http://journals.apa.org/prevention
58 Damasion a.a.O.
59 zitiert nach Fredrickson (2000), a.a.O.
60 Fredrickson, B. L., & Joiner, T.: Positive emotions trigger up-

ward spirals toward emotional well-being. Psychological Science (im Druck – Zusammenfassung über die Homepage der University of Michigan, www.umich.edu)
61 zitiert in Beth Azar: It's more than fun and games. APA Monitor, 3/2002
62 Andreas Flitner: »Für das Leben oder für die Schule?« Weinheim, Basel, 1987
63 Paul Harris: The Work of the Imagination, Blackwell Publishers, 2001
64 Marc Bekoff: Social Play Behaviour: Cooperation, Fairness, Trust and the Evolution of Morality. Journal of Consciousness Studies (Volume 8, No.2, 2001)
65 Ellen J. Langer: Mindfulness. Reading, MA, 1989. Deutschsprachige Bücher von Ellen J. Langer: Kleine Anleitung zum Klugsein. Sieben Kapitel über sinnvolles Lernen. Klett-Cotta (1999); als Rowohlt Taschenbuch: Kluges Lernen. Sieben Kapitel über kreatives Denken und Handeln (2001). Ebenfalls bei Rowohlt: Fit im Kopf (1998). Eine gute Quelle für Arbeiten Langers ist www.findarticles.com/cf_dls/PI/search.jhtml?magR=m0341&key=Langer
66 Albert Bandura: Self-Efficacy – The Exercise of Control. New York, 1997
67 James E. Maddux: Self-Efficacy – the Power of Believing You Can. In: Handbook of Positive Psychology, a.a.O.
68 Langer, E. J., & Rodin, J.: The effects of enhanced personal responsibility: A field experiment in an institutional setting. Journal of Personality and Social Psychology, 34, 191–198 (1976)
69 Frankl, a.a.O.
70 zitiert nach Martin E. P. Seligman: Positive Psychology, Positive Prevention, and Positive Therapy. The Martin Seligman Research Alliance (2000), http://www.psych.upenn.edu/seligman/ppsnyderchapter.htm
71 Annemarie Pieper: Glückssache – die Kunst, gut zu leben. Hamburg, 2001
72 J. Olds und P. Milner: Positive reinforcement pruduced by electrical stimulation of septal areas and other regions of the rat

brain. Journal of Comparative and Physiological Psychology, 1954
73 Sheldon, a.a.O.
74 Emrika Padus: The Complete Guide to your Emotions and your Health. Emmaus, Pennsylvania, 1992
75 siehe Blakeslee, a.a.O.
76 siehe Blakeslee, a.a.O.
77 Volker Weis et. Al.: Sinnerleben als Kriterium der Lebensqualität bei Krebspatienten? Report Psychologie 10/1999
78 für eine Übersicht siehe Alice M. Isen: A Role for Neuropsychology in Understanding the Facilitating Influence of Positive Affect on Social Behavior und Cognitive Processes. In: Handbook of Positive Psychology, a.a.O.
79 Philip J. Hilts: Scientist at Work – Ellen J. Langer, Scholar of the Absent Mind. New York Times 23.9.1997
80 J. Hadamar: Psychology of Invention in the mathematical fields. New York, 1949
81 Choi, I., & Nisbett, R. E: Situational salience and cultural differences in the correspondence bias and actor-observer bias. Personality and Social Psychology Bulletin, 24 (1998). Choi, I., Nisbett, R. E., & Norenzayan, A.: Causal attribution across cultures: Variation and universality. Psychological Bulletin, 125, 47–63 (1999). Peng, K., & Nisbett, R. E. (1999). Culture, dialecticism, and reasoning about contradiction. American Psychologist, 54, 741–754.
82 Health 5–6/1996
83 siehe: Science, 14.9.2001
84 die Fragebögen sind abgedruckt in Snyders Buch: Coping – the Psychology of what works. New York, 1999
85 siehe http://www.psych.utah.edu/aspinwall
86 Details in meinem Buch »Stress muss nicht sein«, Weyarn, 2000
87 Martin E. P. Seligman: Learned Optimism. New York, 1990 (deutsch: Pessimisten küsst man nicht, München 2001)
88 siehe: Epiktet, a.a.O.
89 Wolfgang F. Schmid: Basic Instinct. Weinheim, 1994 (gemeint ist der »Ur-Trieb« des Denkens, nicht der Sex-Trieb)

90 siehe Endnote 7

91 Rudolf Dreikurs, Vicky Soltz: Children: the Challenge. New York, 1964 (deutsch: Kinder fordern uns heraus. Stuttgart, 2001)

92 siehe Alice M. Isen, a.a.O.

93 Graham Greene: Die Kraft und die Herrlichkeit. Wien, 1990.

94 Robert Wright: Nonzero – The logic of human destiny. New York, 2000

95 http://www.westegg.com/unmaintained/carnegie/stop-worry.html

96 Günther Scheich: Positives Denken macht krank. Frankfurt, 1997

97 Napoleon Hill, W. Clement Stone: Erfolg durch positives Denken. Genf, 1960

98 Martin E. P. Seligman, a.a.O.

99 Carola Ferstl: Frauen sind die besseren Anleger. Landsberg am Lech, 2000

100 Wirtschaftswoche, 25. Februar 1999

101 David Wechsler: Nonintellective factors in general intelligence. Psychological Bulletin, 1940, zitiert nach www.eiconsortium.org

102 zum Beispiel Howard Gardner: Intelligenzen. Die Vielfalt des menschlichen Geistes. Stuttgart, 2002

103 EQ-Test unter http://www.utne.com/azEq2.tmpl

104 Peter Salovey, John D. Mayer, David Caruso: The Positive Psychology of Emotional Intelligence. In Snyder/Lopez, a.a.O.

105 Egon Zehnder zitiert nach Wirtschaftswoche, 25. Februar 1999, a.a.O.

106 Martin E. P. Seligman: The effectiveness of psychotherapy: the Consumer Reports Study. American Psychologist, 1995. Nachgedruckt 1996 in der Zeitschrift Integrative Therapie, Junfermann Verlag

107 siehe Endnote 70

108 Journal of Behavior and Personality 2/1995

109 www.positivepsychologie.de (Nachricht aus dem Jahr 2001)

110 die Mitgliederzeitschrift des amerikanischen Psychologenverbandes, Ausgabe 10/2000

111 Bericht in der Zeitung Sacramento Bee vom 15. November 2001

Personenregister

Adler, Alfred 125, 253
Allport, Gordon 203
Aristipp 176
Aristoteles 81
Ashby, Ross 192f.
Aspinwall, Lisa G. 223
Atta, Mohammed 142

Baltes, Paul B. 26, 63, 205f., 209ff.
Bandura, Albert 171
Baumeister, Roy 141f.
Becker, Judith 286
Bekkering, Harold 137f.
Bekoff, Marc 164f.
Benn, Gottfried 29
Berben, Iris 205
Berns, Gregory 71
Bierach, Barbara 268
Biolek, Alfred 293
Böhm, Karl-Heinz 291, 296
Bowlby, John 128ff.
Brecht, Bertold 29, 36
Bründel, Heidrun 108
Bruner, Jerome 167
Buber, Martin 33
Buddha 298
Bühler, Karl 166
Busch, Wilhelm 45

Camus, Albert 175f.
Carnegie, Dale 264ff.
Cohen, Jonathan 216
Csikszentmihalyi, Mihaly 91f., 127, 149, 161

Dahmer, Jeffrey 286
Damasio, Antonio R. 82, 85, 148
Darwin, Charles 129, 146
DeSalvo, Albert 286
Descartes, René 69
Dienstbier, Richard A. 117
Dreikurs, Rudolf 253
Drucker, Peter F. 70
Dunn, Halbert J. 32
Dylan, Bob 95

Einstein, Albert 163, 197, 283f.
Ellis, Albert 58
Ellsworth, Phoebe 199
Emler, Nicholas 142
Epiktet 60, 173, 234
Epikur 176

Ferstl, Carola 268
Finchman, Frank D. 64f.
Flitner, Andreas 162f.
Frankl, Viktor 28f., 142, 175
Fredrickson, Barbara 146f., 149f., 154ff., 249, 281, 294
Freud, Sigmund 15, 22, 24, 29f., 60, 65, 67, 70ff., 125, 158, 165, 194, 276, 280f.
Friedrich der Große 263
Fromm, Erich 32, 60
Fthenakis, Wassilos 134
Fu-Xi, Fang 199

Gardner, Howard 269
Geissler, Heiner 171
Goddall, Jane 129
Goethe, Johann Wolfgang von 16, 22, 51, 194
Goleman, Daniel 172, 206, 268ff.
Goode, Erica 22
Greene, Graham 257
Greene, Joshua 215f.
Gröning, Bruno 271f.

Harlow, Harry 129
Harlow, M.K. 129
Harris, Eric 286
Harris, Paul 164
Heider, Fritz 218
Heraklit 51

Hill, Napoleon 266
Holt, John 88f.
Homans, George Caspar 89

Isen, Alice M. 256f.
Isocrates 298
Izard, C.E. 149

James, William 213
Jaspers, Karl 125, 194, 283
Jung, C.G. 175

Kant, Immanuel 96
Klebold, Dylan 286
Knigge, Freiherr von 187
Kohl, Helmut 171
Konfuzius 298

Langer, Ellen 87, 167f., 175, 190ff., 234, 243, 251
Lazarus, Richard 110
Lorenz, Konrad 105
Loriot 86
Luther, Martin 283

Mayer, John d. 269, 271
Messner, Reinhold 107
Milner, P. 176f.
Mohammed 298
Moosleitner, Gerhardt Peter 66f., 74
Morgenstern, Christian 201
Mozart, Wolfgang Amadeus 205f.
Münter, Thomas 148
Murphy, Joseph 223, 265f.
Mutter Teresa 291, 296

Nannen, Henri 62
Nestroy, Johann 64
Nietzsche, Friedrich 175, 268
Nisbett, Richard 198ff., 203, 257

Ogger, Gunter 39, 274
Olds, J. 176f.

Pawlow, Iwan 24
Peseschkian, Nassroth 248
Pieper, Annemarie 176
Postman, Neil 62

Rand, Ayn 255
Reich, Wilhelm 114f., 276
Richardt, Gertraud 24
Richter, Curt 55f., 115ff.
Richter, Horst-Eberhard 37
Rodin, Judith 175
Rogers, Carl 141
Rorschach, Herrmann 35
Rosenthal, Robert 48ff.
Rubens, Peter Paul 282
Ruge, Nina 86

Salovey, Peter 269, 271
Scheich, Günther 265f.
Schiffer, Claudia 16, 285
Schiller, Friedrich 107, 143
Schily, Otto 207
Schmid, Wolfgang F. 234f.
Schmitt, Paul 55
Schnitzler, Arthur 29
Schultz, Wolfram 179
Schumacher, Michael 239
Seligman, Martin E.P. 26, 31, 54, 73, 83, 113, 227, 229f., 263, 266f., 275, 277f.
Selye, Janos 108
Shakespeare, William 49, 92, 236
Sheldon, Kennon M. 177
Slater, Lauren 139, 142f.
Smith, Peter 162
Snyder, C.R. 218ff.
Spencer, Herbert 146
Spitz, René 128
Stirner, Max 16

Taylor, Shelley 37, 108
Templeton, John 294
Terman, Lewis 166
Thales von Milet 298

Valentin, Karl 71

Wagner, Richard 107
Wechsler, David 269
Weisenhorn, Elisabeth 268
Weiss, Michael 184f.
Wouters, Cas 107f.
Wright, Robert 258

Zarathustra 298
Zehnder, Egon 269

Sachregister

Abhängigkeit 177, 180, 292f.
Abhärtung, seelische 114f., 117
Ablehnung 149
Ablenkung 89, 93, 133
Abscheu 240
Abwehrreaktion 149, 242f.
Achtsamkeit 23, 87, 168, 244, 251, 284, 294
Achtung 297
Adrenalin 109
Affekte 78, 80, 84f., 87, 144, 157
Aggression 29, 65, 72, 98, 219f., 242
- physische 65
- trieb 165
- verbale 65
Aktivation 83, 149, 242
Akzeptanz 46
Alarmsystem, seelisches 235ff., 257
Alkohol 54, 58, 172, 180f., 257, 278, 293
Alleinsein 159
Alter 208, 213
– Erwachsenen- 208
– Jugend- 208
– -phase 208
– -pyramide 207
Alzheimersche Krankheit 211
Anerkennung 90
Angst 65, 67, 77, 84, 94, 126, 146f., 150, 186, 194, 240, 242, 250, 257, 297
– -abbau 267
– leichte 240
Antidepressiva 31
Arbeit 66, 160f., 253f.
Ärger 146
Assertivität 170
– -Training 117
Assoziationen 86
Aufmerksamkeit 128, 154, 251, 278f., 292, 295
Authentizität 106
Autonomie 33, 42f.
Autorität 279

Babys 131ff., 137f., 149
Bedrohung 94, 110ff., 117f., 131, 136, 160, 172, 177, 219, 241, 288
Bedürfnislosigkeit 106
Befindlichkeit 84
... innere 83
Begeisterung 154
Behaviorismus 39f., 90
Belohnung 40, 90f., 161, 166, 179, 181
Beobachtungs-Lernen 137
Beruf 24, 27, 33, 58, 66, 91, 112, 208
Bestrafung 40, 90
Bewusstsein 68, 74f., 236f., 240
– reflexives 92, 127
– -zustand, alternativer 236
Bilder 284ff.
Bindung 33, 55, 128ff., 149, 203
- soziale 164
Blockaden 156f, 219f., 222, 257
– -auflösung 94
Bosheiten 110
Broaden-and-build-Theorie 154, 157
Burn-out 54, 58, 95, 264

Catecholamine 172
Challenge s. Herausforderung
Charakter 23, 100, 102, 115, 217, 224, 226, 288
China 199, 201, 203
Commitment 177
Coping 154f., 158, 160
– proaktives 223, 229

Daseinsfreude 22, 32, 98f., 101, 108, 126, 136, 147, 243
Denken 39f., 60, 66, 68f., 71, 73ff., 80, 98, 123f., 127, 145, 147f., 154, 160, 173, 196, 217, 232, 234, 241, 249f., 267, 290, 294

– analytisches 202
– automatisches 80, 86, 202f., 236, 267
– emotional-intuitives 70
– ganzheitliches 203
– geistesabwesendes 79, 86
– logisches 67, 87, 197
– produktives 79, 236
– rationales 69, 72, 76
Depressionen 25, 31, 52, 54, 57, 65, 93, 95, 97f., 106, 111, 114, 128, 130, 146, 150, 165, 175f., 117, 264f., 293
– anaklitische 128
Desensibilisierung 113, 275
Drohung 77, 92
Druck 89, 94
Durchhaltekraft 221
Dysmorphie 285

Egoismus 254, 290, 296
Ehe 66, 208, 254
Eifersucht 127, 145
Eigeninteresse 255
Eigenständigkeit 138
Eigenwelt 55
Einsamkeit 84, 168
Einsicht 77, 87
Ejaculatio praecox 275
Ekel 126, 145, 240, 257
Eltern 46, 117, 128f., 131, 133f., 138, 221
Emotionen 73, 79f., 85, 87, 100f., 123, 144f., 209, 213, 216f., 232, 249, 271
– Hintergrund- 82f.
– negative 24, 58, 65, 77, 89, 94, 145ff., 150f., 153f., 156f., 186, 194, 227, 237, 240ff., 249f., 257, 287, 290
– positive 23f., 58, 65, 77, 106, 127, 146ff., 150, 154f., 157, 163, 186, 194, 241ff., 249f., 252, 257f., 281, 287, 290f., 294
Empathie 164, 214, 244, 247f.
Empowerment 32
Engstirnigkeit 155, 160
Entfaltung 106
Entlastung 55
Entmutigung 59
Entspannungsübungen 27, 113, 267
Entwicklung
– der Ehe 45
– der Kinder 45
– der Partnerschaft 45
– im Berufleben 45
– persönliche 45
Enuresis 275
Erfahrungen, optimale siehe Flow
Erfolg 58, 60, 91, 209, 222
Ermunterung 52f.
Erregung 83
Erziehung 40, 47, 66, 77, 87, 91, 115, 149, 168, 190f., 253
– autoritäre 117
– Laisser-faire- 117
– verwöhnende 117
Esoterik 265

Faktoren, äußere 50
Faktoren, innere 50
Familie 24, 33, 45, 66, 107f., 112, 203, 208, 253f., 295
Feeding 36
Feindseligkeit 112
Fernsehen 92f.
Fighting 36
Fitness 116, 152
– adaptive 210
Flashbacks 178
Flexibilität 210, 213, 256, 284
Flexible-Persönlichkeits-Gesellschaft 209
Flighting 36
Flow 77, 92ff., 99, 127, 149, 154, 160, 234, 236f., 239f.
Freiheit 106
Freizeit 92, 208
Freude 21f., 58, 64f., 77, 85, 89, 93, 106, 122, 147, 149ff., 154f., 163, 166, 183f., 188f., 222, 224, 250, 252, 254, 256f., 259, 287f., 297
Freundschaft 64, 149
Frigidität 30
Frustration 55, 219f., 266
Frustrations-Aggressions-Theorie 219
Fühlen 39f., 68, 80, 123f., 127, 147f., 160, 196, 232, 294
Funktionslust 166

Gebet 264ff.
Geborgenheit 22, 83, 94, 100f., 105ff., 115, 118, 122, 129ff., 134, 136f., 149, 156ff., 169, 224, 241, 243, 263, 280f., 287
– -mangel 84

Gedächtnis 68, 72, 241
– emotionales 73f., 98
– Lern- 73
– -prozesse 216
– Sach- 216
Geistesabwesenheit 190ff., 243, 292
Geistesanwesenheit 23, 87, 193, 243f., 292, 294
Geistesgegenwart 234
Gemeinraum 55
Gen-Tech 39
Geschicklichkeit 166
Gespräch, inneres 54
Gewaltfantasien 286
Gier 127, 249f., 297
Glück 95, 135, 173, 177, 209
Grübeleien 264, 267

Handeln 60, 71, 147, 160, 173, 233f., 290
Harmonie 236
– -mangel 79
Haushaltsarbeit 110
Hemmschwelle, emotionale 216
Herausforderung 64, 66, 92, 94, 96, 109ff., 117f., 131, 136, 149, 160, 172, 177, 219f., 222, 241f., 250, 252, 288
High Hoper 219ff.
Hilflosigkeit 52, 111
– gelebte 229
– gelernte 52, 54, 97, 111, 227, 229
Hilfsbereitschaft 54
Hippocampus 148
Hochleistung 115
Hoffnung 23, 100, 102, 159, 171, 186, 218ff.
Höhenpsychologie 28
Homöostase 82
Homosexualität 30
Hyperaktivität 238

Ich-Beteiligung 72ff., 77, 194
Ich-Erweiterung 137
Imaginations-Übung 159
Imitations-Lernen 137f.
Immunsystem 111
– geistiges 196
Individualität 33, 84, 106, 135, 164, 287
Informationen 75, 81, 97, 167, 198, 236
– Sinnes 75, 78f., 81
– -überfluss 64f.
– Umfeld- 75
– -verarbeitung 211, 214
– von außen 80
– von innen 80
In-Group 203
Instinkte 165
Intelligenz 23, 79, 87, 100, 102, 106, 123f., 138f., 190f., 211, 219, 269, 288
– emotionale 131, 206, 214, 268f., 271
– fluide 211
– kristalline 211
– soziale 150, 203, 206
– -test 48ff., 269
Intention 79f., 85f., 171, 236f., 240
Interesse 23, 100, 106, 123, 147, 149f., 152ff., 163, 249, 287
Intuition 73, 85, 145, 197, 213, 239, 268, 284

Japan 198, 202
Jugendliche 31, 58, 88, 128, 164, 286

Kinder 31, 46, 58, 64, 88, 90, 94, 117f., 128, 130f., 134, 137ff., 160, 162ff., 166, 194, 253, 284, 293
Kindheit 119ff.
Kollegen 46, 64
Kommunikation 132
– -probleme 87
Kompetenz 23, 63, 66, 100, 102, 106, 135, 149, 162, 170f., 177
Kompromisse 254, 258
Konsum 58, 293
Kontakt 89, 279
Kontrolle 51f., 60, 92f., 177
Konzentration 89, 92f., 237
– -probleme 116, 157, 177
Koppeln 77
Korea 200, 202f.
Körperbedürfnisse 238
Kreativität 23, 77, 87, 89ff., 100ff., 106, 123f., 148, 160, 162, 164ff., 171, 191, 195, 219f., 241, 243, 250, 284, 287, 291
– emotionale 164
Kriminalität 128, 139

Krisen 21, 24, 26f., 224ff., 243
– -intervention 112, 115ff., 156f.
Kultur 84, 96, 126, 129, 198, 202, 210, 216f.
– östliche 198, 201
– westliche 201f.

Lebenseinstellung 188
Lebenserwartung 175
Lebens-Kompetenz-Training 52
Lebenskunst 253
Lebensqualität 185f.
Lebensraumkompetenz 42
Lebensreaktionen, grundlegende 81f.
Lebenssinn 23, 42, 64, 75, 89, 100, 102, 106, 130, 188f., 222, 288
Lebens-Veränderungs-Programm 54
Lebensverzicht 175
Leiblichkeit 163
Leistungsbereitschaft 106
Leistungsfähigkeit 150
Lernen 68, 74, 196, 206, 208
Lernschwierigkeiten 25
Lernverweigerer 209
Liebe 23, 89, 96, 100f., 106, 123ff., 131, 134, 136, 282, 287, 290f., 294, 296f.
Lob 90, 166
Logik 202f., 243
– abstrakte 203
Loslösung 138
Lust 82, 291
Lustprinzip 176, 181

Mantra 23, 267
Meditation 27, 267
Melancholie 24
Menschenbild, behavioristisches 39f.
Menschenbild, biologistisches 37ff.Testosteron 38
Menschenbild, sexistisches 36f.
Milgram-Experiment 142
Mindfulness s. Achtsamkeit 167
Misserfolg 58f.
Misstrauen 112
Möglichkeitsraum 55
Moral 95, 166, 213ff., 225, 254f., 257
Motivation 85, 88ff., 166, 209, 218, 220f., 237
– extrinsische 90
– intrinsische 90
– -probleme 116, 157
Mut 59, 121, 136, 153, 168

Nächstenliebe 46f., 94, 128, 255, 287, 297
Nervensystem 109, 292
– sympathisches s. SNS
Nervosität 267
Neugier 77, 127, 147, 149f., 249f., 252
Neurotransmiter 172
Nikotin 58, 172, 293

Optimismus 23, 122, 171, 173, 210, 22f., 227ff., 231, 288
– -Training 52, 58, 73
Originalität 195
Osytocin 38
Out-Group 203f.

PAC-System 109ff.
Panik 57, 113, 275
Partnerschaft 24, 33, 46, 64, 66, 254, 295
Persönlichkeit 209
– flexible 210, 213, 288
– kreative 167
Pessimismus 122, 224ff., 266
Pflicht 151, 160, 287
Pharmaforschung 38
Philosophie 39, 125, 175f.
Phobien 275
Placebo-Effekt 178, 277
Planung 66, 76, 85, 114
– rationale 67
Prävention s. Vorbeugung
Priorität 212
Problemlösung 155f., 171, 228, 256
Prozesse, kognitive 145
Prozesse, mentale 79
Prozesse, produktive geistige 79, 87f.
Psychiatrie 22, 28, 30, 32, 98
Psychoanalsyse 71, 73, 90, 158, 181, 276
Psychopharmaka 31, 38, 276ff., 293
Psychotherapie 22, 24, 26, 28, 32, 51, 53, 57, 98, 146, 150, 158, 183, 248, 275, 277ff.
– Gesprächs 276
– kognitive 58, 73, 113
– nicht-direktive 141

Realismus, mediativer 168
Regeln 168, 191, 194
Regression 242
Relativismus 212
Religion 265
Resignation 229
Rorschachtest 35
Rosenthal-Effekt 51, 58
Rückzug 52, 54, 88, 93f., 97, 106, 128, 136, 165, 176, 229, 242, 295
Ruhe 83, 109, 133, 150, 152
Ruhestand 206f., 209

SAM-System 109, 111
Scheidung 25, 134
Schmerzen 82, 176, 221
Schrecken 67
Schüchternheit 117
Schuldgefühle 266
Schule 24, 58, 66, 91, 163, 193, 220f., 253f., 295
Schutzengel 67, 74
Selbstachtung 41, 296f.
Selbstaufgabe 97
Selbstbewusstsein 52
Selbsteinschätzung 54, 170
Selbsterweiterung 33
Selbsterziehung 47
Selbstgespräche 58, 144, 264, 267
– negative 73
Selbsthilfe 25, 27, 32, 112
Selbstinteresse 289
Selbstkontrolle 239
Selbstliebe 23, 33, 41, 47, 92, 96, 161, 196, 231, 254f., 287f., 291, 294ff.
Selbstmord 31, 175
Selbstverachtung 295
Selbstvertrauen 33, 59, 170
Selbstverwirklichung 36, 44, 139, 141
Selbstvorwürfe 225
Selbstwahrnehmung 127
Selbstwertgefühl 59f., 135, 139f., 142f., 155, 170
Selbstwirksamkeit 172f., 210
Self-Efficacy s. Selbstwirksamkeit 171
Sex 29, 31, 72, 82, 165, 250f.
Sich-Einmauern 65
Sicherheit 130f.
Sinnkrise 222
Sinnlichkeit 163
SNS 109

Social support 222, 255
Solidarität 37
Spannungen 111
Spiel 149, 160ff., 166, 195, 251
– Kreativ- mit Tieren 164f.
– Moral- 164
– Nicht-Null-Summen- 258, 291
– Null-Summen- 258, 288, 290
– soziale 163
– -sucht 68
Spontaneität 242
Sprache 79, 164
Squeeze-Technik 275
Stärken 136, 159, 170, 223f., 252, 293f., 296
Stimmungen 80f., 87, 144, 150, 237
– körpernahe 78
– negative 81
– positive 81
– soziale 78, 83f.
Stolz 296
Stress 37f., 55ff, 64, 108ff., 115, 117, 130, 146, 150, 152, 184,
– -abbau 267
– -Eu 109
– -Resistenz-Training 118
– -verarbeitung 172
Sucht 53, 57, 127, 177f., 180, 239, 278, 292
Sympathie 89
System, inneres 240

Talente 159, 170
Tatkraft 148, 154
Tend-and-Befriend-Theorie 37
Tiefenpsychologie 28f.
Tiere 55ff., 85, 116ff., 129, 162, 164ff., 179
Tierquälerei 281
Tierseele 81
Tötung 214ff.
Trance 67, 73, 98, 127, 193, 232, 237, 239, 292
Transzendenz 124f.
Trauer 65, 85, 145f., 152, 242, 257
Trauma 111f.
– lustvolles 178f.
– positives 121, 127, 131
– seelisches 148
Träume 71, 158
– seelische 110, 178

Triebhaftigkeit 29, 82, 85, 87
Triebkontrolle 29
Trost 53
Tun 39, 89, 93, 161, 294, 196

Überforderung 117, 133
Überlebenssinnn 145
Übermut 59
Unabhängigkeit 23, 33, 84, 101, 106, 135, 137f., 164, 287
Unbehagen 83
Ungewissheit 212f.
Unlust 82, 84, 175
Unruhe 150
Unternehmungslust 148
Unterstützung, soziale 128
Urvertrauen 105f., 128f., 131, 137
USA 25, 30f., 39, 82f., 143, 198ff.

Venus 282f., 285
Verantwortung 170, 225
Verbundenheit 44
Verdrängung 60, 72, 77, 288
Verführung 249
Verhalten 39f., 46, 66, 69, 75, 77, 80, 87, 90, 144, 148, 154, 178, 250
– -abläufe 77
– -änderung 98
– destruktives 58
– -kontrolle 76, 232
– -Lernen 74
– -modifikation 40
– selbst-destruktives 58
– Sexual- 129, 172
– soziales 129, 166, 187
– -steuerung 76f., 98
– -störungen 129
– -therapie 58, 113, 275
– unüberlegtes 87
– -veränderung 76
Verlangen 60, 173, 234
Verlust 111f., 212
Vermeidung 60, 173, 234
Vernunft 74, 222, 241
Verstand 64, 69, 87, 156f., 194, 196, 213, 240, 243, 254, 271, 289
Vertrauen 105, 280
Vertrautheit 132
Verwöhnung 157, 293
Vorbeugung 25ff., 32, 52f., 98, 112ff.
Vorurteile 49, 203
– Hass- 203
– Liebes- 203

Wachstum, persönliches 41
Wahrnehmung 68, 79, 126, 145, 165, 237, 284
– dynamische 80
– Sinnes- 80
Weisheit 63f., 210ff.
Well-Being 23, 31ff., 41, 45, 51, 55, 59ff., 66, 79, 83, 89, 93, 97ff., 101, 106, 108, 114, 170f., 177, 221, 229, 232, 238
– in der Gesellschaft 43
– -Mangel 79
– persönliches 41ff.
– soziales 43ff.
Well-Doing 93
Wellness 32
Werbung 173f., 277
Werte-Gemeinschaft 33, 58, 217
Widerstandsfähigkeit 171
Widerstandskraft 115
Wissen 62, 65f., 74, 76, 97, 196, 211, 233
– aktives 97
– -erweiterung 150
– Fakten- 211
– -gesellschaft 63, 209
– passives 97
– prozedurales 212
Wohlbehagen 82f.
Wollen 39f., 76, 80, 123f., 127, 147, 160, 232, 290, 294
Worrying 264
Wünsche 159
Wut 50, 65, 77, 84, 94, 145, 240, 242, 357

Zärtlichkeit 132
Zen 95, 127, 154
Zufriedenheit 58, 93, 106, 147, 150, 152f., 155, 163, 183f., 252, 287
Zuneigung 131
Zusammengehörigkeit, soziale 44f.
Zusammenleben 244, 252, 287, 291, 297
Zuwendung 128, 156f.
Zynismus 112